潘雨廷／著

潘雨廷著作集

典藏本

第七册

易与佛教
易与老庄

上海古籍出版社

引　言

　　潘雨廷先生(1925—1991)，上海人，当代著名易学家。生前担任华东师范大学古籍研究所教授、中国《周易》研究会副会长、上海道教协会副会长。潘雨廷先生早年就读于上海圣约翰大学教育系，毕业后师从周善培、唐文治、熊十力、马一浮、杨践形、薛学潜等先生研究中西学术，专心致志于学问数十载，融会贯通，自成一家，在国内外有相当的影响。潘雨廷先生毕生研究的重点是宇宙与古今事物的变化，并有志于贯通东西方文化之间的联系，对中华学术中的《周易》和道教，有深入的体验和心得。潘雨廷先生著述丰富，其研究涉及多方面内容，具有极大的启发性。他的著作是二十世纪中国文化所取得的重要成果之一。本书由张文江根据潘雨廷夫人金德仪女士保存的遗稿整理而成。

　　《易与佛教》、《易与老庄》论述了中国传统文化的重要方面，对深入理解佛道两家的核心思想提供了线索。

目次

易 与 佛 教

易 与 佛 教

《易》与《华严》

引　言

　　二十余年前,耳《华严》有"经王"之名,往佛学书局请得八十《华严》一部。然略加翻阅,实一无所知,束之高阁者数年。慈母弃养,曾延请十余僧众为诵《华严》,予间或随喜。奈心绪郁塞,何能了解经义,唯印象殊深。其后一心学《易》。己亥冬,发心读《华严》,藏之几近二十年,至此始日日亲之,反复研习,年余而毕。当悟法界之精妙,不期心通乎易象,乃于辛丑夏著《〈易〉贯〈华严〉颂》。其后又读四十《华严》及《华严疏钞》等,数年内更成三文。一以河图十数明《华严》之十方世界及善财之五十三参;一以洛书九畴当《华严》九会之理;一以易义显普贤之十大行愿。凡此四文,大纲具焉。若其详,如每一回向、每一地、或一地中之一义等等,莫不可通。盖物物一太极,一即一切,一切即一,将言不胜言。又如二千行门,恰当一卦变六十四卦,成四千有九十六卦之象。能心得其本,莫不可变,莫不可行。于象行之相合,在有心者之自悟耳,岂待言哉。故即此四文已足,合名曰《〈易〉与〈华严〉》,特缀数语于卷首,以叙缘起。

丙午(1966)夏潘雨廷述

《易》贯《华严》颂

《易》者庖牺氏作卦而成,盖觉世牖民以参人于天地;迨文王法阴阳而系二篇,孔子准河图十数而赞十翼,易道大备矣。《华严》者,吾佛之一乘圆教,八万四千法门皆由所出,诚内典之王。幸龙树自龙宫忆下品归,娑婆乃承法雨,所谓龙宫者,其潜龙之渊乎。若《易》与《华严》,经义全同,唯名言因境而异,如能用九以见天则及明辨《如来名号品》、《四圣谛品》等,必将由异显同,圣、佛之心,岂有二哉。

观八十《华严》,凡七处九会。按九当九畴,内三会于普光明殿,犹洛书纵横三数之合。以六爻之正言,须三次始成既济。《易》言"既济"与佛言"涅槃"同,宜于一处三会,则所应度者皆已度讫矣。若初会之依正法,犹各正性命保合太和之义,现华严界为十方,河图之象也。二会明信,犹卦气起中孚。三会说十住,住犹象。四会说十行,行犹爻。五会说十回向,犹发挥旁通以推情合性。六会说十地,犹成象渐进,《序卦》之不终既济而终未济,即菩萨之慈悲无尽也。七会说等觉、妙觉犹阴阳。佛亲宣之《阿僧祇》、《随好光明》二品,前者当太极之未可以大小限,犹乾为圜之天体;后者放炽盛光,其气乃通,所以成终而成始。述天鼓能照,卦象当出震见离,生生之谓《易》也。八会普贤说二千行门,殊切黄裳元吉美中畅外之旨。九会叙善财之证入法界,犹刚反而长之。初以七日见德云于别山,密合七日来复而乾刚出于坤柔之象。凡见一善知识,犹历一卦一爻,义皆神妙,总合于弥勒楼阁之境,实与六十四卦三百八十四爻之变化一致。其后见文殊而解圆,见普贤而行圆,言思之道绝焉。《易》

曰"无思无为",佛曰"不思议",若感通之道,其唯自强不息以致力于普贤之十大行愿也夫。

猗与盛哉,噫嘻美哉。观易象之变化不测,庶可见《华严》之自在神境;悟《华严》之法界无碍,始可喻易象之氤氲天地。因述《〈易〉贯〈华严〉颂》。

颂曰:

庖牺氏作卦赞幽	上通神明下类情	时历三世更三圣
二篇十翼易道备	吾佛世尊无伦比	自觉觉他说《华严》
一切法门皆具足	龙树诵忆娑婆传	七处九会阐妙谛
十方世主赞庄严	河图五合天地数	洛书经纬畴离祉
普光明殿再三会	三锡三驱之既济	无上正等正觉法
端赖初发菩提心	三千大千华严界	毗卢遮那显宿因
乾乾上出南征升	保合太和时位成	大方广犹直方大
敬义善世如来现	含物化光遍三界	二乘习气悉消灭
无首咸宁寂不动	真如法界证智智	菩萨问明起中孚
贤首崇信为道元	有孚先亨住有十	第十灌顶法慧言
住以观象悟如如	知者观象思过半	忉利天升夜摩天
功德林说十种行	欢喜顺次至真实	无尽坤藏出震行
行以观变来随缘	六爻之动三极道	五会兜率说回向
善念金刚藏功德	始曰救度众生相	终入法界无量境
扬谦发蒙觉有情	匪彭交孚厉无咎	他化天宫不退转
金刚藏说十地品	菩萨德厚莫不载	波罗蜜多安贞吉
依持正法善资粮	一握为笑萃有位	欢喜离垢乃发光
师出以律当尸罗	信住不拔确乎忍	乐行精进焰慧地
日乾夕惕极难胜	静虑反复天地际	般若现前了缘起
方便远行超二乘	动贞乎一终未济	菩萨慈悲不可穷

不动善慧至法云　　愿力与智为最胜　　智助般若鸿渐陆
羽用为仪不可乱　　渐进等觉三昧通　　精义入神无碍忍
略以毛端喻洛叉　　足容一切诸世界　　不可说不可说转
入一毛孔未盈缶　　如来亲宣阿僧祇　　《易》有太极乾为圜
寿星因位爻有等　　小大往来否泰旋　　九十七相知神化
随好炽盛艮兑气　　天鼓劝海震巽薄　　能照向明坎离逮
妙觉终始贞下元　　平等因果枢机发　　黄裳元吉文在中
普贤畅说二千行　　六相十玄妙万物　　事物圆融积善庆
世间法界离与入　　化裁推行变而通　　出入无疾以顺行
师子频申天地心　　文殊辞出逝多林　　六千比丘刹那觉
南行人间福城东　　安慰开喻善财童　　发心应求善知识
妙峰山中有德云　　善财七日来复见　　利有攸往五十三
积小高大南狩志　　甘节有尚出门交　　用拯马壮涣奔机
利涉大川见大人　　咸临中行观国光　　大壮利贞履以礼
君子夬夬遇法雨　　信解行证决而和　　首出庶物天行健
含弘光大后有常　　善说解脱主夜神　　大转法轮度群生
四十二字飞鸟音　　鸣鹤子和中心愿　　资始资生习坎孚
德生有德感和平　　指引弥勒大楼阁　　楼阁广博自在藏
六十四卦贯法界　　种种变化正性命　　文殊按顶解己圆
渴仰普贤行可遍　　十大行愿不思议　　易道至神无思为

岁在重光赤奋若(1961)释迦牟尼佛诞日

潘雨廷撰

河图与《华严》十方五十三参

河图者,圣人则之以作《易》。其本十数,《系》上曰:"天一、地二,天三、地四，天五、地六，天七、地八，天九、地十。"又曰："天数五，地数五，五位相得而各有合。天数二十有五，地数三十，凡天地之数五十有五。此所以成变化而行鬼神也。"夫数分天地犹阴阳，今所谓奇数偶数，其数止于十，有至理存焉。天数五者，指一、三、五、七、九；地数五者，指二、四、六、八、十。五位相得者，必兼天地数，如一与三同为天数，不可谓相得；必一与二或一与四等，始为相得。计五位相得之法有五，示如下：

一二相得　三四相得　五六相得　七八相得　九十相得

一四相得　三六相得　五八相得　七十相得　九二相得

一六相得　三八相得　五十相得　七二相得　九四相得

一八相得　三十相得　五二相得　七四相得　九六相得

一十相得　三二相得　五四相得　七六相得　九八相得

以上五法，皆为"五位相得"，然未皆为"各有合"。"有合"者，宜取相得而中者。凡任一数之上下二数（不分奇偶）为两端，当顺逆各隔一数（分奇偶）以取之，始为中而有合。如一之两端为十与二，十隔八，二隔四，中而合者，一得于六也。又如四之两端为三与五，三隔一，五隔七，中而合者，四得于九也。故"五位相得而各有合"者，其法唯一，更示如下：

一六相得有合，三八相得有合，五十相得有合，七二相得有合，九四相得有合。

上为相得有合之五位。其中位五与十，所以处中；其他四位当四方，凡一六北、三八东、七二南、九四西，是即为河图。

观河图四方之天数，由一北三东七南九西当一周，西而北其数十一。以下十三东十七南十九西又当一周，西而北其数二十一焉。如是辗转不已，天数之无穷也，而末位数必为一三七九。至若四方之地数，

7

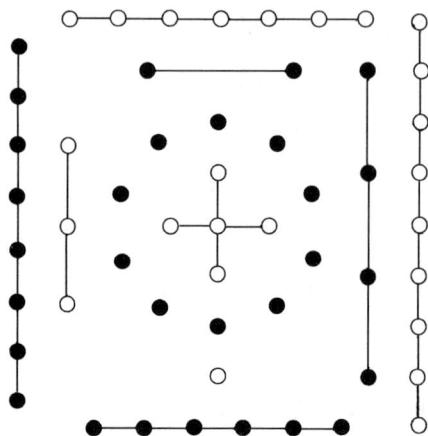

河 图

由二南四西六北八东当一周,东而南其数十二。以下十四西十六北十八东又当一周,东而南其数二十二焉。此亦辗转不已,为地数之无穷,而末位数必为二四六八。于中位数五与十后,又为十五、二十、二十五、三十等之无穷,而末位数必为五与十。故天地虽无穷,此十数殊无变化,舍末归本,执简御繁,河图之神也。

又以消息论。阳息天一,位由北至东北,天一息天三,位由东至东南,以下天七天九之位不变。阴消地二,位由南至西南,地二消地四,位由西至西北,以下地六地八之位不变,即生数由四正移至四隅耳。乃八数之位,盖当先天八卦之位。凡阳息天一,当一阳生于下,其卦震;天三当二阳,其卦兑;天七当三阳,其卦乾;天九阳极为息象之原,其卦坎。阴消地二,当一阴生于下,其卦巽;地四当二阴,其卦艮;地六当三阴,其卦坤;地八阴极为消象之原,其卦离。中数天五地十为太极,五阳之半、十阴之半是也。夫河图八卦之象数,吾国哲理之精,更观贝经《华严》亦有此理。凡《华严经》中,自《世主妙严品》起以迄普贤之十大行愿,不论问答、说法、叙物、写景,莫不以十数为计,所谓十方世界,是犹河图之象。特摘录《入法界品》中之十方佛号等,以见一斑。

8

《入法界品》第三十九：

　　尔时世尊在室罗筏国逝多林给孤独园大庄严重阁，与菩萨摩诃萨五百人俱……尔时世尊知诸菩萨心之所念，大悲为身，大悲为门，大悲为首，以大悲法而为方便，充遍虚空，入师子频申三昧。入此三昧已，一切世间普皆严净。于时此大庄严楼阁，忽然广博无有边际……尔时东方过不可说佛刹微尘数世界海外，有世界名金灯云幢，佛号毗卢遮那胜德王。彼佛众中有菩萨名毗卢遮那愿光明，与不可说佛刹微尘数菩萨俱，来向佛所……南方过不可说佛刹微尘数世界海外，有世界名金刚藏，佛号普光明无胜藏王。彼佛中有菩萨名不可坏精进王，与不可说佛刹微尘数菩萨俱，来向佛所……西方过不可说佛刹微尘数世界海外，有世界名摩尼宝灯须弥山幢，佛号法界智灯。彼佛众中有菩萨名普胜无上威德王，与世界海微尘数菩萨俱，来向佛所……北方过不可说佛刹微尘数世界海外，有世界名宝衣光明幢，佛号照虚空法界大光明。彼佛众有菩萨名无碍胜藏王，与世界海微尘数菩萨俱，来向佛所……东北方过不可说佛刹微尘数世界海外，有世界名一切欢喜清净光明网，佛号无碍眼。彼佛众中有菩萨名化现法界愿月王，与世界海微尘数菩萨俱，来向佛所……东南方过不可说佛刹微尘数世界海外，有世界名香云庄严幢，佛号龙自在王，彼佛众中有菩萨名法慧光焰王，与世界海微尘数菩萨俱，来向佛所……西南方过不可说佛刹微尘数世界海外，有世界名日光摩尼藏，佛号普照诸法智月王。彼佛众中有菩萨名摧破一切魔军智幢王，与世界微尘数菩萨俱，来向佛所……西北方过不可说佛刹微尘数世界海外，有世界名毗卢遮那愿摩尼王藏，佛号普光明最胜须弥王。彼佛众中有菩萨名愿智光明幢，与世界海微尘数菩萨俱，来向佛所……下方过不可说佛刹微尘数世界海外,有世界名一切如来圆满光普照,佛号虚空无碍相智幢王。彼佛众中有菩萨名破一切障勇猛智王,与世界海微尘数菩萨俱,来向佛所……上方过不可说佛刹微尘数世界海外,有世界名说佛种性无有尽,佛号普智轮光明音。彼佛众中有菩萨名法界差别愿,与世界海尘数菩萨俱,发彼道场来向此娑婆世界释迦牟尼佛所……如是等一切菩萨满逝多林,皆是如来威神之力,于时上首诸大声闻……皆悉不见……如是皆是普贤菩萨智眼境界,不与一切二乘所共……

以上十方世界配合河图八卦,可不言而喻,详下图(图见下页)。且凡十数者皆同,虽不言方位,亦可以数次合之,全经莫不然,故《易》与《华严》之理,确可通焉。若河图、《华严》之皆取十数,绝非偶合,盖有精义。考物之成形必具长、阔、厚三度:一度为线,其边界两端;二度为面,其边界四线;三度为体,其边界六面;此三度为空间。四度者,时间也。以多度图形象之,四度体之边界为三度体八。五度者超绝时空之谓,五度体之边界为四度体十,此四度体十即河图之十数。《华严》之十分,不着时空之相,不为时空所囿,不亦神矣夫。当世尊入师子频申三昧,大庄严楼阁忽然广博无边,犹达五度之象。其边界为四度体十,宜十方诸佛世界咸来而成此五度体。故十数之妙阴阳不测,尚醒悟不尚言语,诚为不思议之境界。试观佛成此象,除菩萨外,诸大声闻悉不知见,盖无其德也。《易》重时位德,时谓时间四度,位谓空间三度,有德以处时位,驾驭之、控制之、变化之、合一之,始得五度之理。此与无德而局踏于三、四度时位者,何可同日而语哉。佛教大、小乘之辨亦然,何怪二乘之不与焉。

再者天数二十有五,当一、三、五、七、九之和。地数三十,当二、四、六、八、十之和。天地之数五十有五,一至十之和也。凡言河图之十数,不可不知更有五十五数。若易卦生蓍于大衍之数五十,即河图

金刚藏世界
七三乾南
普光明无胜藏王佛
不可坏精进王菩萨

说佛种性无有尽世界
上 五阳
普智轮光明音佛
法界差别愿菩萨

栴檀花光世界
三三兑东南
法自在王佛
焰慧光华王菩萨

太极

金灯云幢世界
八三离东
毗卢遮那胜德王佛
毗卢遮那愿光明菩萨

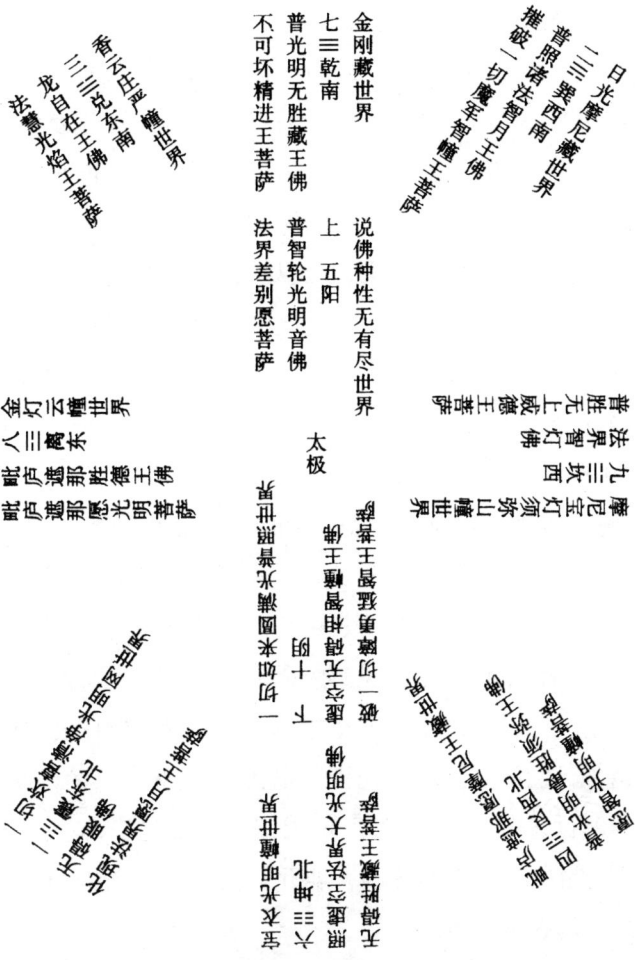

先天河图与华严十方图

五十五洛书四十五之中数也。今观《华严》亦有准五十五数者，善财童子之五十三参是也。或谓五十三非五十五，何可合言。未知虽曰五十三参，实经五十五象，细诵经文，必能知之。其一，善财童子于福城东参见文殊师利菩萨，乃五十三参之前奏，因最后第二参（第五十二参）仍为文殊，故不计此第一参。实则前参表信，后参表智，且五十三参中，善财童子必首言"我已发阿耨多罗三藐三菩提心"，此心即发于初参文殊之时,其重要可见。况微此一参,以后之五十三参皆无,然则此数奚可不计。其二,于第五十参,乃参见童子德生、童女有德二位善知识。总观五十三参中,其他五十二参皆参见一位,唯此参为二位。故参数虽一,以所参者论,其数实二。由上二点,则虽曰"五十三参",数通天地之五十五,是岂巧合耶。下请详述之。

夫《华严经》之显佛教教义,至矣尽矣,蔑以加矣。举凡自觉觉他之蕴,出入三界之途,莫不具足。盖显密兼容,禅净并蓄,性相有归一之法,事理得无碍之门。可小可大,三千大千世界之入一毛孔;亦顿亦渐,三大阿僧祇劫之化为刹那。一乘圆教,内典之王,非虚誉也。若全经纲领,可概以信、解、行、证四分,且此四者重重互摄。以次而言,信为道元,解当本之,由解而行,以行得证,证者证佛果云。曰"信"者,信此正法耳。菩提场中现妙严之相,窥华藏世界,悟因果之杂而不乱,识法界之变化无穷。其幸何如,其缘何如,可不信乎。"解"分十信、十住、十行、十回向、十地与等觉、妙觉,层层登临,一如乾元之上出。"行"有二千行门,其道畅达,何天之衢,庶几似焉。"证"乃文殊入世以度善财童子,经五十三参而归于阿弥陀佛。此五十三参之象,即善财童子于信解行之一一心证,凡每位善知识所说之法,皆与上文相应。广大法门,渊博佛海,自然分成天地五十五数,攒聚辐辏于善财一身,犹善财之遍历天地数也。

初参文殊师利菩萨,以发阿耨多罗三藐三菩提心为信佛之本,寄十信位,当二会普光明殿所说之法。以河图论,其数一,属中央五数之中,此参尚不在五十三参内。

由比丘德云至童女慈行十参,寄十住位,当三会忉利天宫所说之法。以河图论,此十数为一与九。

由比丘善见至外道遍行十参,寄十行位,当四会夜摩天宫所说之法。以河图论,此十数为二与八。

由鬻香长者优钵罗华至主地神安住十参,寄十回向位,当五会兜率天宫所说之法。以河图论，此十数为三与七。

由主夜神婆珊婆演底至释种女瞿波十参，寄十地位，当六会他化天宫所说之法。以河图论，此十数为四与六。

以上参文殊一当十信。其后四十参，应于十住、十行、十回向、十地，每参各当一住、一行、一回向、一地而已。于河图之象，指信生于中，以起四方之环行，周流无阙，又将归中。此四十一参，名寄位修行相。

由佛母摩耶夫人至童子德生童女有德十参，参十一位善知识，名会缘入实相。以河图论，数为十一，当中央之十数，及中央五数之西。此中央之十与五，犹太极之阴阳。所妙者第五十参兼二位善知识，以德生当中数之一，则中央之十数已满，有德自然配于中央五数之一。此二位在一参，义犹太极合五十阴阳为一。且德生童子而处于阴数十，有德童女而处于阳数五，正当太极图黑中之白、白中之黑。《易》与《华严》之象数，密合无间如是，叹为观止矣。若有德位于中央五数之西者，西于四德属利，当阴象云。

其后参弥勒菩萨，名摄德成因相。于易义切近四德之亨，楼阁中备众象之变化，亨通孰甚。以河图论，宜当中央五数之南。参文殊师利菩萨，名智照无二相，于易义一如四德之贞。以河图论，乃当中央五数之北。夫善财以初参文殊起，其向以南行为主，至弥勒菩萨，可谓南极。而文殊菩萨首以居中信位开悟善财，今处智位，实当北极。凡天地之数五十五者，犹中心至边界之单位长度，以圆言即半径；乃南北极之距，当为直径，其数一百一十。宜"善财童子，依弥勒菩萨摩诃萨教，渐次而行，经游一百一十余城已，到普门国苏摩那城，住其门所，思维文殊师利"。然其身虽至，其心尚在南，相距仍为一百一十单位，故"文殊师利遥申右手，过一百一十由旬按善财顶"。必申右手者，右当西方，盖善财已参过德生、有德，其道可通。左当东方，善财尚未参普贤菩萨，则或申左手，善财未必能知也。

以上十二参,参十三位善知识,皆当七会普光明殿所说之法。然此二相,与寄位修行相不同,非明指一位。此十三位善知识,于七会诸品之说法,已神而明之,乃综杂以相呼应,其位已过十地而发等觉也。

最后参普贤菩萨,名显因广大相,当八会普光明殿所说之法,属行分。普贤自说之二千行门,此归纳成十大行愿,于易义犹四德之元,元者仁也,力行近乎仁,不其然乎。夫元为四德之首,解必由行以证,此五十三参之所以殿于普贤菩萨欤。于河图当中央五数之东,亦恰满天地五十五数。噫嘻善哉,噫嘻善哉。此既非偶然,又非妄合,自然之数,天地之理,何莫由斯道也。特列"五十三参表"及"河图与五十三参"以示之:

五十三参表

天地五十五数	河图之位	五十三参	善知识名	说 法	寄 位	备 注
一	天五之中	五十三参之首	文殊师利菩萨	发阿耨多罗三藐三菩提心	十信位	二会普光明殿所说之法
二	天一	第一参	比丘德云	忆念一切诸佛境界智慧光明普见法门	十住位之一发心住	
三	天九之一	第二参	比丘海云	普眼法门	十住位之二治地住	
四	天九之二	第三参	比丘善住	普速疾供养诸佛成就众生无碍解脱门	十住位之三修行住	
五	天九之三	第四参	大士弥伽	菩萨妙音陀罗尼光明法门	十住位之四生贵住	

天地五十五数	河图之位	五十三参	善知识名	说　法	寄　位	备　注
六	天九之四	第五参	长者解脱	入出如来无碍庄严解脱门	十住位之五具足方便住	
七	天九之五	第六参	比丘海幢	般若波罗蜜三昧光明	十住位之六正心住	
八	天九之六	第七参	优婆夷休舍	离忧安隐幢解脱门	十住位之七不退住	
九	天九之七	第八参	仙人毗目瞿沙	菩萨无胜幢解脱	十住位之八童真住	
十	天九之八	第九参	婆罗门胜热	菩萨无尽轮解脱	十住位之九王子住	以上十参三会忉利天宫所说之法
十一	天九之九	第十参	童女慈行	般若波罗蜜普庄严门	十住位之十灌顶住	
十二	地二之一	第十一参	比丘善见	菩萨随顺灯解脱门	十行位之一欢喜行	
十三	地二之二	第十二参	童子自在主	一切工巧大神通智光明法门	十行位之二饶益行	
十四	地八之一	第十三参	优婆夷具足	菩萨无尽福德藏解脱门	十行位之三无违逆行	
十五	地八之二	第十四参	居士明智	随意出生福德藏解脱门	十行位之四无屈挠行	
十六	地八之三	第十五参	长者法宝髻	菩萨无量福德藏解脱门	十行位之五无痴乱行	
十七	地八之四	第十六参	长者普眼	令一切众生普见诸佛欢喜法门	十行位之六善现行	

续　表

天地五十五数	河图之位	五十三参	善知识名	说　法	寄　位	备　注
十八	地八之五	第十七参	王无厌足	如幻解脱	十行位之七无著行	
十九	地八之六	第十八参	王大光	菩萨大慈为首随顺世间三昧门	十行位之八难得行	
二十	地八之七	第十九参	优婆夷不动	求一切法无厌足三昧光明	十行位之九善法行	
二十一	地八之八	第二十参	外道遍行	至一切处菩萨行	十行位之十真实行	以上十参四会夜摩天宫所说之法
二十二	天三之一	第二十一参	鬻香长者优钵罗华	调和香法	十回向之一救护众生离众生相回向	
二十三	天三之二	第二十二参	船师婆施罗	菩萨大悲幢行	十回向之二不坏回向	
二十四	天三之三	第二十三参	长者无上胜	至一切处修菩萨行清净法门	十回向之三等一切佛回向	
二十五	天七之一	第二十四参	比丘尼师子频申	成就一切智解脱	十回向之四至一切处回向	
二十六	天七之二	第二十五参	女人婆须蜜多	菩萨离贪际解脱	十回向之五无尽功德藏回向	
二十七	天七之三	第二十六参	居士鞞瑟胝罗	菩萨所得不般涅槃际解脱	十回向之六入一切平等善根回向	

16

天地五十五数	河图之位	五十三参	善知识名	说　法	寄　位	备　注
二十八	天七之四	第二十七参	观自在菩萨	菩萨大悲行门	十回向之七等随顺一切众生回向	
二十九	天七之五	第二十八参	正趣菩萨	菩萨普门速疾行解脱	十回向之八真如相回向	
卅	天七之六	第二十九参	神大天	云网解脱	十回向之九无缚无著解脱回向	
卅一	天七之七	第三十参	主地神安住	不可坏智慧藏法门	十回向之十入法界无量回向	以上十参五会兜率天宫所说之法
卅二	地四之一	第卅一参	主夜神婆珊婆演底	菩萨破一切众生痴暗法光明解脱	十地之一欢喜地	
卅三	地四之二	第卅二参	主夜神普德净光	菩萨寂静禅定乐普游步解脱门	十地之二离垢地	
卅四	地四之三	第卅三参	夜神喜目观察众生	大势力普喜幢解脱门	十地之三发光地	
卅五	地四之四	第卅四参	夜神普救众生妙德	菩萨普观一切世间调伏众生解脱门	十地之四焰慧地	
卅六	地六之一	第卅五参	主夜神寂静音海	菩萨念念出生广大庄严喜解脱门	十地之五难胜地	

天地五十五数	河图之位	五十三参	善知识名	说　法	寄　位	备　注
卅七	地六之二	第卅六参	主夜神守护一切城增长威力	甚深自在妙音解脱门	十地之六现前地	
卅八	地六之三	第卅七参	主夜神开敷一切树华	菩萨出生广大喜光明解脱门	十地之七远行地	
卅九	地六之四	第卅八参	夜神大愿精进力救护一切众生	教化众生令生善服解脱门	十地之八不动地	
四十	地六之五	第卅九参	妙德圆满即岚毗尼林神	菩萨于无量劫遍一切处示现受生自在解脱	十地之九善慧地	以上十参六会他化天宫所说之法
四十一	地六之六	第四十参	释种女瞿波	观察一切菩萨三昧海解脱门	十地之十一法云地	以上共四十一位名寄位修行相
四十二	地十之一	第四十一参	佛母摩耶夫人	菩萨大愿智幻解脱门		
四十三	地十之二	第四十二参	天女天主光	菩萨无碍念清静庄严解脱		
四十四	地十之三	第四十三参	童子师遍友	（不说法）		
四十五	地十之四	第四十四参	童子善知众艺	善知众艺解脱		
四十六	地十之五	第四十五参	优婆夷贤胜	无依处道场解脱		
四十七	地十之六	第四十六参	长者坚固解脱	无著念清净庄严解脱		

天地五十五数	河图之位	五十三参	善知识名	说　法	寄　位	备　注
四十八	地十之七	第四十七参	长者妙月	净智光明解脱		
四十九	地十之八	第四十八参	长者无胜军	无尽相解脱		
五十	地十之九	第四十九参	婆罗门最寂静	诚愿语解脱		
五十一	地十之十	第五十参	童子德生			以上十参名会缘入实相
五十二	天五之西四德属利		童女有德	幻住解脱		
五十三	天五之南四德属亨	第五十一参	弥勒菩萨	入三世一切境界不忘念智庄严藏解脱门		此参名摄德成因相
五十四	天五之北四德属贞	第五十二参	文殊师利菩萨	阿僧祇法门	以上十二参皆为等觉位	十二参七会普光明殿所说之法
五十五	天五之东四德属元	第五十三参	普贤菩萨	十种广大行愿	二千法门	此参名显因广大相当八会普光明殿所说之法

　　若善财所参之善知识,类别不一,盖天人并及,事理无碍。除菩萨、佛母、比丘、比丘尼、童子、童女、优婆塞、优婆夷外,如长者、神仙、王者、女人、外道婆罗门等皆兼参,可云神妙。内以菩萨为主,虽仅六参,且文殊化二,然序次初中终,已得要领云。凡初终二参文殊,中参观自在、正趣,终则文殊前后更参弥勒、普贤是也。考天地数五十五,参数五十三,而所参之善知识,实五十四位,故第二十七参参观自在菩

一 师子频申　二 婆须蜜多　三 鞞瑟胝罗　四 观自在　五 正趣　六 大天　七 安住

息
消

四会夜摩天宫十行　五会兜率十回向

二 自在主
善见

海云 一
善住 二
弥伽 三
解脱 四
海幢 五
休舍 六
毗目瞿沙 七
胜热 八
慈行 九

八 遍行
七 不动
六 大光
五 无厌足
四 普眼
三 法宝髻
二 明智
一 具足

坚固解脱
贤胜 五

妙月 七

婆珊婆演底
普德净光
喜目观察众生
普救众生妙德

无上胜 三
善知众艺
婆施罗 二
优钵罗华
遍友 三

亨弥勒 六
二信元一
普贤会八行
于普光明殿
二七八皆会
贞一文殊
一摩耶
德云

文殊
阴阳合一为太极
有德
无胜军 八
最寂静 九

天主光 二
天主光

德生

其他为七会等觉

三会忉利天宫十住

六会他化天宫十地

息
消

六 瞿波　五 妙德圆满　四 救护一切众生　大愿精进力　三 开敷一切树华　二 增长威力　守护一切城　一 寂静音海

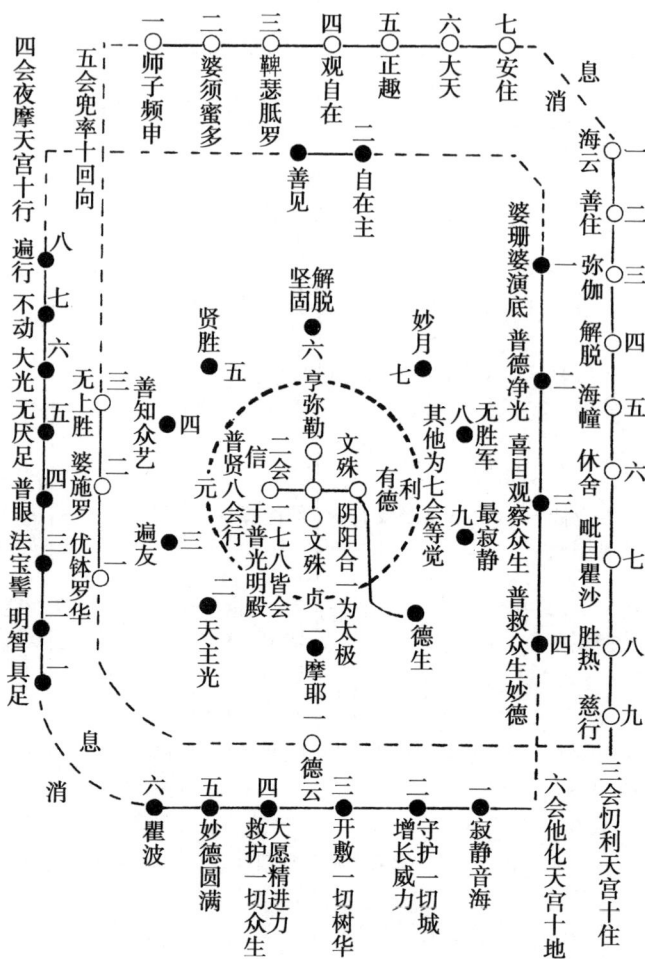

河图与五十三参

萨,第二十八参参正趣菩萨,正当中数。详示如下(图见下页):

更以会处观之,又有大义可言。凡二、七、八三会皆在普光明殿者,正当中央之五与十。四天宫者,当四方消息之上出:由普光明殿升至忉利天宫,由中而息成一九。忉利天宫升至夜摩天宫,一九消成二八。夜摩天宫升至兜率天宫,二八息成三七。兜率天宫升至他化天宫,三七消成四六。若此上升不已,犹消息不已,何能穷河图辗转之

```
        初参          文殊师利菩萨
      ┌─────────────────────────────────┐
      │        参二十六位善知识            │
二十七 │    ┌  观自在菩萨                  │
      │‥‥中参┤                          │
      │    └  正趣菩萨                    │
      │        参二十三位善知识            │
二十七 │    ┌  弥勒菩萨                    │
      │    │  文殊师利菩萨 ◄──────────────┘
      │终参┤
      │    └  普贤菩萨
```

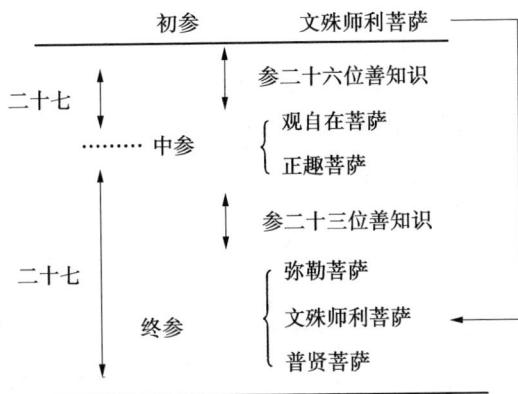

数。盖尚在三界中,好自为之者,或未免生有涯随无涯之殆,况芸芸众
生浮沉无主者乎。故一周不可不游,既游不可不反,鸿鸟渐陆,硕果反
生,动植如此,况为人乎。七、八二会之又在普光明殿,其理可明,中起
消息而复于中,保合太和之象也。凡消息归诸佛母摩耶夫人,阴阳合
诸德生、有德,事理尚有不亨者乎,弥勒楼阁之基在焉。乃文殊而普贤
贞下又起元,绵绵不断,若存若亡,有已而无已,无已而有已。有穷乎?
无穷乎? 太极乎? 阴阳乎? 重玄乎? 因缘乎? 奈何奈何,如是如是。
佛法如是,易道如是。天何言哉,天何言哉。

洛书与《华严》九会七处

洛书数九,河图之用,河图数十,洛书之体。体、用一原,十、九相
辅,不可不分,不可不合。合以观性,分以见情,《系》上曰:"河出图,洛
出书,圣人则之。"则之者,则十、九分合之体用耳。凡性命之理,万物
之情,至赜之变,至精之化,尽在其中,鸣乎神矣。夫诵《华严经》者,莫
不知有十方世界。十者河图体数,显体在用,其数当九。全经以九会
阐扬之,始体无遗佚,情有所归。《洪范》大义,九畴大用,又得证于兹。
图书之数,诚何往而不利哉。

考洛书之成形，其法有二：一以九数三分而斜行，如自上而下，则四正旋一百八十度。如自下而上，则四隅旋一百八十度。一以九数当自下而上之太极曲线，更易其二八，犹太极图黑中之白、白中之黑也。此二法三式皆成洛书，图见下：

一甲，自上而下之斜行　一乙，自下而上之斜行，二，自下而上之太极曲线

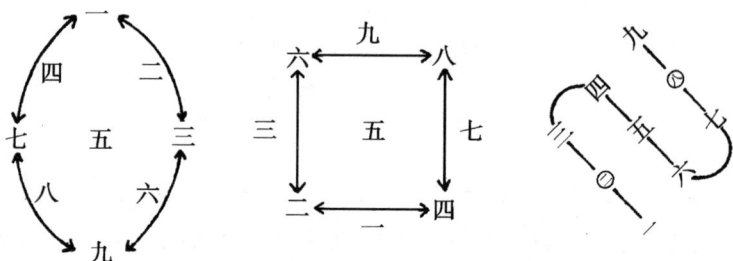

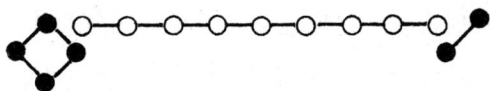

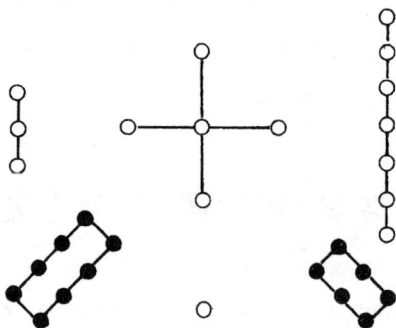

洛　书

凡四正之旋，其向顺时针，于洛书数为北一、东三、南九、西七。盖由一起，每以三乘之，末位数必为一、三、九、七。即三一得三，三三得九，三九二十七之七，三乘二十七又得八十一之一，是谓参天。于四隅之旋，其向逆时针，于洛书为西南二、东南四、东北八、西北六。盖由二

起,每以二乘之,末位数必为二、四、八、六。即二二得四,二四得八,二八十六之六,二乘十六又得三十二之二,是谓两地。《说卦》曰:"参天两地而倚数",非谓此乎。又《系》上曰:"蓍之德圆而神,卦之德方以知",谓蓍数七卦数八。以洛书观之,其四正之向,变为逆时针。盖由一起,每以七乘之,末位数必为一、七、九、三。即七一得七,七七四十九之九,七乘四十九得三百四十三之三,七乘三百四十三又得二千四百零一之一,是谓蓍德。其四隅之向,又变为顺时针。盖由二起,每以八乘之,末位数必为二、六、八、四。即八二十六之六,八乘十六得二百二十八之八,八乘一百二十八得一千零二十四之四,八乘一千零二十四又得八千一百九十二之二,是谓卦德。此参、两、蓍、卦之旋,皆顺逆配合,相反相成,周匝无穷。事有难尽,理无二致,洛书之消息也。且此九数中,三横数为"四九二"、"三五七"、"八一六",三纵数为"四三八"、"九五一"、"二七六",二斜角数为"四五六"、"二五八",其和皆十五。十五者三五也,是谓"参伍以变",以中数五为之平衡,皇极立焉。范围天地,经纶三才,窥阴阳,明盛衰,损有余,补不足。众象粲然,有秩有叙,舍短取长,有命有功,九畴之时用大矣哉。

再者,九畴者,尚可一化为九,成九九八十一畴,犹八卦之重成六十四卦。凡一至九,咸可处中,非徒中五耳。其他八数,终始周行,彝伦攸叙,穷时位之升降,呈物物一太极之理。其法以洛书之次,逐数移位:如中五为戴九履一,则中四减一,当为戴八履九;戴八者九减一为八,履九者一减一,始接终,又退于九。又中六加一,当为戴一履二;戴一者,九加一,终接始,又进于一,履二者一加一为二。其他可例推。图见下页,名之曰"九畴周行图"云。

上述诸理,皆洛书所固有,所以致河图之用,与《华严》以九会显十方法界,其旨同。观析其详,尤有不思议之妙谛存焉。

考《华严》有上中下三本,贮于龙宫铁塔中。佛灭度后六百年许,

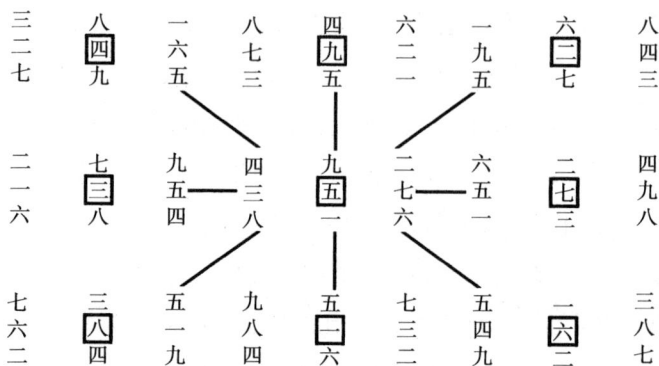

三二七　八四九　一六五　　八七三　四九五　六二一　　一九五　六二七　八四三

二一六　七三八　九五四　　四三八　九五一　二七六　　六五一　二七三　四九八

七六二　三八四　五一九　　九八四　五一六　七三二　　五四九　一六二　三八七

九畴周行图

有龙树菩萨,已读毕世间经典,遂赴龙宫入铁塔读之。计上本有十三千大千世界微尘数偈,一四天下微尘数品;中本有四十九万八千八百偈,一千二百品;下本有十万偈,四十八品。于上中二本,殊非娑婆世界众生所堪诵习,故龙树菩萨忆下品归。究其来源,与图、书之出于河、洛,如同一辙。盖天一生水,觉人觉世之理,蕴蓄其中,待几缘而见,奚足怪哉。后四百年许流传至我国,译本有三:一、晋佛陀跋陀罗译,凡三万六千偈三十四品,分六十卷,因名六十《华严》,亦曰旧译。二、唐实叉难陀译,凡四万五千偈三十九品,分八十卷,因名八十《华严》,亦曰新译。三、唐般若译,凡一品,分四十卷,因名四十《华严》。以上新旧两译,规范相似,然新译较备。其大者如旧译仅得七处八会,新译始成七处九会;且旧译三十四品,皆在新译三十九品中。宜新译兴而旧译衰焉。若四十《华严》,唯于《入法界》一品加详耳。最后之普贤十大行愿,足补新旧两译之阙。计其未译者,尚有九品五万五千偈,未识仍在尘世否,令人渴念遐想不已。幸三十九品四万五千偈,已成全经之体例。况已译未译之偈数,正合河图五十五洛书四十五之比数,用数既全,体数可喻。善财之五十三参,正当河图以自证,则此后之九品五万五千偈,定为善财准普贤十大行愿以觉三界众生与夫转小成大之情状也。今以已译者论,偈数同乎洛书,九会切于九畴,是岂巧合哉,实经义之大用莫外焉。

夫九会者,初会菩提场。佛于面门众齿之间,放佛刹微尘数光明,又放眉间光,名一切菩萨智光明,普照耀十方藏。此会普贤为会主,入一切诸佛毗卢遮那如来藏身三昧,说如来依正法。凡六品:曰《世主妙严品》一,《如来现相品》二,《普贤三昧品》三,《世界成就品》四,《华藏世界品》五,《毗卢遮那品》六。大义属信解行证四分之信分,信为解之本,宜首之。于洛书数一,位北。二会普光明殿。佛从两足轮下放百亿光明,照此三千大千世界。此会文殊为会主,不入定,说十信法门。凡六品:曰《如来名号品》七,《四圣谛品》八,《光明觉品》九,《菩萨问明品》十,《净行品》十一,《贤首品》十二。于洛书数二,位西南。此会不入定者,信之为德,虽未入定者,已当信之。其后《入法界品》,文殊出逝多林至福城东以说法,应于此位。惟文殊之不入定,故能亲度善财,且善财既信之,即发阿耨多罗三藐三菩提心,不待入定后始发也。三会忉利天宫。佛从两足指放百千亿妙色光明,普照十方一切世界。此会法慧为会主,入菩萨无量方便三昧,说十住法门。凡六品:曰《升须弥山顶品》十三,《须弥顶上偈赞品》十四,《十住品》十五,《梵行品》十六,《初发心功德品》十七,《明法品》十八。于洛书数三,位东。四会夜摩天宫。佛从两足上放百千亿妙色光明,普照十方一切世界。此会功德林为会主,入菩萨善思惟三昧,说十行法门。凡四品:曰《升夜摩天宫品》十九,《夜摩宫中偈赞品》二十,《十行品》二十一,《十无尽藏品》二十二。于洛书数四,位东南。五会兜率天宫。佛从两膝轮放百千亿那由他光明,普照十方尽法界一切世界。此会金刚幢为会主,入菩萨智光三昧,说十回向法门。凡三品:曰《升兜率天宫》二十三,《兜率宫中偈赞品》二十四,《十回向品》二十五。于洛书数五,位中。六会他化天宫。佛从眉间出清净光明,名菩萨力焰明,百千阿僧祇光明以为眷属,普照十方一切世界靡不周遍。此会金刚藏为会主,入菩萨大智慧光明三昧,说十地法门。凡一品:曰《十地品》二十六。于洛书数六,位西北。七会普光明殿。佛从眉间白毫相中放大光明,名如来出现,无量百千亿那由他阿僧祇光明以为眷属,其光普照十方尽虚空法界一切世界;又于口中放大光明,名无碍无畏,百千亿阿僧祇光明以为眷属,普照十方尽虚空法界一切世界,此光又入普贤口。此会如来为会主,入刹那际诸佛三昧,说等觉、妙觉法门。凡十一品:曰《十定品》二十七,《十通品》二十八,《十忍品》二十九,《阿僧祇品》三十,《寿量品》三十一,《菩萨住处品》三十二,《佛不思议法品》三十三,《十身相海品》三十四,《随好光明品》三十五,《普贤行品》三十六,《如来出现品》三十七。以上二会至七会,大义皆属解分,信解已圆,将为以下行证之基。于洛书数七,位西。八会普光明殿。佛此会不放光。普贤为会主,入佛华严三昧,说二千行门。凡一品,曰《离世间品》三十八。大义属行分。此会不放光者,上会佛所发之口光,已入普贤口,故此会普贤说二千行门,即佛光所化,乃不必另放他光,亦即行依于解也。于洛书数八,位东北。九会逝多林。佛从眉间白毫相放大光明,其光名普照三世法界门,以不可说佛刹微尘数光明而为眷属,普照十方一切世界海诸佛国土。此会如来善友为会主,入师子频申三昧,说果法界。凡一品,曰:《入法界品》三十九。大义属证分。于洛书数九,位南。以上九会三十九品,合诸洛书,示如下图:

洛书与华严九会图

佛放二足上光 四会夜摩天宫 入善思惟三昧	功德林为会主 四 凡四品属解分 说十行法门	佛放眉间光 九会逝多林 入师子频申三昧	如来善友为会主 九 凡一品属证分 说果法界	佛放两足轮光 二会普光明殿 不入定	文殊为会主 二 凡六品属解分 说十信法门
佛放二膝指光 三会忉利天宫 入无量方便三昧	法慧为会主 三 凡六品属解分 说十住法门	佛放二膝轮光 五会兜率天宫 入智光三昧	金刚幢为会主 五 凡三品属解分 说十回向法门	佛放眉间光口光 七会普光明殿 入刹那际诸佛三昧	如来为会主 七 凡十一品属解分 说等觉妙觉法门
不放光 八会普光明殿 入佛华严三昧	普贤为会主 八 凡一品属行分 说二千行门	佛放齿间光眉间光 初会菩提场 入如来藏身三昧	普贤为会主 一 凡六品属信分 说如来依正法	佛放眉间光 六会他化天宫 入大智慧光明三昧	金刚藏为会主 六 凡一品属解分 说十地法门

26

　　若此九会,每会各有其义。然一会可赅九会,九会又可归一。盖一即一切,一切即一,帝网重重,相入无碍。是犹九畴周行,则任何一会皆具九会,亦任何一会咸可处中为主。详见下图:

九畴周行与华严九会图

三会 忉利天宫	八会 普光明殿	初会 菩提场	八会 普光明殿	四会 夜摩天宫	六会 他化天宫	初会 菩提场	六会 他化天宫	八会 普光明殿
二会 普光明殿	四会 夜摩天宫	六会 他化天宫	七会 普光明殿	九会 逝多林	二会 普光明殿	九会 逝多林	二会 普光明殿	四会 夜摩天宫
七会 普光明殿	九会 逝多林	五会 兜率天宫	三会 忉利天宫	五会 兜率天宫	初会 菩提场	五会 兜率天宫	七会 普光明殿	三会 忉利天宫
二会 普光明殿	七会 普光明殿	九会 逝多林	四会 夜摩天宫	九会 逝多林	二会 普光明殿	六会 他化天宫	二会 普光明殿	四会 夜摩天宫
初会 菩提场	三会 忉利天宫	五会 兜率天宫	三会 忉利天宫	五会 兜率天宫	七会 普光明殿	五会 兜率天宫	七会 普光明殿	九会 逝多林
六会 他化天宫	八会 普光明殿	四会 夜摩天宫	八会 普光明殿	初会 菩提场	六会 他化天宫	初会 菩提场	三会 忉利天宫	八会 普光明殿
七会 普光明殿	三会 忉利天宫	五会 兜率天宫	九会 逝多林	五会 兜率天宫	七会 普光明殿	五会 兜率天宫	初会 菩提场	三会 忉利天宫
六会 他化天宫	八会 普光明殿	初会 菩提场	八会 普光明殿	初会 菩提场	三会 忉利天宫	四会 夜摩天宫	六会 他化天宫	八会 普光明殿
二会 普光明殿	四会 夜摩天宫	九会 逝多林	四会 夜摩天宫	六会 他化天宫	二会 普光明殿	九会 逝多林	二会 普光明殿	七会 普光明殿

　　由上图,始可喻九会之变化。且以会次之数当洛书数外,凡此九种位次,又可各当洛书。则四正四隅之顺逆周流,以诸法观之,庶达不思议之境焉。下依次列表示之:

华严九会说法表

依正法为主 初会菩提场处中	四正之法	十回向 行门　　十住 十地	四隅之法	果法界↔等觉妙觉 ↕　　　↕ 十行　↔　十信
十信为主 二会普光明殿处中	四正之法	十地 果法界　　十行 等觉妙觉	四隅之法	依正法↔行门 ↕　　↕ 十回向↔十住

主会		四正之法		四隅之法
十住为主 三会忉利天宫处中	四正之法	等觉妙觉 依正法　　十回向 行门	四隅之法	十信 ↔ 果法界 ↕　　↕ 十地 ↔ 十行
十行为主 四会夜摩天宫处中	四正之法	行门 十信　　十地 果法界	四隅之法	十住 ↔ 依正法 ↕　　↕ 等觉妙觉 ↔ 十回向
十回向为主 五会兜率天宫处中	四正之法	果法界 十住　　等觉妙觉 依正法	四隅之法	十行 ↔ 十信 ↕　　↕ 行门 ↔ 十地
十地为主 六会他化天宫处中	四正之法	依正法 十行　　行门 十信	四隅之法	十回向 ↔ 十住 ↕　　↕ 果法界 ↔ 等觉妙觉
等觉妙觉为主 七会普光明殿处中	四正之法	十信 十回向　　果法界 十住	四隅之法	十地 ↔ 十行 ↕　　↕ 依正法 ↔ 行门
行门为主 八会普光明殿处中	四正之法	十住 十地　　依正法 十行	四隅之法	等觉妙觉 ↔ 十回向 ↕　　↕ 十信 ↔ 果法界
果法界为主 九会逝多林处中	四正之法	十行 等觉妙觉　　十信 十回向	四隅之法	行门 ↔ 十地 ↕　　↕ 十住 ↔ 依正法

　　夫佛法之教义无穷，法门亦无穷，《华严》总以九会，得易简之理矣。若九会之法，实相入相重，可遮可兼，前后错杂，终始若环，如如不动，亦一亦多，随缘而来，不可端倪。今以洛书之九畴周行，四正四隅之顺逆互旋，以观其相承相生之道，殊非言语可尽，此象数之妙也。

　　更观九会之会处，尤具至理。三会同处于普光明殿者，犹洛书数。当以三纵三横或二斜角线之三数合观之，乃见参伍以变之妙，一再而三，其理始圆。以卦象之正言，同归既济，必经三次，亦此义也。故会宜有九，处当为七，有三会不易其境，庶可觇吾心之变。又七处中菩提场、普光明殿、逝多林三处在地，忉利天宫、夜摩天宫、兜率天宫、他化天宫四处在天，盖境之大别，阴阳天地而已。由是以观心：凡二会普光明殿者，当解分之初，其心阴而阳，地而天，入而将出也。七会普光明殿者，当解分之终，其心阳而阴，天而地，出而已入也。八会普光明殿者，当解圆而行，其心者复其见天地之心，出入无疾，力行近仁之谓也。此三心以中五损益之，其实乃一。所有众生若干种心如来悉知，故说法无穷，三界一心，心佛众生，三无差别，信者信此，证者证此耳。详下九会七处表。

九会七处表

天四会四处	地五会三处	四分	四分归一
六会 ← 五会兜 ← 四会 ← 三会 ← 二会普光明殿（初会菩提场）→ 七会普光明殿、八会普光明殿、九会逝多林	信分 → 信此；解分：入而将出、出而已入；行分：出入无疾；证分 → 证此	三界一心 心佛众生 三无差别	

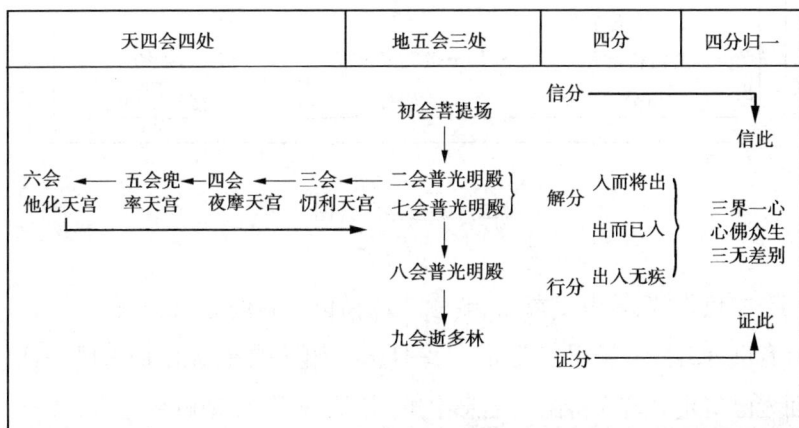

三会同处之妙谛，由上表可显。今以证分位五观之，即九畴周行与华严九会图中之戴九，又可得二八易位之大义。合以后天卦象，于出入之道，三会同处之变，皆有自然之理焉。

且于方位，证分戴九位南，宜善财之五十三参，以南行为主。其于三会忉利天宫，位东北艮八，始出于地也。于六会他化天宫，位西南坤二，将返入于地也。出者，黑中之白，入者，白中之黑。唯其有消息，黑白互易而太极图成。唯其有出入，二八易位而洛书成。消息出入诚解分之几，凡解分二至七共六会，当四正以出入于东北西南而变化在矣。

详下二八易位当四分图。

二八易位当四分图

由信生解,解有二端,二端赖二八易位。其理通焉,然后一于行,行有证,归诸中,证得一理,信又深且坚。如是周流,无已而有已、有已而无已者也。若未得出入消息之解,其能一乎,然则解分之几,犹圣、狂之几,迷、觉之几也。

据佛言,忉利天宫位须弥山顶,属地居天,夜摩天宫、兜率天宫、他化天宫属空居天,此四天宫皆属欲界。其上尚有色界之四禅天、无色界之色究竟天。层层上出,离此欲界、色界、无色界,始曰"出三界";出为觉,然后宜入三界以觉他。奈自居欲界之娑婆世界,于理可明,于色界、无色界之详,已为时位所限,必不能知。此龙树所以仅忆下品归,乃如来于他化宫已说十地法门,则出入之理明且备焉。故即当反入以觉人觉世,此世尊之慈悲也。若出入二天恰当证分之二八,象数配合之神几如是,令人不胜赞叹。暂不论普光明殿,其他六处之当太极图,示如下:

六处与太极图

至于普光明殿与太极图，二会尚未出，当黑之半，七会已出而入，当白之半。八会合解之始终而行，何碍于出入。以觉他言，黑中之白，勉人以出，悲也，义也；白中之黑，勉人以入，慈也，仁也。此非三会普光明殿之心乎。更示如下：

普光明殿与太极图

太极已明，其生生成八卦。河图以先天为主，洛书以后天为主，此宜以后天卦位观之。初会菩提场，信分为乾，信为道元，如来依正法，非乾象而何。六会他化天宫说十地为坤，坤为地也。三会忉利天宫说十住为艮，艮止犹住。四会夜摩天宫说十行为离，向明而治，行者离明之谓。五会兜率天宫说十回向为坎，天一生水，回向之几也。以上五会之象，莫不精义确然。至于三会普光明殿之象，尤有不思议之理。于二会说十信而将出，兑为义也；于七会说等觉妙觉而已入，震为仁也。八会者行本乎解，普贤口中受如来之光而说之，巽命准乎震性，出

31

入无疾之心也。又兑震巽三象之变化为错综接，心亨之主旨在焉。详见后天洛书与华严九会七处图。

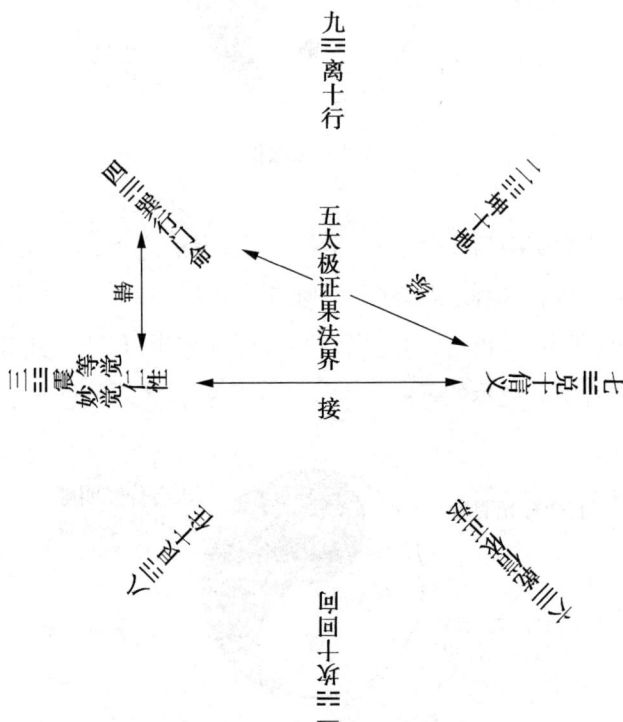

九
离
十行

五太极证果法界

四 巽 十回向

二 坤 十地

三 震 等妙觉 亡性

错

接

参

七 兑 十信

八 艮 十住

六 乾 十住

一 坎 十住

后天洛书与华严九会七处图

总上所述，凡洛书象数之变化，《华严》九会七处之妙法，皆因合观而显，并论而明。此文不容已者此也，奚暇辨儒佛之异同乎。

普贤行愿显微

《华严》九会，终于善财童子之五十三参，证入法界，顿渐圆融，归诸普贤菩萨之十大行愿，至矣尽矣。其言曰："善男子，如来功德，假使十方一切诸佛，经不可说不可说佛刹极微尘数劫，相续演说不可穷尽，若欲成就此功德门,应修十种广大行愿。何等为十,一者礼敬诸佛,二者称赞如来,三者广修供养,四者忏悔业障,五者随喜功德,六者请转法轮,七者请佛住世,八者常随佛学,九者恒顺众生,十者普皆回向。"夫究此十愿,其义无穷,盖已入不思议解脱境界。象之微妙,何可以言语喻,无思无为而成终成始,其境神矣,与易理殊可会通。下请显之:

一者礼敬诸佛——佛者,觉也,礼敬之,所以破我执。凡不觉而迷,我执所由生,人各执其我,"碍"之谓也。如能化我执而礼敬诸佛,则有碍之我执成无碍之礼敬,执虽异而同归于佛之觉,是之谓"事无碍"。以《易》言,八卦六十四卦而至三百八十四爻,莫不自有其象,"是故爱恶相攻而吉凶生,远近相取而悔吝生,情伪相感而利害生",不亦碍乎。然卦爻之象,皆由乾元生,"乾始以美利利天下,不言所利,大矣哉"。故觉此乾元而礼敬之,于"相攻"、"相取"、"相感",何碍之有,是之谓"修业"。

二者称赞如来——如来者,如实道来,称赞之,所以破法执。凡觉而执之,法执所由生,人各执其法,仍为"碍"。如能化法执而称赞如来,则有碍之法执成无碍之称赞,法执虽异而同归于如来,是之谓"理无碍"。以《易》言,卦爻之变,理非一端,莫不自有其法。往来进退,发挥旁通,象各不同,其碍甚多。然终始天行,皆乾道四德之变化。故如实知此太和、太极而称赞之,于立卦生爻六龙御天,何碍之有,是之谓"进德"。

三者广修供养——供养分二。一以供养具常为供养,一以法供养。前者施外物,极于破我执;后者基于破我执,极于破法执。故二者之功德,未可并论。以法供养为最,广修之乃能"事理无碍"。以《易》言,太极生生而大业生,卦爻之法象各有其德,法供养者,犹"云行雨施"而"品物流行"。业修德进,及时而惕,事理之碍泯矣。

四者忏悔业障——业障者,"所知"、"烦恼"二者,由法我二执所起。能"诚心忏悔,后不复造",乃臻"事事无碍"之境。以《易》言,震

《大象》曰:"洊雷震,君子以恐惧修省。"虩虩恐惧,哑哑修省,有则者,见天则而乾元出震,始亨万物而物与无妄,先王以茂对时育万物,事事无碍也。

五者随喜功德——随喜者,偈曰:"十方一切诸众生,二乘有学及无学,一切如来与菩萨,所有功德皆随喜。"以《易》言,"幽赞于神明而生蓍"。生蓍者,一卦遍及六十四卦,与随喜之义密合。卦各有德,择其善者而从之,不善者而改之,故君子无入而不自得焉。

六者请转法轮——轮法轮者,偈曰:"十方所有世间灯,最初成就菩提者,我今一切皆劝请,转于无上妙法轮。"以《易》言,"君子尚消息盈虚,天行也"。消息者,错而相通,太极妙觉在焉,与转法轮以觉世,义亦无间。佛之说法,辗转传入,不停滞于一人一处,故曰转法轮,是当"天行"义。又佛之说法能摧破众生之恶,犹轮王之轮宝能辗摧山岳岩石,是当"息阳""之正"义,由坤而转为乾,由未济而转为既济也。

七者请佛住世——请佛住世者,劝请莫入涅槃,经于一切佛刹极微尘数劫,为欲利乐一切众生。盖请佛及诸菩萨声闻缘觉有学无学乃至一切诸善知识住世,所以为世立师表也。以《易》言,乾首出庶物,时之则也,既济刚柔正而位当,位之定也。六位时成以利乐一切众生,故能"品物咸亨"而"万国咸宁"。

八者常随佛学——常随佛学者,菩萨之自觉也,唯自觉也深,其觉他也有力,十地渐证,随学之象也。以《易》言,进德修业无已,自强不息以精进也,思患豫防以贞正之,变动不居而动贞夫一,升阶纷若而乃乱乃萃,得其旋之元吉,跻六龙之离祉,庶能出入火宅而免沉沦于六道之险阻。

九者恒顺众生——恒顺众生者,菩萨之觉他也。其言曰:"谓尽法界虚空界,十方刹海所有众生,种种差别,所谓卵生、胎生、湿生、化生,或有依于地水火风而生住者,或有依空及诸卉木而生住者,种种生类,种种色身,种种形状,种种相貌,种种寿量,种种族类,种种名号,种种心性,种种欲乐,种种意行,种种威仪,种种衣服,种种饮食,处于种种村营聚落,城邑宫殿,乃至一切天龙八部,人非人等,无足,二足,四足,多足,有色,无色,有想,无想,非有想,非无想,如是等类,我皆于彼随顺而转。种种承事,种种供养,如敬父母,如奉师长,及阿罗汉,乃至如来等无有异。于诸病苦为作良医,于失道者示其正路,于暗夜中为作光明,于贫穷者令得伏藏,菩萨如是平等饶益一切众生。何以故,菩萨若能随顺众生,则为随顺供养诸佛,若于众生尊重承事,则为尊重承事如来,若令众生生欢喜者,则令一切如来欢喜。何以故,诸佛如来以大悲心而为体故,因于众生而起大悲,因于大悲生菩提心,因菩提心成等觉。"此明普度众生,至诚至慈,至敬至悲,承上化下,菩萨之大愿,即十大行愿之中心也。以《易》言"出入无疾"之谓。出以复性,入以申命,各正性命而保合太和,众生皆具佛性者也。贵能"于彼随顺而转",转者转识成智,去其障蔽而已。即次而快其心,易简而亨其心,众生与佛本为一体,人皆可以为尧舜也。

十者普皆回向——谓以上九愿所有功德,皆悉回向。回向者,不执也,其义尤不可忽。以《易》言,群龙未能无首而亢,既济终止则乱而道穷,皆未能回向所致。故君子恭以存位,亨行不止,时中不极,则劳谦有终,犹回向之功也。愿皆回向,菩萨与众,殊无差别,《金刚经》曰"灭度无量无数无边众生,实无众生得灭度者"是其义。由是廓然一而实相显,非太极之象乎。

以上十愿为《华严》之要,亦佛教精萃所在,与易理会通,盖皆入无思无为之境。十者天地之数,五合而为河图,庖牺氏则之而画卦,《华严》亦取之为法数,寂然不动而感通,岂有求而为哉。

《易》与《维摩诘经》

国名妙喜,佛号无动,是维摩诘于彼国没而来此。考此无动佛之妙喜国土,或远在河外星系之外,或可瞬息之间令在目前,此不可思议解脱法门,所以超越空间时间而上之。以五维喻,其理莫外焉。

若维摩诘来此娑婆世界而现居士相,且示疾而广为说法,实准复象"出入无疾"之义,而游戏神通,乃菩萨觉世觉人之法云。综读全经,详为研核,与易道戚戚相关,其理同,其揆一,岂虚语哉。

后秦长安释僧肇注《序》有曰:"夫道之极者,岂可以形言权智而语其神域哉。然群生长寝,非言莫晓,道不孤运,弘之由人。是以如来命文殊于异方,召维摩于他土,爰集毗耶,共弘斯道。此经所明,统万行则以智为主,树德本则以六度为根,济蒙惑则以慈悲为首,语宗极则以不二为门。凡此众说,皆不思议之本也。至若借座灯王,请饭香土,手接大千,室包乾象,不思议之迹也。"则全经之纲要已明,今更述之者,所以通于易道耳。

《弟子品》第三,佛告十大弟子行诣维摩诘问疾。然皆不克胜任,此各有本缘。实维摩诘有得于河图十数之精蕴,乃能辩才无碍而通达无阻。下依次述其象。

一、舍利弗于林中宴坐树下。维摩诘言："不必是坐为宴坐也。"乃为详释宴坐之义。盖天一生水，流动不已，其可不任其性而强为宴坐乎。

二、大目犍连于里巷中为诸居士说法。维摩诘言："夫说法者，无说无示，其听法者，无闻无得。"此理略同《金刚经》。地二生火，是之谓薪穷火传，其可指说乎。

三、大迦叶于贫里行乞。维摩诘言："有慈悲心而不能普，舍豪富，从贫乞。"于数天三生木，所以正大迦叶有不仁之象。

四、须菩提曾入维摩诘舍从乞食，维摩诘为说乞食之理。地四生金，临财毋苟得之义也。

五、富楼那为诸新学比丘说法。维摩诘言："先当入定观此人心，然后说法。"夫入定以观此人心者，盖天五生土，定于中央之象。惟二五火土之不同，宜与对大目犍连之说异焉。

六、迦旃延敷演佛说之义。维摩诘言："无以生灭心行，说实相法。"数当地六成水，未成时，坎未习犹生灭心行，其可说心亨之实相法乎。

七、阿那律见此释迦牟尼佛土三千大千世界如观掌中菴摩勒果。维摩诘言："天眼所见，为作相耶，无作相耶。"盖天七成火，离目以成天眼之象，继明而作，可不戒于突如其来如乎。

八、优婆离为犯律行之二比丘解说。维摩诘言："无重增此二比丘罪，当直除灭，勿扰其心。"次属地八成木，理当观过知仁，直入除灭，善补过无咎之象。

九、罗睺罗为说出家功德之利。维摩诘言："无利无功德，是为出家。"盖出家视众生之业，奚有利与功德可言，实合天九成金之象，义之极则云。

十、阿难为世尊身小有疾而乞牛乳。维摩诘言："如来身者，金刚之体,诸恶已断,众善普会,当有何疾,当有何恼。"此地十成土,入定之至,何疾恼之有。虽然,佛出五浊恶世,现行斯法,度脱众生,犹维摩诘之疾。土之净秽,有辨乎,无辨乎? 十年勿用乎,十年乃字乎? 此非终始出入之几乎? 其几未得,何怪阿难之实怀惭愧焉。

河 图 与 弟 子

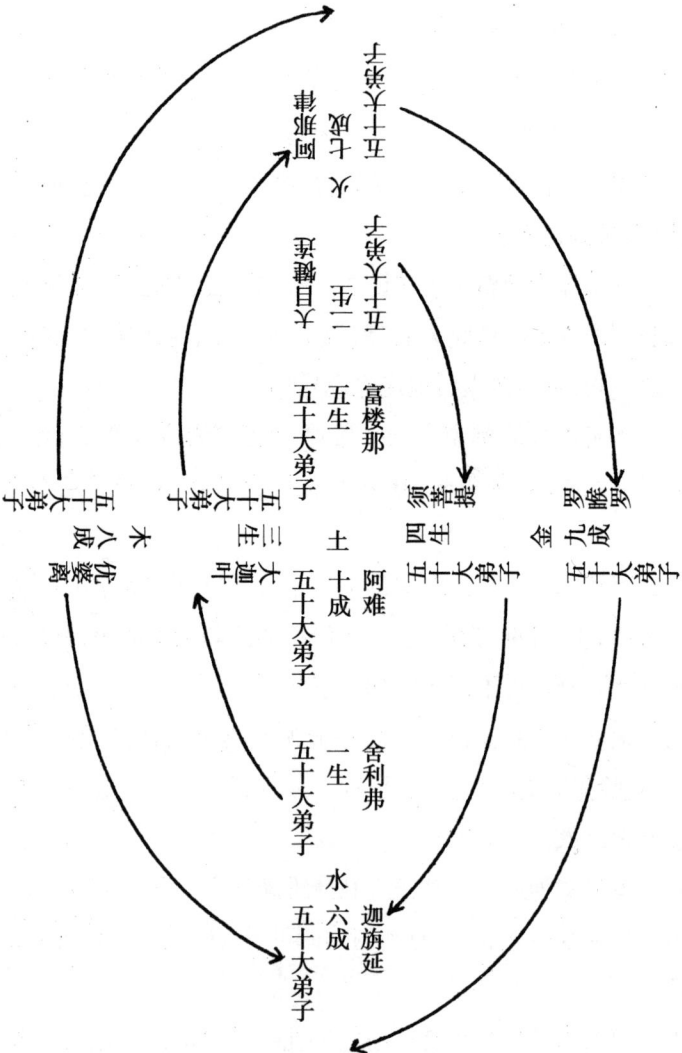

以上五百大弟子,各说本缘,不任诣彼问疾。数仍当河图五行,四方中定,辗转各有百,分以生、成各五十。皆不胜其任者,盖维摩诘已达乎五十大衍之数,百物不废之理。噫嘻,其德不亦大哉。

《菩萨品》第四,详述公案有四,理合乾之四德。

一、弥勒菩萨为兜率天王及其眷属说不退转地之行。维摩诘言:"弥勒世尊授仁者记,一生当得阿耨多罗三藐三菩提,为用何生得受记乎。"盖弥勒菩萨尚执于贞而未起元,三十六宫皆是春,莫非上出,莫非菩提,方为乾元之象,何必受记耶。

二、光严童子昔出毗耶离大城,时维摩诘方入城。问从何来,答从道场来,且畅述道场之理。维摩诘曰:"菩萨若应诸波罗蜜教化众生,诸有所作,举足下足,当知皆从道场来,住于佛法矣。"此说密合"出入无疾"之消息,君子无入而不自得,道场佛法嘉会合礼,亨之至也。

三、持世菩萨于静室,时魔波旬从万二千天女,状如帝释,鼓乐弦歌,来诣我所,即语我言:"正士受是万二千天女,可备扫洒。"然持世菩萨未敢受,而维摩诘能受。受而使女皆发阿耨多罗三藐三菩提心,又学得无尽灯,始还魔宫,是合少女兑说之象。利者义之和,利物无已,庶能度此万有二千天女云。

四、长者子善德,自于父舍设大施会。维摩诘言:"当为法施之会,何用是财施会为。"按财施未可与法施相比,贵能以财化法。最下乞人与难胜如来,各得其半,当能质互变。能犹法,质犹财,贞之者,贞此上下变通之谓也。

四德与菩萨,图见下页。

《观众生品》第七,有天女述维摩诘室常现八未曾有难得之法,此八法即八卦之象。以下抄录经文,配以卦象,并明其理。

一、"此室常以金色光照,昼夜无异,不以日月所照为明,是为一未曾有难得之法。"此法于卦象为离,离为光,非由外烁,内出为贵,灵龟其可舍乎。

四 德 与 菩 萨

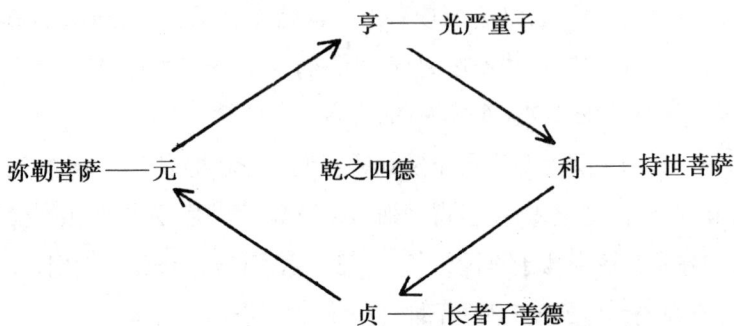

亨 —— 光严童子

弥勒菩萨 —— 元　　　乾之四德　　　利 —— 持世菩萨

贞 —— 长者子善德

二、"此室入者,不为诸垢之所恼也,是为二未曾有难得之法。"此法于卦象为坎,坎为沟渎,诸垢所聚,又为心,习坎心亨,故能不为诸垢所恼。

三、"此室常有释梵四天王及他方菩萨,来会不绝,是为三未曾有难得之法。"此法于卦象为巽,巽为入,八风所聚,宜其来会不绝,所以入世以觉人之义。

四、"此室常说六波罗蜜不退转法,是为四未曾有难得之法。"此法于卦象为艮,艮为仁为止。夫布施、持戒、忍辱、精进、禅定、智慧六波罗蜜者,以仁为本;不退转者,止之之谓也。

五、"此室常作天人第一之乐,弦出无量法化之声,是为五未曾有难得之法。"此法于卦象为震,震为雷,雷出地奋,先王以作乐崇德,非天人第一之乐乎。

六、"此室有四大藏,众宝积满,周穷济乏,求得无尽,是为六未曾有难得之法。"此法于卦象为兑,兑为泽,众宝积聚之所在,通气感应,其有穷乎。

七、"此室释迦牟尼佛、阿弥陀佛、阿閦佛、宝德、宝炎、宝月、宝严、难胜、师子响、一切利成,如是等十方无量诸佛,是上人念时,即皆为来,广说诸佛秘要法藏,说已还去,是为七未曾有难得之法。"此法于卦象为乾,乾为圜,诸佛秘要法藏之所在处。乾为上出,宜说已还去,与巽入之来会不绝有辨。又释迦牟尼至一切利成凡十佛,所以代表十方世界,此即河图之象,于几何图形,当五维十胞腔之谓。

八、"此室一切诸天严饰宫殿,诸佛净土皆于中现,是为八未曾有难得之法。"此法于卦象为坤,坤为土,厚德载物,德合无疆,故能现一切诸天严饰宫殿,诸佛净土。

先天八卦与维摩诘室

乾：十方无量诸佛是上人念时即皆为来 / 如来广说诸佛秘要法藏说已还去

兑：金粟如来有异香积

离：金色光照昼夜无异

巽

坎：斫所椅诸 / 天为土

艮：不绝有辨来会与巽入之来

震

坤：维摩诘室

以上八卦之象，实当维摩诘室之不可思议解脱法门。又依次观之，合两三画卦成一六画卦。则一、二两难得之法，成既济，定之为贵。三、四两难得之法，成蛊，菩萨度众生之理。五、六两难得之法，成随，元亨利贞无咎。义犹众生各随其业，菩萨点之而已，业仍应自消，其奈何哉。七、八两难得之法，成泰，出入无疾而反复通泰，觉其满矣。凡此既济、蛊、随、泰四六画卦，可以定、度、顺、通四字观之，是犹明维摩诘之德业云。定为德，度、顺为业，通者，德业之成也。

四六画卦与八难得法

二 ䷾
一 ䷾ 既济——定——德
四 ䷑
三 ䷑ 蛊——度 ⎫
六 ䷐ ⎬ 业
五 ䷐ 随——顺 ⎭
八 ䷊
七 ䷊ 泰——通——成

若天女已止此室，十有二年而知之，盖当六爻消息。十二辟卦，纷若之理，未济变既济，蛊随互变，否泰反类是其义。于几何图形，当五维六胞腔之谓。

《入不二法门品》第九，众菩萨各随所乐而说入不二法门。入不二法门者，各由二入一。实则二即一，一即二，有二必归一，有一必分二。《易·系》有曰："乾坤其《易》之缊耶，乾坤毁则无以见《易》，《易》不可见，则乾坤或几乎息矣。"盖乾坤二、《易》一，一乎二乎，二乎一乎，一与二其异乎同乎，同乎异乎。计说入不二法门之菩萨，凡三十一位，各说为二入一。抄录如下：

一、法自在菩萨——生、灭为二

二、德守菩萨——我、我所为二

三、不眴菩萨——受、不受为二

四、德顶菩萨——垢、净为二

五、善宿菩萨——是动、是念为二

六、善眼菩萨——一相、无相为二

七、妙臂菩萨——菩萨心、声闻心为二

八、弗沙菩萨——善、不善为二

九、师子菩萨——罪、福为二

十、师子意菩萨——有漏、无漏为二

十一、净解菩萨——有为、无为为二

十二、那罗延菩萨——世间、出世间为二

十三、善意菩萨——生死、涅槃为二

十四、现见菩萨——尽、不尽为二

十五、普守菩萨——我、无我为二

十六、电天菩萨——明、无明为二

十七、喜见菩萨——色、色空为二

十八、明相菩萨——四种异、空种异为二

十九、妙意菩萨——眼、色为二

廿、无尽意菩萨——布施回向、一切智为二

廿一、深慧菩萨——是空、是无相、是无作为二

廿二、寂根菩萨——佛、法、众为二

廿三、心无碍菩萨——身、身灭为二

廿四、上善菩萨——身、口、意业为二

廿五、福田菩萨——福行、罪行、不动行为二

廿六、华严菩萨——从我起二为二

廿七、德藏菩萨——有所得相为二

廿八、月上菩萨——暗与明为二

廿九、宝印手菩萨——乐涅槃、不乐世间为二

卅、珠顶王菩萨——正道、邪道为二

卅一、乐实菩萨——实、不实为二

后有文殊师利曰："如我意者,于一切法无言无说,无示无识,离诸问答,是为入不二法门。"夫《系》曰:"神无方而《易》无体",其可言、说、示、识而问答乎。合上三十一位而为三十二位菩萨,所以成两仪之一。卦象由垢至剥,合于法自在菩萨至乐实菩萨,于文殊师利当坤卦,文德之至也。

末有文殊师利问维摩诘,时维摩诘默然无言,此所谓:"《易》无思也无为也,寂然不动感而遂通。"此一默然无言,独当两仪之一卦象,由复至乾凡三十二,上出之成也。合文殊师利与维摩诘,庶合出入无疾之象,问疾之妙法云。入不二法门者,太极之谓也(太极六十四卦与入不二法门,图见下页)。

总上所述,维摩诘经之会通于《易》,有自然之天则在焉。河图、四德、八卦、消息、太极、六十四卦,法数法象,悉在其中,岂有求而为哉。然则伏牺氏非妙喜国无动佛之化身欤。

跋

十余年前	屡读此经	甲寅岁冬	温故知新
不可思议	解脱法门	超越空时	五维是求
问疾妙法	不可不闻	维摩诘室	不可不止
不二法门	不可不入	妙喜国土	不可不观
法象法数	参证数月	游戏娑婆	通达无阻
无思无为	述而未述	陶然怡然	信笔自跋

太极六十四卦与入不二法门

默然无言

太极

(出入无疾)

(问疾妙法)

入不二法门

《易》与《观无量寿佛经》

　　《易》者象也,《观无量寿佛经》亦以观象。十六妙观以观极乐国土,莫非易象,此《易》与《观无量寿佛经》之会通处欤。

　　呜呼!五浊恶世,消息纷若,如飞瀑之恒流,犹梦幻之无主,业力聚散,刹那生死,六道轮回,辗转无已。奈凡夫俗子颠倒错乱,不悟三界之可出,不信净土之可生,固执娑婆之名利,尚恋火宅之果报。造恶业,受苦果,形影相随,自作自受,不见根本无明而不知所以摄伏之,佛安得不生慈悲之心乎。

　　《易·文言》曰:"积善之家,必有余庆。积不善之家,必有余殃。臣弑其君,子弑其父,非一朝一夕之故。其所由来者渐矣,由辩之不早辩也。"夫究此由来之渐,实出入三界之门,佛说《观无量寿佛经》,亦因弑君弑父之境而有以告韦提希云。

　　略考是时之中印度,各国分裂。迦毗罗婆苏都者,师子颊王所治之城,长子净饭王继承之,弟名白饭王、斛饭王。又净饭王生太子名悉多,及长,悉多太子见生老病死之苦,悟人生无常,乃愿弃太子尊位,出王宫,离本国,至王舍城外之灵鹫山以修真。王舍城者,属摩伽陀国,王名频婆娑罗,由旧都上茅城迁此以为新都。城外有五山,第一高山名灵鹫,盖山形似鹫,译音曰耆阇崛山。当悉多太子尚未成佛,已受频婆娑罗王之供养,故为佛之最初檀越,王后即韦提希。初,韦提希有孕,相师占之曰:"此儿生必害父",因名之曰"未生怨",译音曰阿阇世。王信相师之言,既生而由楼上掷下,然仅断指而未死,故又名"折指",译音曰婆罗留支。既长果有害父之心,且阿阇世之欲弑君父,有恶友促成之,此恶友名提婆达多,亦作调达,系斛饭王之子,即悉多太子之从弟。然性情相反,善恶异行,同祖之二孙,变化如是,殊可睹阴阳消息之理。其后悉多太子体真成佛,曰释迦牟尼。于成佛之日,斛饭王又生子,名阿难。阿难十五岁即出家以事释迦,为十大弟子之一,以多闻著名。观阿难与调达为同胞兄弟,性情亦不同,盖由来之渐,善不善之积,其几微妙,非通三世因果,将何以早辩姤复之出入耶。若阿阇世与调达,日积不善,终至幽囚父王频婆娑罗与母后韦提希,成其弑君弑父之罪。

《观无量寿佛经》曰:"尔时王舍大城有一太子名阿阇世,随顺调达恶友之教,收执父王频婆娑罗,幽闭置于七重室内,制诸群臣,一不得往。"又曰:"……时韦提希,被幽闭已,愁忧憔悴。遥向耆阇崛山,为佛作礼,而作是言:'如来世尊,在昔之时,恒遣阿难,来慰问我。我今愁忧,世尊威重,无由得见,愿遣目连,尊者阿难,与我相见。'作是语已,悲泣雨泪,遥向佛礼。未举头顷,尔时世尊,在耆阇崛山,知韦提希心之所念,即敕大目犍连及以阿难从空而来。佛从耆阇崛山没,于王宫出。时韦提希,礼已举头,见世尊释迦牟尼佛,身紫金色,坐百宝莲华,目连侍左,阿难侍右,释梵护世诸天,在虚空中,普雨天华,持用供养。时韦提希,见佛世尊,自绝璎珞,举身投地,号泣向佛。白言:'世尊,我宿何罪,生此恶子,世尊复有,何等因缘,与提婆达多,共为眷属。唯愿世尊,为我广说,无忧恼处,我当往生,不乐阎浮提浊恶世也。此浊恶处,地狱、饿鬼、畜生盈满,多不善聚,愿我未来,不闻恶声,不见恶人。今向世尊,五体投地,求哀忏悔,唯愿佛日教我,观于清净业处。'"噫嘻悲哉,是即佛说《观无量寿佛经》之缘起。

幸频婆娑罗王,受佛光之加被,增进以证得阿那含果而亡。韦提希则由净业正因,修三福观十六象而豁然大悟,达无生忍。此经诚有不思议之功德。以下详述三福与十六观,并合易象以观之,将以显阿弥陀佛极乐国土之妙境云。

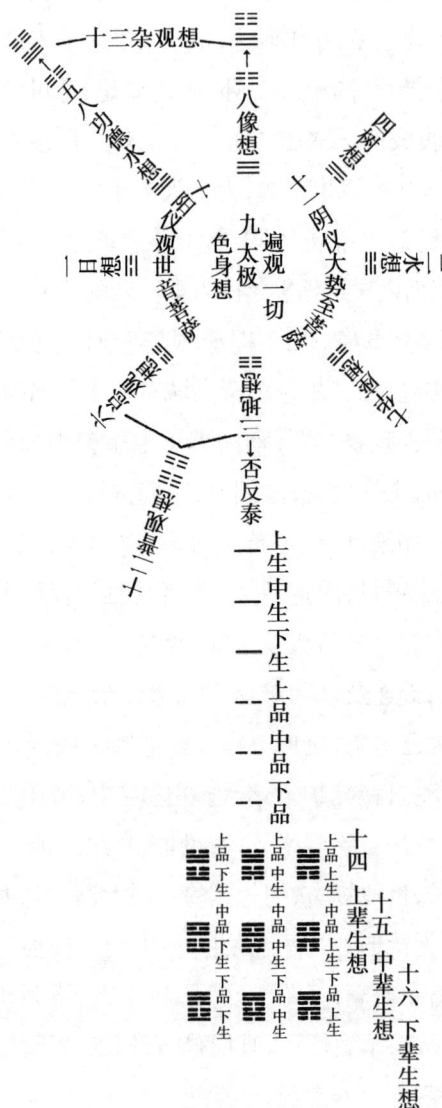

十三杂观想 八像想 九太极 色身想 遍观一切 十一 阴仪大势至想 水想 日想 十 观世音菩萨 否反泰 上生 中生 下生 上品 中品 下品 十四 上辈生想 十五 中辈生想 十六 下辈生想

上品上生 上品中生 上品下生 中品上生 中品中生 中品下生 下品上生 下品中生 下品下生

《易》与《圆觉经》

《圆觉经》者,佛答十二尊菩萨之问。十二问者,题题连贯,犹一问也。一分十二者,一属太极圆觉,生生成六十四卦三百八十四爻,爻摄于用九用六,不外乾坤十二爻之六爻发挥。是之谓爻辰,是之谓旁通,六龙之变,一归圆觉而已矣。利贞性情,贞元反复,识阴阳六虚之周流,出二乘三界之轮回。妙然宇宙,寂然法界,尚有不圆不觉之事理乎。以几何图形喻之,属五维六胞腔。下取十二地支,以述圆觉之醇。

子、第一问,文殊师利菩萨当初九。"尔时世尊告文殊师利菩萨言:善哉善哉,善男子,汝等乃能为诸菩萨咨询如来因地法行,及为末世一切众生求大乘者,得正住持,不堕邪见,汝今谛听……而说偈言:文殊汝当知,一切诸如来,从于本因地,皆以智慧觉,了达于无明,知彼如空华,即能免流转,又如梦中人,醒时不可得,觉者如虚空,平等不动转,觉遍十方界,即得成佛道,众幻灭无处,成道亦无得,本性圆满故,菩萨于此中,能发菩提心,末世诸众生,修此免邪见。"此第一问答,可概全经之大义,点出智慧觉即圆觉清净觉相,潜龙之谓也。"平等不动转","本性圆满故",是以勿用。能发菩提心,勿用之用,乃能确乎不拔以"了达于无明"。

丑、第二问,普贤菩萨当六四。"尔时世尊告普贤菩萨言:善哉善哉,善男子,汝等乃能为诸菩萨及末世众生修习菩萨如幻三昧,方便渐次,令诸众生得离诸幻,汝今谛听……而说偈言:普贤汝当知,一切诸众生,无始幻无明,皆从诸如来,圆觉心建立,犹如虚空华,依空而有相,空华若复灭,虚空本不动,幻从诸觉生,幻灭觉圆满,觉心不动故,若彼诸菩萨,及末世众生,常应远离幻,诸幻悉皆离,如木中生火,木尽火还灭,觉则无渐次,方便亦如是。"此第二问答,阐明修行之理,觉犹誉,幻犹咎,括囊无咎无誉,幻觉双遣,是之谓幻灭觉圆满,以生如来圆觉妙心。有应乎初九,故诸幻虽尽,不入断灭。

寅、第三问,普眼菩萨当九二。"尔时世尊告普眼菩萨言:善哉善哉,善男子,汝等乃能为诸菩萨及末世众生问于如来修行渐次,思惟住持,乃至假说种种方便,汝今谛听……而说偈言:普眼汝当知,一切诸众生,身心皆如幻,身相属四大,心性归六尘,四大体各离,谁为和合者,如是渐修行,一切悉清净,不动遍法界,无作止任灭,亦无能证者,一切佛世界,犹如虚空华,三世悉平等,毕竟无来去,初发心菩萨,及末世众生,欲求入佛道,应如是修习。"此第三问答,明开悟方便,其思惟住持,盖利见大人以明"谁为和合者"。由幻而渐修行以至"一切悉清静",此闲邪存诚之德业,"无作止任灭",是之谓德施普。见龙一归于飞龙,绝丧我,是之谓"亦无能证者"。

卯、第四问,金刚藏菩萨当六五。"尔时世尊告金刚菩萨言:善哉善哉,善男子,汝等乃能为诸菩萨及末世众生问于如来甚深秘密究竟方便,是诸菩萨最上教诲,了义大乘,能使十方修学菩萨及诸末世一切众生,得决定信,永断疑悔,汝今谛听……而说偈言:金刚藏当知,如来寂灭性,未曾有终始,若以轮回心,思惟即旋复,但至轮回际,不能入佛海,譬如销金矿,金非销故有,虽复本来金,终以销成就,一成真金体,不复重为矿,生死与涅槃,凡夫及诸佛,同为空华相,思惟犹幻化,何况诸虚妄,若能了此心,然后求圆觉。"此第四问答,盖"未出轮回而辩圆觉,彼圆觉性即同流转,若免轮回无有是处"。是犹"黄裳元吉",须本"正位居体",庶能美中畅外。故此一问答与第三问答,宜相辅相成。九二以阳居阴之正位,故当明"谁为和合者",盖和合者阴也。六五以阴居阳之正位,故诫以"巧见不能成就圆觉方便",盖圆觉方便者阳也。二五阳升阴降,方能了此幻化虚妄之心,然后以求圆觉。圆觉者,未曾有终始,决不至轮回际,是之谓"黄中通理"。

辰、第五问,弥勒菩萨当九三。"尔时世尊告弥勒菩萨言:善哉善哉,善男子,汝等乃能为诸菩萨及末世众生请问如来深奥秘密微妙之义,令诸菩萨洁清慧目,及令一切末世众生,永断轮回,心悟实相,具无生忍,汝今谛听……而说偈言:弥勒汝当知,一切诸众生,不得大解脱,皆由贪欲故,堕落于生死,若能断憎爱,及与贪瞋痴,不因差别性,皆得成佛道,二障永销灭,求师得正悟,随顺菩萨愿,依止大涅槃,十方诸菩萨,皆以大悲愿,示现入生死,现在修行者,及末世众生,勤断诸爱见,便归大圆觉。"此第五问答,义属九三之日乾夕惕,与几以断理障,存义以断事障,居业以断憎爱及与贪瞋痴,进德以发大悲愿示现入生死。其几乘时,时之于物,非无生忍之象乎。六爻相杂,唯其时物,生与无生,轮回之际,圆觉之悟,非如是乎,君子勉旃。

巳、第六问,清净慧菩萨当上六。"尔时世尊告清净慧菩萨言:善哉善哉,善男子,汝等乃能为末世众生请问如来渐次差别,汝今谛听……而说偈言:清净慧当知,圆满菩提性,无取亦无证,无菩萨众生,觉与未觉时,渐次有差别,众生为解碍,菩萨未离觉,入地永寂灭,不住一切相,大觉悉圆满,名为遍随顺,末世诸众生,心不生虚妄,佛说如是人,现世即菩萨,供养恒沙佛,功德已圆满,虽有多方便,皆名随顺智。"此第六问答,盖明圆觉之象,有照有觉,俱名障碍,照与照者,当同时寂灭。故此随顺智,理犹战野之龙,以得玄黄之血。随顺者,"一切障碍即究竟觉,得念失念,无非解脱;成法破法,皆名涅槃;智慧愚痴,通为般若;菩萨外道所成就法,同是菩提。无明真如,无异境界;诸戒定慧及淫怒痴，俱是梵行；众生国土，同一法性；地狱天宫，皆为净土；有性无性，齐成佛道；一切烦恼，毕竟解脱；法界海慧，照了诸相，犹如虚空"。噫嘻妙哉，数千年来注释坤土之象者，不计其数，而理有密合于随顺智者乎。《易》以道阴阳，无非相反相成，随时随地，莫非玄黄之血。圆觉之理，其至矣尽矣乎。

以上六问六答，于圆觉之理，已通达无碍。易象乾内坤外，是之谓知，穷理之道也。

《易》与唯识

　　《易》者,六经之原;唯识者,大乘佛法之本。二者之理,殊可会通,《孟子》曰:"先圣后圣,其揆一也",不其然乎。《系》下曰:"昔者包羲氏之王天下也,仰则观象于天,俯则观法于地,观鸟兽之文,与地之宜,近取诸身,远取诸物。于是始作八卦,以通神明之德,以类万物之情。"夫包羲氏之仰观、俯察等,与释迦牟尼佛之坐正觉山菩提树下思维七七日以观四谛十二因缘之法,其义盖同,七七即蓍数,由生蓍而立卦。以唯识言,始作之八卦犹八识;通神明之德者,转识断障而得二胜果故;类万物之情者,于唯识理如实知故。

　　《说卦》曰:"穷理尽性以至于命。"理、性、命三者,易道毕具焉。体佛之教言,盖不出境、行、果三者。以三十唯识论,第一颂至第二十五颂明唯识境,是犹穷理;第二十六颂至第二十九颂明唯识行,是犹尽性;第三十颂明唯识果,是犹至命云。

　　《百法明门论》曰:第一心法,略有八种,"一眼识、二耳识、三鼻识、四舌识、五身识、六意识、七末那识、八阿赖耶识。"此八识之通八卦者,《说卦》:"离为目",眼识也;"坎为耳",耳识也;"巽为臭",鼻识也;"兑为口舌",舌识也;"艮止也",身识也,又"艮为指",即触义;"震为反生",意识也,义当反前五识而生;"坤为吝啬",末那识也,吝啬云者,地生物不转移,犹末那识之执阿赖耶识为我;"乾为天为圜",阿赖耶识也,圜为天体,万物出焉,犹阿赖耶识藏一切种子之义。图见"先天方位与八识"。凡八识之体用各别,以易理言,兼阴阳而三之,其体必八,卦各有象,其用乃别。

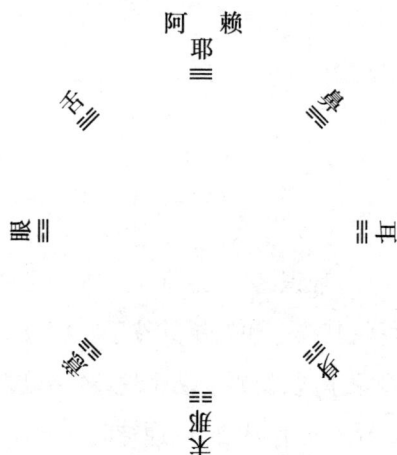

先天方位与八识

《成唯识论》曰:"转谓随缘施设有异","变谓识体转似二分"。二分者犹阴阳,转者,其消息也,故变当八卦相错,见"八卦相错当转似二分表":

八卦相错当转似二分表

八卦	八识	八卦相错	转 似 二 分
☰	阿赖耶识	☰ ☷	见分——了别本识之相分 相分——凡三:一、一切种,二、五根,三、器界
☷	末那识	☷ ☰	见分——了别本识之相分而起我执 相分——以阿赖耶识之见分为相分
☶	意识	☶ ☱	见分——了别本识之相分,亦名意根 相分——法境

八卦	八　识	八卦相错	转　似　二　分
☷	身识	☷☶	见分——了别本识之相分,即身根 相分——触境
☶	舌识	☶☱	见分——了别本识之相分,即舌根 相分——味境
☱	鼻识	☱☴	见分——了别本识之相分,即鼻根 相分——香境
☴	耳识	☴☳	见分——了别本识之相分,即耳根 相分——声境
☳	眼识	☳☲	见分——了别本识之相分,即眼根 相分——色境

　　其间阿赖耶识之见分与末那识之相分同为乾象,所谓末那识以阿赖耶识之见分为相分之义,可一览而明。以二分言,见分属内当内卦,相分属外当外卦,故七、八识犹否泰,《杂卦》曰:"否泰反其类也。"盖于量有非量、现量之异,于境有带质境、性境之分,天地之际,君子可不乾乾以反复乎。又意识之相分及前五识之见、相二分,即色法十一种。至于意识之见分,已属心法,曰意根者,实当末那识。故第六识中上下互容,以易理言,犹天玄地黄而震为玄黄,当天地之杂也,宜三量三境并见,然则独头、五同、五俱、五后之四种意识,若履霜之积,尤不可不早辨,此长子主器之道也。

　　再者八识曰"心王",各有"心所"以应之。《百法明门论》曰:"第二心所有法,略有五十一种,分为六位。一、遍行有五;二、别境有五;三、善有十一;四、烦恼有六;五、随烦恼有二十;六、不定有四。"观心所之分为六位,又与《易》同,《系》下明爻例曰:"其初难知,其上易知";"二多誉,四多惧";"三多凶,五多功"。如合而通之,凡遍行当五位,别

境当初位,善当二位,烦恼当三位,随烦恼当四位,不定当上位。见"六爻与六位心所表":

<h3 style="text-align:center">六爻与六位心所表</h3>

六爻 易例	上 易知	五 功	四 惧	三 凶	二 誉	初 难知
六位 心所	六 不定	一 遍行	五 随烦恼	四 烦恼	三 善	二 别境

盖遍行诸识,是以多功;别境未同,是以难知;善则誉;烦恼则凶;随之则惧;不定心地而可通,是以易知;义皆自然而合。六位者,圣贤观心而类之,至理存焉,其可忽乎哉。更观五十一心所之差别相,二篇十翼中悉备,殊可并列之,亦观象玩辞之道也。见"易辞与五十一心所表":

<h3 style="text-align:center">易辞与五十一心所表</h3>

初位遍行 凡五当《易》五位

- 一 触 {谓三和合,分别为性。
乾《彖》"各正性命,保合大和"。《文言》乾五"本乎天者亲上,本乎地者亲下,则各从其类也"。
- 二作意 {谓能令心发悟为性。
《文言》乾五"先天而天弗违,后天而奉天时"。
- 三 受 {谓三领纳,一苦,二乐,三不苦不乐。
坤三、姤五"含章",坤四"括囊,无咎无誉"。
- 四 想 {谓于境界取种种相。
坤五"黄裳元吉",《象》曰"黄裳元吉,文在中也"。
- 五 思 {谓于功德过失及俱相违,令心造作意业为性。
乾五《象》"大人造",屯《象》"天造"。

二位别境 凡五当《易》初位

- 一欲 {谓于可爱事,希望为性,勤依为业。
坤初"履霜,坚冰至"。
- 二胜解 {谓于决定事,即如所了印可为性。
《文言》乾初"确乎其不可拔",小畜初"复自道"。
- 三念 {谓于串习事,令心不忘明记为性。
坤《大象》"厚德载物",坎卦辞"习坎,有孚,维心亨"。
- 四三摩地 {谓于所观事,令心一境不散为性。
萃初"一握为笑"。
- 五慧 {谓即于彼择法为性。
《文言》乾初"乐则行之,忧则违之",升初"允升"。

三位善凡十一当《易》二位	一信凡三	谓于业果诸谛宝中，极正符顺，心净为性。观卦辞"盥而不荐，有孚颙若"。《杂卦》"中孚，信也"。
	一信实有	谓于诸法实事理中深信忍故。中孚二"鸣鹤在阴，其子和之"。
	二信有德	谓于三宝真净德中深信乐故。中孚《彖》"信及豚鱼也"。
	三信有能	谓于一切世出世善深信有力能得能成起希望故。中孚三"得敌"，需卦辞"有孚光亨"。
	二惭	谓自增上及法增上于所作罪羞耻为性。谓依自法尊贵增上崇重贤善，羞耻过恶。大畜《彖》"刚上而尚贤"，大有《大象》"扬善"，益《大象》"见善则迁"。
	三愧	谓世增上于所作罪羞耻为性。谓依世间诃厌增上，轻拒暴恶、羞耻过罪。师二"在师中"，解二"田获三狐"，大有《大象》"遏恶"，益《大象》"有过则改"。
	四无贪	谓贪对治，令深厌患，无著为性。坤二"不习无不利"。
	五无瞋	谓瞋对治，以慈为性。泰二"包荒"。
	六无痴	谓痴对治，以其如实正行为性。乾《彖》"首出庶物"，同人《大象》"类族辨物"，未济《大象》"慎辨物居方"。
	七精进	谓懈怠对治，心于善品勇悍为性。乾《大象》"自强不息"。
	八轻安	谓粗重对治，身心调畅堪能为性。谦二"鸣谦贞吉"，离二"黄离元吉"。
	九不放逸	谓放逸对治，即是无贪乃至精进依止此故，舍不善法及即修彼对治善法。《文言》乾二"闲邪存其诚"，乾三"终日乾乾，夕惕若"，大有二"大车以载"。
	十舍	谓即无贪以至精进依止此故，获得所有心平等性，心正直性，心无发悟性。又由此故，于已除遣染污法中，无染安住。谦三"劳谦"，临初二"咸临"。
	十一不害	谓害对治，以悲为性。于诸有情，不为损恼，无瞋为性。《系》下"损以远害"，涣上《象》"涣其血，远害也"。
	一贪	谓于五蕴取染爱耽着为性。晋四"晋如鼫鼠"，《系》上"慢藏诲盗，冶容诲淫。《易》曰：'负且乘，致寇至'，盗之招也。"

五十一心所

四位烦恼凡六当《易》三位

二瞋
谓于有情乐作损害为性。谓瞋必令身心热恼起诸恶业不善性故。
睽三"见舆曳,其牛掣,其人天且劓",姤初"羸豕孚蹢躅"。

三痴
于诸理事迷暗为性,能障无痴,一切杂染所依为业。谓由无明起疑、邪见、贪等烦恼,随烦恼业,能招后生杂染法故。
坤卦辞"先迷",明夷上"不明晦",既济、未济上"濡其首"。

四慢
恃己于他高举为性,能障不慢,生苦为业。谓若有慢于德,有德心不谦下。
乾上"亢龙有悔",小过上《象》"弗遇过之,已亢也"。

五疑
谓于谛理犹豫为性,能障不疑善品为业。
损三《象》"一人行,三则疑也",丰二"往得疑疾",巽初《象》"进退,志疑也"。

六恶见凡五

于诸谛理,颠倒推度,染慧为性。能障善见,招苦为业。
比三"比之匪人",颐二"颠颐,拂经",颐三"拂颐"。

一、萨迦耶见
谓于五取蕴随观为我或为我所,染污慧为性。
观初"童观",观二"窥观"。

二、边执见
谓即由彼增上力故,随观为常或复为断,染污慧为性。
坎三"来之坎坎"。

三、邪见
谓或谤因或复谤果,或谤作用或坏善事,染污慧为性。
需三"致寇至",大过三"栋桡"。

四、见取
谓即于三见及彼所依诸蕴,随观为最、为上、为胜、为极,染污慧为性。一切斗净所依为业。
讼卦辞"终凶"。

五、戒取
谓于戒禁及彼所依诸蕴,随观为清净、为解脱、为出离,染污慧为性。无利勤苦所依为业。
否卦辞"否之匪人"。

一忿
谓遇现前不饶益事,心损恼为性。
损四"损其疾",损《大象》"惩忿"。

二恨
谓结怨不舍为性。
同人三"伏戎于莽",同人四"乘其墉"。

三覆
谓于自罪覆藏为性。
否三"包羞"。

四恼
谓发暴恶言,咒诅为性。
离四"突如其来如"。

五位随烦恼凡二十数别有三当《易》四位

小随烦恼凡十各别起

五嫉　谓于他盛事心妒为性。
睽《象》"二女同居，其志不同行"。革《象》"二女同居，其志不相得"。

六悭　谓施相违，心吝为性。
小畜卦辞，小过五"密云不雨"，小畜三、大畜二"舆说辐"，泰四、谦五"不富以其邻"。

七诳　谓为诳他，诈现不实事为性。
大有四"匪其彭"。

八谄　谓覆藏自过，方便所摄心曲为性。
豫三"盱豫"。

九害　谓于诸有情损恼为性。
剥四"剥床以肤"。

十憍　谓于自盛事染著，倨傲心恃为性。
豫初"鸣豫"，丰上"丰其屋，蔀其家"。

二中随烦恼凡二遍不善

一无惭　谓于所作罪不自羞耻为性。不顾自法，轻拒善为性。
鼎四"鼎折足"。

二无愧　谓于所作罪不羞耻他为性。不顾世间，崇重暴恶为性。
噬嗑上"何校灭耳"。

三大随烦恼凡八遍染心

一掉举　谓心不寂静为性。
大壮三、上"羝羊触藩"，夬三"壮于頄"。

二昏沉　谓心不调畅，无所堪能，蒙昧为性。
蒙四"困蒙"，困三"困于石，据于蒺藜"，丰二、四"日中见斗"，丰三"日中见沫"。

三不信凡三

谓信所对治，于业果等不正信，顺心不清净为性。
《序卦》"睽者乖也"。

不信三相，翻信应知，一不信实有。
《系》上"居其室，出其言不善，则千里之外违之，况其迩者乎"。

二不信有德。
睽四、上"睽孤"。

三不信有能。
中孚三"或鼓、或罢、或泣、或歌"。

四懈怠　谓精进所治，于诸善品心不勇猛为性。
临三"甘临"，姤四"包无鱼"，困初"入于幽谷"。

五放逸　谓即由贪瞋痴懈怠故，于诸烦恼心不防护，于诸善品不能修习为性。
家人三"妇子嘻嘻"，节三"不节若"。

六失念　谓染污念，于诸善法不能明记为性。
震四"震遂泥"。

七散乱　谓贪瞋痴分心流荡为性。
夬四、姤三"臀无肤，其行次且"。

$$
\text{六位不定}\atop\text{凡 四 当}\atop\text{《易》上位}
\left\{
\begin{array}{l}
\text{八不正知}\left\{
\begin{array}{l}
\text{谓于身语意现前行中不正依住为性。}\\
\text{比上"比之无首",复上"迷复"。}
\end{array}\right.\\
\text{一恶作}\left\{
\begin{array}{l}
\text{谓心变悔为性。}\\
\text{同人五"同人先号咷而后笑",旅上"旅上先笑后号咷"。}
\end{array}\right.\\
\text{二睡眠}\left\{
\begin{array}{l}
\text{谓不自在转心极昧略为性。}\\
\text{豫上"冥豫",升上"冥升"。}
\end{array}\right.\\
\text{三寻}\left\{
\begin{array}{l}
\text{谓能寻求意言分别、思慧差别,令心粗为性。}\\
\text{恒初"浚恒",随二"系小子,失丈夫",随三"系丈夫,失小子"。}
\end{array}\right.\\
\text{四伺}\left\{
\begin{array}{l}
\text{谓能伺察意言分别、思慧差别,令心细为性。}\\
\text{恒上"震恒",咸四"憧憧往来"。}
\end{array}\right.
\end{array}\right.
$$

注：于五十一心所之差别相,据《五蕴论》,间参以《广五蕴论》、《成唯识论》。

　　夫《周易》之辞,圣人观象而系。象之变化既无穷,应之之辞尤奇妙。举凡"一切法"(《百法明门论》:"一切法者,略有五种:一者心法,二者心所有法,三者色法,四者心不相应行法,五者无为法。")乃至"九事"(《显扬圣教论》:"一切界、杂染、谛、依止、觉分、补特伽罗、果、诸功德、九事。")等,莫不兼及。上列者,仅择其有与于心所者而已。

　　若此心王、心所相应而变,其所变无穷,而能变唯三:初、阿赖耶识,二、末那识,三、前六识。以《易》言,即乾天父、坤地母及三索之六子。故"一切唯识"者,犹"八卦以象告"。观卦象有当道器之变通及周流、错综、消息、杂物、发挥、旁通诸义,是犹种子、现行、三界之互通及因缘熏习之理,而唯识者合为三性及三无性。三性者,曰"遍计所执性",曰"依他起性",曰"圆成实性"。《成唯识论》曰:"三种自性皆不远离心、心所法,谓心、心所及所变现,众缘生故,如幻事等,非有似有,诳惑愚夫,一切皆名依他起性。愚夫于此横执我法有无、一异、俱不俱等,如空华等,性相都无,一切皆名遍计所执。依他起上,彼所妄执我法俱空,此空所显识等真性,名圆成实,是故此三不离心等。"三无性者,曰"相无性",曰"生无性",曰"胜义无性"。《成唯识论》曰:"谓依此初遍计所执,立'相无性'。由此体相毕竟非有,如空华故。依次依他,立'生无性'。此如幻事,托众缘生,无如妄执自然性故,假说无性,非性全无。依后圆成实,立'胜义无性'。谓即胜义,由远离前遍计所执我法性故,假说无性,非性全无。"更观易理，盖当贞悔之义。于小成而大成，凡内卦为贞，外卦为悔；于六十四卦而四千有九十六卦，凡本卦为贞，之卦为悔。悔者皆起于贞，犹依他起性；或舍贞而论悔，犹遍计所执性。《系》上曰："震无咎者，存乎悔。"悔由震而归于《易》要无咎，乃得贞，犹空我法而显识等真性，名圆成实。若以相无性破遍计所执性者，犹子曰："天下何思何虑，天下同归而殊涂，一致而百虑。天下何思何虑。"盖由思虑而不知同归一致，乃遍计所执，其相可不无之乎。以生无性破依他起性者，犹坤生之依乾始而无自性，然坤乃无成有终，故假说无性，非性全无。以胜义无性破圆成实性者，非谓贞之无；或执贞而不知贞下起元，则贞犹计所执，不可不无之。若圆成实之胜义，其性非全无，是即唯识实性，可契中道焉。或未悟此，以唯识性亦空，乃《成唯识论》曰："此识若无，便无俗谛，俗谛无故，真谛亦无，真俗相依而建立故。拨无二谛，是恶取空。"此真俗二谛，犹《系》上曰："乾坤毁则无以见《易》，《易》不可见，则乾坤或几乎息矣。"即《易》为真谛，乾坤为俗谛，以理言二而一者也，以空、有言一而二者也。若龙树提婆之空真谛而不空俗谛者，犹《系》上曰"《易》无体"，而《系》下又曰"阴阳合德而刚柔有体"。盖唯相对之俗谛，始可云有，而绝对之真谛，实不可不空。然无著世亲之空俗谛而有真谛者，犹《系》上曰："《易》有太极，是生两仪。"乃两仪是生于太极而非本体，故不得不空；而生两仪之太极，则已及其本而不得不有，此空有之辨而互存者也。故必合二谛以观之，空有乃一，一则契中道，太极之理在焉。郑玄注太极曰："极中之道，淳和未分之气也。"可谓与中道同义。总上所述成下表以明唯识性：

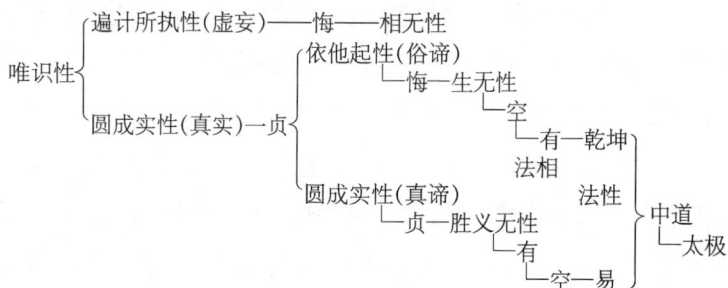

```
          ┌ 遍计所执性(虚妄)——悔——相无性
          │           ┌ 依他起性(俗谛)
          │           │   └ 悔—生无性
唯识性 ┤           │       └ 空
          │           │       ┌ 有—乾坤
          │           │       法相
          └ 圆成实性(真实)一贞┤                法性  ┌ 中道
                      │                        └ 太极
                      └ 圆成实性(真谛)
                          └ 贞—胜义无性
                              └ 有
                                  └ 空—易
```

61

《成唯识论》曰:"如是所成唯识相性,谁于几位,如何悟入?谓具大乘二种姓者,略于五位,渐次悟入。何谓大乘二种种姓?一本性住种姓,谓无始来依附本识,法尔所得无漏法因。二习所成种姓,谓闻法界等流法已,闻所成等熏习所成。要具大乘此二种姓,方能渐次悟入唯识。何谓悟入唯识五位?一、资粮位,谓修大乘顺解脱分。二、加行位,谓修大乘顺决择分。三、通达位,谓诸菩萨所住见道。四、修习位,谓诸菩萨所住修道。五、究竟位,谓住无上正等菩提。云何渐次悟入唯识?谓诸菩萨于唯识相性资粮位中能深信解;在加行位能渐伏除所取能取引发真见;在通达位如实通达;修习位中如所见理数数修习伏断余障;至究竟位出障圆明,能尽未来化有情类,复令悟入唯识相性。"按此节述修证之次,诚简明中肯,习唯识者不可不由。以易道言,亦理无二致,二性五位者,不啻阴阳五行耳。本性住种姓者属阳,当乾初九潜龙勿用、乾元不拔之象,犹孟子曰"尧舜性者也"。习所成种姓者属阴,当坤初六履霜坚冰至、坤元积善之象,犹孟子曰"汤武反之也"。要具此二性者,则息而不消,无自暴自弃之非,而人皆可以为尧舜。夫尧舜之道经也,孟子曰"反经而已矣","经"于释典犹曰"真如"。《成唯识论》曰:"诸法胜义亦即是真如,真谓真实显非虚妄,如谓如常表无变易,谓此真实于一切位,常如真性,故曰真如,即是湛然不虚妄义。"故唯"反经"而"不虚妄"者,方能渐次悟入。若五位者,犹水当资粮,火当加行,木当通达,金当修习,土当究竟。宜分述于下:

初资粮位,《洪范》"一曰水"。水于易象为坎,坎《大象》曰:"水洊至,习坎。君子以常德行,习教事。"观"资粮"云者,犹习也,颜子"博我以文"当之,即习文修道以求住唯识性,此知之事。《系》下曰:"物相杂,故曰文。文不当,故吉凶生焉。"盖此位尚未证唯识真如。若三百八十四爻之文有当不当而未定于既济之实,乃二障未全伏,且有三退屈。而能以三事磨练其心者,习坎之功也。《成唯识论》曰:"一闻无上正等菩提广大深远,心便退屈;引他已证大菩提者,练磨自心,勇猛不退。二闻施等波罗蜜多甚难可修,心便退屈;省己意乐能修施等,练磨自心,勇猛不退。三闻诸佛圆满转依极难可证,心便退屈;引他粗善,况己妙因,练磨自心,勇猛不退。"

次加行位,《洪范》"二曰火"。火于易象为离,离为礼,颜子"约我以礼"当此位之象。若《大象》凡先王、大人、上、后、君子"五以"之辞,加行有实矣。颂曰:"以有所得故,非实住唯识。"乃执之而尚未化,故于通达,尚有一间。子曰"礼云礼云,玉帛云乎哉",犹勉人由此位而更进之也。《成唯识论》曰:"近见道故,立加行名,非前资粮无加行义。"盖博文约礼之事,本宜相辅而行者也。

次通达位,《洪范》"三曰木"。易象震仁巽木当之,子曰:"克己复礼为仁。一日克己复礼,天下归仁焉。"与此位之义密合。盖由约而复,我与礼为一,颂曰"若时于所缘,智都无所得"是也。观颜子问仁而请事斯语,后必有成。故《易》以颜子当复初之"不远复",震出巽入,无疾而身修,复其见天地之心乎,乃归仁而天下济。易象水在火上既济,《杂卦》"既济定也",定则"实住唯识真胜义性"而"即证真如"。由博文约礼之生灭法,悟既济六位成章之不生灭法。《系》下曰"圣人之大宝曰位,何以守位曰仁"是其义。又此位"初照理故,亦名见道"。若分真见道、相见道者,前者证唯识性,根本智摄,后者证唯识相,后得智摄。以易理言,真见道犹既济本性,《说卦》曰"立天之道曰阴与阳,立地之道曰柔与刚,立人之道曰仁与义",即《系》上曰"一阴一阳之谓道"是也。相见道犹六十四卦之象,准以既济而见其得失也。此道凡分观非安立谛、缘安立谛,间有三品心等,犹明得失位之种种情状耳。

次修习位,《洪范》"四曰金"。易象为乾金兑义,当夬之以刚决柔,曰"唯仁者能好人能恶人"是也。修习云者,菩萨于十地中,勇猛修行十种胜行,断十重障,证十真如,而便证得转依,间以勇猛修行,以金刚喻定断障,皆夬金之象。《成唯识论》曰:"或依即是唯识真如,生死涅槃之所依故。愚夫颠倒,迷此真如,故无始来受生死苦。圣者离倒,悟此真如,便得涅槃毕竟安乐。"此以易象言,即未济生死与既济涅槃,故断障者犹失位之正。盖总观诸障,不外烦恼、所知二者,前者犹阴爻失位,后者犹阳爻失位。若必于十地中勇猛修行者,《系》下曰:"苟非其人,道不虚行。"盖六爻之动成三极之道,非获圣性者未足以语者也。夫《易》以相错二卦之失位爻旁通之正,则各正性命而保合太和,乃利贞而毕竟安乐。故君子之日乾夕惕,与菩萨之勇猛修行十种胜行,其义一也。至若所证得之转依,其位别、义别等,皆与易义密合。详见下表:

转依位别略有六种

1. 损力益能转 ｛损本识中染种势力,益本识内净种功能。
   初二位 ｛易义——各卦各爻中趋吉避凶。

2. 通达转 ｛由见道力通达真如。
   三位 ｛易义——见位之得失,悟既济定之理。

3. 修习转 ｛渐断俱生二障粗重,渐次证得真实转依。
   四位 ｛易义——失位爻之正,六龙各正性命保合太和。

4. 果圆满转 ｛顿证佛果圆满转依,穷未来际利乐无尽。
   五位 ｛易义——会通六龙而成既济,发挥无穷。

5. 下劣转 ｛专求自利,无胜堪能。
   二乘位 ｛易义——乃利贞于既济,未能起元。

6. 广人转 ｛为利他故,趣大菩提,双断所知、烦恼障种,顿证无上菩提涅
   大乘位 ｛槃,有胜堪能。
   ｛易义——太和太极,终始一也。

转依义别略有四种

1. 能转道 ｛一、能伏道 ｛伏二障随眠势力,令不引起二障现行。
   有二 ｛ ｛易义——失位爻令九伏七、六伏八而勿用。
   ｛二、能断道 ｛能永断二障随眠。
   ｛ ｛易义——失位爻令九成八、六成七而断之。

2. 所转依 ｛一、持种依 ｛谓根本识,由此能持染净法种,与染净法俱为
   有二 ｛ ｛所依,圣道转令舍染得净。
   ｛ ｛易义——挥通六龙以之正。
   ｛二、迷悟依 ｛谓真如由此能作迷悟根本,诸染净法依之得
   ｛ ｛生,圣道转令舍染得净。
   ｛ ｛易义——六龙发挥进之正。

3. 所转舍
有二
　　一、所断舍 { 谓二障种,真无间道现在前时,障治相违彼便断灭,永不成就,说之为舍。
　　　　　　　易义——济未济而定既济,犹断舍未济。
　　二、所弃舍 { 谓余有漏,劣无漏种。
　　　　　　　易义——未乘六龙,而三次之正,仍将有失位爻,犹余有漏。执一时一位以之正,犹劣无漏种,皆当弃舍。

4. 所转得
有二
　　一、所显得 { 谓大涅槃,义别略有四种,详下。
　　　　　　　易义——群龙无首而利永贞,《易》六位而成章。
　　二、所生得 { 谓大菩提即四智相应心品,详下。
　　　　　　　易义——心亨而专直翕辟。

涅槃义别略有四种

1. 本来自心清净涅槃 { 谓一切法相真如理。
　　　　　　　　　易义——初九、六二、九三、六四、九五、上六。

2. 有余依涅槃 { 谓即真如出烦恼障。
　　　　　　易义——初七、六二、七三、六四、七五、上六。

3. 无余依涅槃 { 谓即真如出生死苦。
　　　　　　易义——初七、八二、七三、八四、七五、上八。

4. 无住处涅槃 { 谓即真如出所知障。
　　　　　　易义——初九、八二、九三、八四、九五、上八。

四智相应心品

1. 大圆镜智相应心品 { 谓此心品,离诸分别。
　　　　　　　　　易义——乾其静也专,其数七。

2. 平等性智相应心品 { 谓此心品,观一切法自他有情悉皆平等。
　　　　　　　　　易义——坤其静也翕,其数八。

3. 妙观察智相应心品 { 谓此心品,善观诸法自相共相无碍而转。
　　　　　　　　　易义——乾其动也直,其数九。

4. 成所作智相应心品 { 谓此心品,为欲利乐诸有情故,普于十方示现种种变化三业,成本愿力所应作事。
　　　　　　　　　易义——坤其动也辟,其数六。

《系》上曰:"蓍之德圆而神,卦之德方以知,六爻之义易以贡。圣人以此洗心,退藏于密。"犹谓此二所转得。盖由方知而悟圆神,卦德不外七八九六四数而已,是即"为劝有情依智舍识,故说转八识而得此四智",此所生得之大菩提也。又由爻义而易以贡,六爻不外既济之贞一,是即"依真如离障施设,故体即是清净法界",此所显得之大涅槃也。圣人以此洗心而藏密,故由生灭法而得不生灭法。洗心者修习也,密者真如也,犹密宗之象。于易数,则当河图之中数五十云。

后究竟位,《洪范》"五曰土"。土生,于易象为坤、艮,此位明法身净土,正切合中央土。其相为前二转依果,即艮之"硕果","如是法身,有三相别",犹《易》一名而函三义。示如下表:

法身 {
1. 自性身 —— 谓诸如来真净法界
2. 受用身 {
  1. 自受用 —— 恒自受用广大法乐
  2. 他受用 —— 令彼受用大乘法乐
}
3. 变化身 —— 现通说法令各获得诸利乐事
}

易义 {
不易 —— 乾坤成列而《易》立乎其中矣 —— 阴阳不测之谓神。
易简 —— 天下理得而《易》成位乎其中矣 { 天生神物,圣人则之。 神也者,妙万物而为言者也。 }
变易 —— 天地设位而《易》行乎其中矣 —— 是兴神物,以前民用。
}

又三身之功德及自利利他等,亦与易理可通。乃利他犹亨利,自利犹贞,合则更有自性一元。凡此四德,即常乐我净之义。详见下表:

1. 自性身(元)——自利利他(元亨利贞)——唯有真实常(元)乐(亨)我(利)净(贞),离诸杂染众善,所依无为功德。
2. 受用身(利贞) {
  1. 自利(贞)——具无量种妙色心等真实功德(贞)。
  2. 利他(利) } 唯具无边似色心等利乐他用化相功
3. 变化身(亨)——利他 (亨) } 德(亨利)。

《系》上曰:"《易》无思也,无为也,寂然不动,感而遂通天下之故,非天下之至神孰能与于此。"此以法身言。无思者当自性身。无为者当受用身之自受用;寂然不动者,已利于不寂而动者,故当受用身之他受用。感而遂通天下之故者,当变化身。凡此三身,非至神孰能与之。曰"至神"者,坤元为至,犹乾神法身以居坤元净土,颂曰"安乐解脱身,大牟尼名法"是也。此言语道断思虑情绝,唯宜实证亲印以得之,《系》上曰"立象以尽意",其尽于此矣夫。

[附]唯识三十颂

稽首唯识性,满分清净者,我今释彼说,利乐诸有情。

若唯有识,云何世间,及诸圣教,说有我法? 颂曰:

"由假说我法,有种种相转,彼依识所变,此能变唯三,谓异熟思量,及了别境识。"(一颂半)

虽已略说能变三名,而未广辩能变三相。且初能变,其相云何? 颂曰:

"初阿赖耶识,异熟一切种,不可知执受,处了常与触,作意受想思,相应唯舍受,

是无覆无记,触等亦如是,恒转如暴流,阿罗汉位舍。"(二颂半)

如是已说初能变相。第二能变,其相云何? 颂曰:

"次第二能变,是识名末那,依彼转缘彼,思量为性相。四烦恼常俱,谓我痴、我见,并我慢、我爱,及余触等俱。有覆无记摄,随所生所系,阿罗汉灭定,出世道无有。"(三颂)

如是已说第二能变。第三能变,其相云何? 颂曰:

"次第三能变,差别有六种,了境为性相,善不善俱非。"(一颂)

六识与几心所相应? 颂曰:

"此心所遍行,别境、善、烦恼,随烦恼、不定,三受共相应。"(一颂)

前所略标六位心所,今应广显彼差别相。且初二位,其相云何? 颂曰:

"初遍行、触等,次别境谓欲,胜解念定慧,所缘事不同。"(一颂)

已说遍行、别境二位。善位心所,其相云何? 颂曰:

"善谓信、惭愧,无贪等三根,勤、安、不放逸,行舍及不害。"(一颂)

如是已说善位心所。烦恼心所,其相云何? 颂曰:

"烦恼谓贪、瞋,痴、慢、疑、恶见。"(半颂)

已说根本六烦恼相。诸随烦恼,其相云何? 颂曰:

"随烦恼谓忿,恨、覆、恼、嫉、悭,诳、谄与害,憍,无惭及无愧,掉举与昏沉,不信并懈怠,放逸及失念,散乱不正知。"(二颂)

已说二十随烦恼相。不定有四,其相云何? 颂曰:

"不定谓悔、眠,寻、伺二各二。"(半颂)

已说六识心所相应。云何应知现起分位? 颂曰:

"依止根本识,五识随缘现,或俱或不俱,如涛波依水。意识常现起,除生无想天,及无心二定,睡眠与闷绝。"(二颂)

已广分别三能变相,为自所变二分所依。云何应知依识所变,假说我法,非别实有,由斯一切唯有识耶? 颂曰:

"是诸识转变,分别、所分别,由此彼皆无,故一切唯识。"(一颂)

若唯有识,都无外缘,由何而生,种种分别? 颂曰:

"由一切种识,如是如是变,以展转力故,彼彼分别生。"(一颂)

虽有内识,而无外缘,由何有情,生死相续? 颂曰:

"由诸业习气,二取习气俱,前异熟既尽,复生余异熟。"(一颂)

若唯有识,何故世尊《处处经》中,说有三性? 应知三性,亦不离识,所以者何? 颂曰:

"由彼彼遍计,遍计种种物,此遍计所执,自性无所有。依他起自性,分别缘所生,圆成实于彼,常远离前性。故此与依他,非异非不异,如无常等性,非不见此彼。"(三颂)

若有三性,如何世尊说一切法皆无自性? 颂曰:

"即依此三性,立彼三无性,故佛密意说,一切法无性。初即相无性,次无自然性,后由远离前,所执我法性。此诸法胜义,亦即是真如,常如其性故,即唯识实性。"(三颂)

如是所成唯识相性,谁于几位,如何悟入? 谓具大乘二种姓者,略于五位渐次悟入。何谓大乘二种种姓？一，本性住种姓，谓无始来依附本识，法尔所得无漏法因；二，习所成种姓，谓闻法界等流法已，闻所成等熏习所成。要具大乘此二种姓，方能渐次悟入唯识。何谓悟入唯识五位？一，资粮位，谓修大乘顺解脱分。二，加行位，谓修大乘顺决择分。三，通达位，谓诸菩萨所住见道。四，修习位，谓诸菩萨所住修道。五，究竟位，谓住无上正等菩提。初资粮位，其相云何？颂曰：

"乃至未起识，求住唯识性，于二取随眠，犹未能伏灭。"（一颂）

次加行位，其相云何？颂曰：

"现前立少物，谓是唯识性，以有所得故，非实住唯识。"（一颂）

次通达位，其相云何？颂曰：

"若时于所缘，智都无所得，尔时住唯识，离二取相故。"（一颂）

次修习位，其相云何？颂曰：

"无得不思议，是出世间智，舍二粗重故，便证得转依。"（一颂）

后究竟位，其相云何？颂曰：

"此即无漏界，不思议善常，安乐解脱身，大牟尼名法。"（一颂）

论大乘佛教

释迦牟尼(公元前565—前486年)创立佛教,以破当时印度流传的种种思想。其时主要宗教是主张人由梵我转化而来的婆罗门教,此外尚有六派哲学:

一、阿耆多(Ajita Kesa Kambala),后发展为顺世派。主张人和世界都由地水火风四大所合成,否认人有灵魂,死即复归四大,故人生的目的,求乐而已。此派反对婆罗门教种种迷信则是,而即以人、物并观实非。未知究竟,求乐何指? 故顺世派之被斥于佛教甚是。

二、散惹夷(Sañjaya Velaṭṭhiputta),是直观主义学派。对一切问题,不作肯定说,主张实践修定,以得真正的智慧。此派较有可取,然于修定所得的理,仍不可不作肯定说。此所以目犍连、舍利弗能由此派而归于佛教,亦见释迦有实践修定的基础。

三、末伽梨(Makkhali-Gosāla),是定命论者。主张无业报,身既无,一切修行皆空而无用。人身由各种原素构成,经历八百四十万大劫,不管何人,自然解脱。自谓“正命”,佛教斥之为“邪命外道”。此亦忽乎人之所以为人。

四、不兰迦叶(Puraṇa-Kassapa),亦否认善恶业报和婆罗门教。

由是主张纵欲,此为"邪命外道"必然的发展。

五、波浮陀(Pakudha-Kaccayana),亦否认人的作用。主张人由七种元素组成,分离即死亡,而原素永存。此派增四大而七,理仍相似。

六、尼乾子(Nignttha Nāta-putta),后发展成耆那教。分世界为有生命与无生命两类,生命不得解脱,由于业漏束缚,业报既重,须加快消业,故主张苦行。释迦初亦由苦行入,后悟其非,宜亦不以此派为是。

合观婆罗门教与六派哲学,不外物与人之辨。末伽梨(邪命外道)全忽乎人,与波浮陀、阿耆多实相似,由是以观人,又为阿耆多的求乐,不兰迦叶的纵欲,故此派同为不知人之失。此外知人而修,又分三种不同。尼乾子执于加速消业而苦行,然又将因苦行而增业,故非觉悟之法,此外婆罗门则执于有大梵天之体而非,散惹夷又执于无体而非。由是而观佛教之理,实能免入苦行之执而又不囿于体之有无,乃于人与物亦可分可合。故既否认婆罗门主张人由梵天神我而转化的"转变说",亦否认人物无辨的"积聚说",特创"缘起说"以综合人与宇宙,由"四谛"而"三转法轮",合成十二行相,庶成佛教的基本教义。理可由下表示之:

二分四谛	染		净	
	苦(根本)	集(苦集)	灭(灭苦)	道(灭苦的方法)
四行相	眼	智	明	觉
三转法轮	一转亲身见苦 二转苦应知 三转苦已明	以智集苦 集应断 集已断	以明灭苦 灭应证 灭已证	以觉转苦 道应修 道已修

释迦能由四行相合于三转法轮而十二,使四谛中根本的苦谛及其集苦之染,归诸灭苦觉道而净。觉净之人,何必苦行,何必言体之有无,亦岂可视为积聚所成,此实佛教的高明处。且由因果贯串于"无

明、行、识、名色、六入、触、受、爱、取、有、生、老死"的十二因缘中,于分析人生确极精细,故其说教实已成象。若于修道觉苦的行动中,不得不信有业力,既信业力而又不可不破婆罗门教的轮回主体,此实佛教大乘的基本概念,由此方可建立出入三界以觉人的菩萨行。故知大乘佛教实释迦所创,或谓大乘后起,非释迦之佛教,似未可为是。

吕澂曰:"他一面否认自我存在,同时又肯定业力的作用(肯定,是他无法解决现象是什么决定的这样一个问题)。婆罗门的业力说,是同轮回结合的,释迦既否认了轮回的主体,那么轮回还有什么意义?这是释迦学说的内在矛盾。因此,他的继承者,后来就各自向着不同的方向发展了。"按此言实不明释迦创教的精神,唯继承者之仅得一体,故各向不同的方向发展,是继承者之失。于唐玄奘后大乘全在我国,合诸我国的哲理,始能渐得释迦的心传。若天台宗、贤首宗、禅宗等皆可谓具体而微,必谓与佛教不同,似非笃论。如不求后人阐明佛教教理的思想,反谓释迦佛教本身的内在矛盾,其何以明释迦创教之心。破邪显真,其可不破轮回之妄执乎?唯业力之已成,其可对身在业力之中者,不说业力乎? 由无明决定现象,早已说明,奈因果重重,业力万千,三界出入,岂易言哉,此所以不得不肯定业力。虽不易言,三界可不出入乎? 此所以不可不破轮回的主体。玄奘悟此而不可不言"三性",非此义乎,是岂释迦之内在矛盾。

故"诸行无常"、"诸法无我"、"涅槃寂静"的三法印,实能由小归大,以大摄小,则自释迦起早具大乘。破婆罗门教的轮回,所以明"诸行无常"。以"涅槃寂静"证"诸法无我",所以信业力而空之。悟此而出入三界,庶成由小归大、以大摄小之象。

论十四无记

释迦曾提出"十四无记",即对十四个问题,不作答复。此十四题转述如下:

一、宇宙是有常否?

二、宇宙是无常否?

三、宇宙是有常无常否?

四、宇宙是非有常非无常否?

五、宇宙有边否?

六、宇宙无边否?

七、宇宙有边无边否?

八、宇宙非有边非无边否?

九、生命死后是否有?

十、生命死后是否无?

十一、生命死后是否既有既无?

十二、生命死后是否非有非无?

十三、生命与身是否是一?

十四、生命与身是否非一?

此十四题不外二类,即宇宙与人生。题目的答案既无,释迦如何能答复。且仅以二分法提问,大误,因答案实在二分之外。吕澂本此而曰:"释迦学说没有接触到本体论……对当时学术界共同讨论的这些问题,一概避而不谈。理由是这些问题与人生实际无关,即使讨论,也得不到解决。所以在因果论中,他就回避了谁是第一因的问题。"

按此说实与认为释迦既破轮回而又信业力有内在矛盾有关,谓未触"本体论"殊非。因所谓"本体论",盖由业力所成,其本已破,何可更为建立。况当时的学术讨论,能否解决此类问题。即以今日言,亦是否能解决此类问题。以生物界的人类言,数千年来,对此类问题认识的进化,实极有限,非清净业力,决难理解。故以为释迦已能解决,亦无不可,惜当时释迦如讨论,即陷入婆罗门教或其他哲学学派,其何能特创佛教以觉人。故此"十四无记"问题,与孔子曰"未知生焉知死"同义。迨佛教传入我国后,益以吾国的"三才之道"及《周易》的象数,自然可不言而喻,而吾国的道教,正有以足成佛教。至于宗教与哲学、科学,究有不同的范畴,必以科学与哲学问题,求诸宗教亦末矣。此释迦所以破轮回而又不得不谈业力。尚以此为内在矛盾,则对科学、哲学犹未贯彻,其何以论宗教。

《安般守意经》讲解^{〔1〕}

道安注序讲解

《安般守意经》与《黄庭经》不同，是纯粹的佛教经典。安世高译出之后，经过康僧会、释道安传下去，逐渐加深。就是这本经，后来开了天台宗。

公元 147 年	安世高到洛阳。	
	译出《安般守意经》。	
	当时《参同契》可能已经成书，但确实印行反而略后，为 167 年，约晚二十年。	
公元 247 年	康僧会到建业(南京)。	
	280 年去世。	
	安世高到康僧会为二传，作《安般守意经序》已在一百年后。	

〔1〕 一九八八年三月至五月，潘雨廷先生在家中讲解《安般守意经》，没有讲完。本文由张文江根据当年的听课笔记整理而成，标题和小标题为整理者所加。

公元 312—385 年　道安生卒年。

　　"四海习凿齿,弥天释道安"(《晋书·习凿
　　齿传》)。

　　道安继承康僧会再加研究,更为深入,他的《安
　　般守意经注序》已经是中国的东西了。

　　读《安般守意经》先要了解康僧会、道安二序,道安序更深。《大藏经》有康僧会序,无道安序,我从别处抄来补于此。

　　道安序:

　　　安般者,出入也。

　　"安般"是什么?道安的总结极好:安般是出入,气从身体里跑出去,跑进来。这是《易》的思想:"出入无疾。"入为内圣,出为外王。

　　安般是出入,这就是阴阳,也就是呼吸。康僧会没有总结出来,道安总结出来了。安般还有十几种解释,也就是十几种理论,一种比一种深入。总结为"出入"已是高度抽象。

　　　道之所寄,无往不因,德之所寓,无往不托。

　　"出入"为《易》,"道德"为老,全是中国的思想。佛教进来要"格义",这就是。

　　道德就有出入,出入就有安般,莫之能外,故无往不因,无往不托。

　　　是故安般寄息以成守,四禅寓骸以成定也。寄息故有六阶之差,寓骸故有四级之别。阶差者,损之又损之以至于无为。级别者,忘之又忘之以至于无欲也。

安般靠在呼吸上,将身体寓在四禅那里,就是入定。入定有六阶四级,六阶四级就是损之又损,以至于无为,忘之又忘,以至于无欲。这里已分不清是儒是道是佛了。

> 无为故无形而不因,无欲故无事而不适。无形而不因故能开物,无事而不适故能成务。成务者即万有而自彼,开物者使天下兼忘我也。彼我双废者,守于唯守也。

"开物成务",又是《易》的概念。成务即唯物,开物即去掉唯心。《易·系辞》"开物成务"一段要看《周易集解》的本子,在那里"开物成务"就是开天地十数。"使天下兼忘我"是老庄最深入的理论。我忘天下易,使天下兼忘我难。天下不能兼忘我,是因为人生下来即有 DNA 在,天下兼忘我就是将 DNA 化掉。即使道安自己也没有做到使天下兼忘我,他还要觉人。

> 故修行经以斯二法而成寂。得斯寂者,举足而大千震,挥手而日月扪,疾吹而铁围飞,微嘘而须弥舞。斯皆乘四禅之妙止,御六息之大辩也。夫执寂以御有,策本以动末,有何难也。

将 DNA 化掉得此寂,即可山崩地裂,上帝创世。其实这些从来没有停过。

> 安般居十念之一,于五根则念根也。故撰《法句》者,属"惟念品"也。昔汉氏之末,有安世高者,博闻稽古,特专阿毗昙学,其所出经,禅数最悉,此经其所译也。兹乃趣道之要径,何莫由斯道也。

这段讲《安般经》的位置,今云"系统学"。阿毗昙,经律论三藏之"论"。"何莫由斯道也",一切气功最后都是这条道路。

> 魏初康会为之注义,义或隐而未显者。安窃不自量,敢因前人为解其下,庶欲蚊翩以助随蓝,雾润以增巨壑也。

这段讲自己继承康僧会,给他增加一点思想。

东西方文化现在主要还是物质交流,物质交流可指实,故容易。深入要思想交流,是脑筋里的东西,比较难。物质交流已进行了一个阶段,思想交流还远远不够。当初佛教思想进来后,中印思想经历过一个阶段的"格义"。道安这篇序全部是"格义",所用的都是中国思想中最高级的概念,佛教就此一点点中国化了。中西文化交流也要经过"格义"的阶段,"格义"的最后在象数。

今天不多讲,因为少了反而容易体味,这样能一点点积起来。

一九八八年三月十三日

[附] 道安《安般注序》原文

安般者,出入也。道之所寄,无往不因,德之所寓,无往不托。是故安般寄息以成守,四禅寓骸以成定也。寄息故有六阶之差,寓骸故有四级之别。阶差者,损之又损之以至于无为,级别者,忘之又忘之以至于无欲也。无为故无形而不因,无欲故无事而不适。无形而不因故能开物,无事而不适故能成务。成务者即万有而自彼,开物者使天下兼忘我也。彼我双废者,守于唯守也,故修行经以斯二法而成寂。得斯寂者,举足而大千震,挥手而日月扪,疾吹而铁围飞,微嘘而须弥舞。斯皆乘四禅之妙止,御六息之大辩者也。夫执寂以御有,策本以动末,有何难也。安般居十念之一,于五根则念根也。故撰法句者,属惟念品也。昔汉氏之末，有安世高者，博闻稽古，特专阿毗昙学，其所出经，禅数最悉，此经其所译也。兹乃趣道之要径，何莫由斯道也。魏初康会为之注义，义或隐而未显者，安窃不自量，敢因前人为解其下，庶欲蚊翅以助随蓝，雾润以增巨壑也。

《出三藏记集》卷六

康僧会注序讲解

我现在讲《安般守意经》是回向。如果只有我一个人知道，我就犯了罪。回向决计不是为了名利，决计不是不管客观事实，不能去碰着这个讳。回向一定要有基础，不识字也可回向。

道安序和康僧会序有一个贯穿，就是四禅。道安序"四禅寓骸以成定也"，康僧会序中心就是讲四禅。四禅是早期佛教的核心思想。

夫安般者，诸佛之大乘，以济众生之漂流也。其事有六，以治六情。情有内外，眼耳鼻舌身心谓之内矣，色声香味细滑邪念谓之外也。经曰：诸海十二事。谓内外六情之受邪行，犹海受流，饿夫梦饭盖无满足也。

众生漂流，人生就是未定，因此《易》有既济，也就是佛教的"到彼岸"。所谓安般，就是六件事，对治六情。六情有内外，如外面雨声的情，听到耳朵里也是情，唯物也是情，唯心也是情。内外六情，合成十二件事，安般守意，就是去掉这十二件事。内外六情受邪行，如海受流，唯识所谓"种子如瀑流"。饿夫梦饭盖无满足也，如安世高译此经至今，自然科学进步了多少，人满足了没有？认为发展就能解决,太简单了。这不是不要发展,这点决不能误解,而是要心中有数。

> 心之溢荡,无微不浃,恍惚仿佛,出入无间。视之无形,听之无声,逆之无前,寻之无后,深微细妙,形无丝发。梵释仙圣所不能照,明默种于此化生乎。彼非凡所睹,谓之阴也。犹以晦瞠,种夫深芬闾手覆种,挐有万亿,旁人不睹其形,种家不知其数也。一朽乎下,万生乎上,弹指之间心九百六十转,一日一夕十三亿意。意有一身,心不自知,犹彼种夫也。

外面的情进入里面的情,里面的情进入外面的情,出入无已,微妙微妙。当时没有探测仪器,已能知道微观空间的种种现象。种子即乾元,"大哉乾元,万物资始"。这东西,不是凡人所能看见,要破其因。一朽乎下万生乎上,是一化一切,现在知道是DNA,生命的根在此,实际还要深。上面看看复杂得很,下面有种子给你拉住的,人死了以后,多少细胞全部分散,因为拉不住了。弹指之间,心九百六十转,一日一夜,十三亿意,对的。现在微观空间用仪器能分辨到几个Å,当时没有微观空间这名辞,但在人身上已觉察到。

> 是以行寂,系意著息,数一至十,十数不误,意定在之。小定三日,大定七日,寂无他念,泊然若死,谓之一禅。

要把十三亿意拉住,注意你的呼吸,功法简单。如此数:一……,二……,三……,四……,五……,六……,七……,八……,九……,十……。初禅简单,可以做到。

> 禅弃也,弃十三亿秽念之意。已获数定,转念著随,蠲除其

八，正有二意。意定在随，由在数矣。垢浊消灭，心稍清净，谓之二禅也。

禅的解释是放弃，放弃十三亿意，得着息，用息代替十三亿意。如何做，共有十种方法，序里只讲二种：一为随，二为数。随是思想跟随呼吸，息要快跟它快，息要慢跟它慢，渐渐心息相依。数为数一至十不误。呼吸出入为阴阳，这样复杂的东西渐渐归为阴阳。阴阳当然要扔掉，即扔掉呼吸，注意鼻头。朱熹《调息箴》"鼻端有白，我其视之"，就是抄自此。其实也就是庄子"虚室生白，吉祥止止"之义。

又除其一，注意鼻头，谓之止也。得止之行，三毒四趣，五阴六冥，诸秽灭矣。暤然心明，逾明月珠。淫邪污心，犹镜处泥，秽垢污焉。偃以照天，覆以临土，聪叡圣达，万土临照。虽有天地之大，靡一夫而能睹，所以然者，由其垢浊，众垢污心，有逾彼镜矣。若得良师，划刮莹磨，薄尘微曀，荡使无余。举之以照，毛发面理，无微不察，垢退明存，使其然矣。情溢意散，念万不识一矣。犹若于市，驰心放听，广采众音，退宴存思，不识一夫之言，心逸意散，浊曀其聪也。若自闲处，心思寂寞，志无邪欲，侧耳靖听，万句不失，片言斯著，心靖意清，之所由也。行寂止意，悬之鼻头，谓之三禅也。

扫除种种污垢，心地光明，如明月珠。把镜子弄干净了，这才可能照天地，照何物就是何物。禅宗的北宗，就是做这步工作。神秀偈云：

身是菩提树　　心如明镜台
时时勤拂拭　　莫使惹尘埃
有北宗的基础，才能到南宗，不能脱去一层。

行寂意专,悬之鼻端。三禅是扔掉阴阳,得着一。

还观其身,自头至足,反复微察,内体污露,森楚毛竖,犹睹脓涕。于斯具照,天地人物,其盛若衰,无存不亡。信佛三宝,众冥皆明,谓之四禅也。摄心还念,诸阴皆灭,谓之还也。秽欲寂尽,其心无想,谓之净也。得安般行者,厥心即明,举眼所观,无幽不睹。往无数劫,方来之事,人物所更,现在诸刹。其中所有,世尊法化,弟子诵习,无退不见,无声不闻。恍惚仿佛,存亡自由,大弥八极,细贯毛厘。制天地,住寿命,猛神德,坏天兵,动三千,移诸刹,八不思议,非梵所测,神德无限,六行之由也。

四禅不再观天地,而是照自己,《黄庭经》十三神即讲此。一照不得了,透视内脏,种种污垢。镜子决不能留污垢,最后一跃,由北宗而南宗,慧能偈云:

菩提本非树　　明镜亦非台
本来无一物　　何处惹尘埃

把鼻头再去掉,身体没有了。从佛教讲,一定不是本身,然而也不在身外。"众冥皆明"不容易,中国叫"在明明德",于是有大千震动种种景象,六行就是六波罗密。

布施、持戒、忍辱、精进、禅定、智慧。

世尊初欲说斯经时,大千震动,人天易色,三日安般,无能质者。于是世尊化为两身,一曰何等,一尊主,演于斯义出矣。大士上人,六双十二辈,靡不执行。

世尊化两身,即太极化两仪,一唯物,一唯心。

有菩萨名安清，字世高，安息王嫡后之子。让国与叔，驰避本土，翔而后集，遂处京师。其为人也，博学多识，贯综神模，七正盈缩，风气吉凶，山崩地动，针脉诸术，睹色知病，鸟兽鸣啼，无音不照。怀二仪之弘仁，愍黎庶之顽闇，先挑其耳，却启其目，欲之视明听聪也。徐乃陈演正真之六度，译安般之秘奥。学者尘兴，靡不去秽浊之操，就清白之德者也。

余生末踪，始能负薪，考姚徂落，三师凋丧。仰瞻云日，悲无质受，睠言顾之，潸然出涕。宿祚未没，会见南阳韩林，颍川皮业，会稽陈慧。此三贤者，信道笃密，执德弘正，忞忞进进，志道不倦。余从之请问，规同矩合，义无乖异。陈慧注义，余助斟酌，非师所传，不敢自由也。言多鄙拙，不究佛意，明哲众贤，愿共临察。义有脱腦，加圣删定，共显神融矣。

最后二段，一讲安世高，一讲自己。安息即今波斯。安世高称菩萨，可见当时认菩萨为学者，不是了不得的人物。安世高会这许多本事，是一个大学者。他传此经，还是为了使人耳聪目明。

康僧会是遇见安世高三个弟子后作此序，注此经的。宿祚是前世因缘。现存此经中已混入安世高、陈慧、康僧会等人的注，我反复看过，已不可分出，只能由他去。《安般守意经》两篇序一读，意思就显出来了。汉末到三国晋初佛教的气功思想，全部在此，以后就开出了天台宗。

一样一篇序，自己读不明白，讲一讲就明白了。这是因为眼睛看和耳朵听不同，耳根圆通。

一九八八年三月二十日

[附]康僧会注序原文

夫安般者，诸佛之大乘，以济众生之漂流也。其事有六，以治六情。情有内外，眼耳鼻舌身心谓之内矣，色声香味细滑邪念谓之外也。经曰：诸海十二事。谓内外六情之受邪行，犹海受流，俄夫梦饭盖无满足也。心之溢荡，无微不浃，恍惚仿佛，出入无间。视之无形，听之无声，逆之无前，寻之无后，深微细妙，形无丝发。梵释仙圣所不能照，明默种于此化生乎。彼非凡所睹，谓之阴也。犹以晦暗，种夫深芬阁手覆种，孳有万亿，旁人不睹其形，种家不知其数也。一朽乎下，万生乎上，弹指之间心九百六十转，一日一夕十三亿意。意有一身，心不自知，犹彼种夫也。是以行寂，系意著息，数一至十，十数不误，意定在之。小定三日，大定七日，寂无他念，泊然若死，谓之一禅。禅弃也，弃十三亿秽念之意。已获数定，转念著随，蠲除其八，正有二意。意定在随，由在数矣。垢浊消灭，心稍清净，谓之二禅也。又除其一，注意鼻头，谓之止也。得止之行，三毒四趣，五阴六冥，诸秽灭矣。㬈然心明，逾明月珠。淫邪污心，犹镜处泥，秽垢污焉。偃以照天，覆以临土，聪睿圣达，万土临照。虽有天地之大，靡一夫而能睹，所以然者，由其垢浊，众垢污心，有逾彼镜矣。若得良师，划刮莹磨，薄尘微暗，荡使无余。举之以照，毛发面理，无微不察，垢退明存，使其然矣。情溢意散，念万不识一矣。犹若于市，驰心放听，广采众音，退宴存思，不识一夫之言，心逸意散，浊翳其聪也。若自闲处，心思寂寞，志无邪欲，侧耳靖听，万句不失，片言斯著，心靖意清，之所由也。行寂止意，悬之鼻头，谓之三禅也。还观其身，自头至足，反复微察，内体污露，森楚毛竖，犹睹脓涕。于斯具照，天地人物，其盛若衰，无存不亡。信佛三宝，众冥皆明，谓之四禅也。摄心还念，诸阴皆灭，谓之还也。秽欲寂尽，其心无想，谓之净也。得安般行者，厥心即明，举眼所观，无幽不睹。往无数劫，方来之事，人物所更，现在诸刹。其中所有，世尊法化，弟子诵习，无遽不见，无声不闻。忧惚仿佛，存亡自由，大弥八极，细贯毛厘。制天地，住寿命，猛神德，坏天兵，动三千，移诸刹，八不思议，非梵所测，神德无限，六行之由也。世尊初欲说斯经时，大千震动，人天易色，三日安般，无能质者。于是世尊化为两身，一曰何等，一曰尊主，演于斯义出矣。大士上人，六双十二辈，靡不执行。有菩萨名安清，字世高，安息王嫡后之子。让国与叔，驰避本土，翔而后集，遂处京师。其为人也，博学多识，贯综神模，七正盈缩，风气吉凶，山崩地动，针脉诸术，睹色知病，鸟兽鸣啼，无音不照。怀二仪之弘仁，愍黎庶之顽闇，先挑其耳，却启其目，欲之视明听聪也。徐乃陈演正真之六度，译安般之秘奥。学者尘兴，靡不去秽浊之操，就清白之德者也。余生末踪，始能负薪，考姒殂落，三师凋丧。仰瞻云日，悲无质受，睠言顾之，潸然出涕。宿祚未没，会见南阳韩林，颖川皮业，会稽陈慧。此三贤者，信道笃密，执德弘正，烝烝进进，志道不倦。余从之请问，规同矩合，义无乖异。陈慧注义，余助斟酌，非师所传，不敢自由也。言多鄙拙，不究佛意，明哲众贤，愿共临察。义有肷膳，加圣删定，共显神融矣。

[附] 康僧会资料

《龙华寺舍利记碑》：

时闻康僧会道高德重，路过龙华荡，神龙让宅，结茅修行。王（孙权）诏僧见，劝奉佛法。……王敕建塔十三，龙华其一也。

《康僧会传》：

康僧会，其先康居人。世居天竺，其父因商贾移于交趾。会年十余岁，二亲并亡，出家为僧。时孙权已制江左，佛教未行，会乃杖锡东游。以赤乌十年达建业，营立茅茨，设象行道。权召谓会曰："若能致舍利，当为造塔。"会洁斋礼请，果获舍利。权大惊服，即为建塔。以始有佛寺，故号建初寺，名其地为佛陀里。会于建初寺译出众经，晋太康元年四月寂。

安般守意的十二种解释（上）

佛在越祇国舍羁瘦国,亦说一名遮匿迦罗国。时佛坐行安般守意九十日,佛复独坐九十日者,思惟校计,欲度脱十方人及蜎飞蠕动之类。复言,我行安般守意九十日者,安般守意得自在慈念意,还行安般守意已,复收意行念也。

这里开始讲正文。康僧会序从一禅二禅三禅讲到四禅。释迦牟尼定在四禅,行安般守意九十日。九十日是极长的时间,九(洛书)、十(河图)合起来就是九十。欲度脱一段可当注解。

行安般守意九十日为何? 是从小乘到大乘。佛自己懂了,还要觉他。如只知自己安般守意九十日,佛也是小乘,大乘一定要觉他。思惟校计,可见安般守意时并非没有思想。度脱十方人及蜎飞蠕动之类,过去只讲可以相应一个人十个人,这并不稀罕,这里是相应所有的人及一切生物,所以大乘。道教讲养生,过去认为养一个人的生,不是,是养所有人的生,《黄庭经》并不浅。

佛的自在慈念意,即度人。复守意行念,是把度人的念头去掉。有度人的念头,则还有我没有忘,如此觉满。

以下"安般守意"的十二种解释,应为注释。里面可能有道安的意思,康僧会的意思,甚至可能有安世高本人的意思。十二种解释,就是十二种理论,十二种方法。用其中任何一种方法,都可无穷地度人。康僧会序中只讲了二个,这里十二个全讲。十二种解释,有同有不同,推到底完全一致。十二种讲好以后,要把安般守意扔掉,用不着守意,本来如此。

安为身,般为息,守意为道。守者为禁,亦谓不犯戒。禁者亦为护,护者遍护一切无所犯。意者息意,亦为道也。

安为身,般为息,守意为道,由身观诸鼻息归道。第一种解释,已包括一切的功法。道中含有禁,禁的目的是保护,功法就是戒律。过去讲气功的可以相应十人,相应一千人就难,这里是相应所有人,所以范围大。

安为生,般为灭,意为因缘,守者为道也。

第二种解释要超过自身。安是生,般是灭,生灭之间,要过无穷的劫。合入第一种,安是身就是生,安是息就是灭。一个呼吸身体里不知多少细胞调换了,已经全部死过,重新来过,一个呼吸,面目全非。呼吸之间,刹那刹那更新,否则人怎会由小变老,由生变死。意是因缘,因缘是生灭间的所有关系。守是道,你要知因缘的生灭之道。如此一万年,几百万年都无所谓。生生灭灭,安世高、康僧会、道安都不知死到哪儿去了,但这个还是这个。人的气,几十万年,几十万年传下来,不会两样。

安为数,般为相随,守意为止也。

第三种解释。安是数,表示一切,不用数怎可。数是先天而天不违,相随是后天而奉天时。数你相随的东西,最后达到止,即至四禅。三已将一、二包括住。一、二是《肇论》,三是康僧会。

安为念道,般为解结,守意为不堕罪也。

第四种解释。安为念道,不是念身体,道现在讲是自然规律。

爱因斯坦相信宇宙间总有一个规律，否则一切研究终归无用。《易》曰："乾元用九，乃见天则"，天则就是道。般为解结，因为是旋的，所以解结。真正的直是没有的，一根绳子总要打结，一面念道，一面解结。守意为不堕罪，此即菩萨，所谓"菩萨畏因，众生畏果"。过去种种承受下来，今后种种没有了，这样总有一天可消业，总有一天会显出来，所以菩萨责任重大。这已进入宗教，一般不理解，其实仍可通。

　　安为避罪，般为不入罪，守意为道也。

　　第五种解释。这是如何度人，小乘进入大乘。知道避罪，故不会堕下去，不堕已是八地菩萨的境地，故避讳有极深的意义。守意还是道，道也是越弄越高。故《易》称补过之书，一切是避罪。

　　安为定，般为莫使动摇，守意莫乱意也。

　　第六种解释。安为定，般为莫使动摇，即八地不退转境地。守意为不乱意，即道法自然，不要打乱它。

　　天台止观全部在此，禅宗南北宗亦从此化出。

　　《安般守意经》的这些意思不是我讲的，我是听来的，如今回向一些。过去顾伯叙讲过，每周讲一次，一部经可以讲二年。顾研究最深入的是两部经：《药师经》、《安般守意经》。我现在一次讲六种，如果讲得细一点，一种就可讲二次。每一种都全部两样，当时听第一种时，已觉尽善尽美，无可复加，但一听后一种，画面全部调掉。就这样第三种，第四种，渐渐积起来，一点点懂进去。

　　这次就讲六个，回去想一想，把六种思想全部想通，身体马上有反应。

守意的意,意为心音。

一九八八年三月二十七日

安般守意的十二种解释(下)

> 安般守意,名为御意至得无为也。

第七种解释以前面六种为基础,讲驾驭这个意。

这里用无为等词,佛学初入,其概念不得不借道家名词以释之。道教与佛教的概念均由此深入一层,这就是"格义"。此注将老庄意思放入佛经中,由守意至御意,至无为,即庄子说"乘云气,御飞龙,而莫之夭阏者,彼且恶乎待哉"。御意至得无为,以唯识讲,就是第八识。

> 安为有,般为无。意念有不得道,意念无不得道。亦不念有亦不念无,是应空定意随道行。有者谓万物,无者谓疑,亦为空也。

第八种解释。安为有,般为无,故佛教并非都空。意念有不得道,意念无不得道,不念有不念无,此时意念是什么境地?空定是定于空,后来变化,即真空生妙有。意随道行,此即无为。

再进一步解释。有是什么,谓一切万物,无是什么,谓疑,亦谓空。明明有万物,而讲无,怎么能不疑。到空,真正无物,脑筋里毫无半点疑。从疑到空,即物质化为能量,今已知物质不灭,更有能量不灭。用庄子的话来说,指穷于为薪(只知穷于为薪为空),火传也(不知火传为疑),不知其尽也(实际应知不知其尽也)。

万物要有,有的要存,就当它空。此处破空有,不容易。唐玄奘还是逃不脱空宗、有宗。玄奘取经,当时印度空(法性)有(法相)二派争得厉害,戒贤法师谓只有中国学者来才能解决,借寿等之。戒贤传于玄奘后,印度佛教就此没落了。那烂陀寺后来变化成密宗寺。玄奘至中国后,传二代(窥基、圆测)也失传。至清末又兴,杨仁山从国外找回来,传二代(欧阳竟无、吕澂)也失传。

气功最深处和哲学思想相通,哲学思想不解决,气功不会深。

　　安为本因缘,般为无处所。道人知本无所从来,亦知灭无处所,是为守意也。

第九种解释。有如何变为空,是佛教的因缘。一切深刻的哲学,是解决时空,中国古代早解决,故深。化空间为零,入时间,《肇论》即达此境界。守意守在本因缘、无处所。《金刚经》云:"无所从来,亦无所去,故名如来。"

　　安为清,般为净,守为无,意名为,是清净无为也。无者谓活,为者谓生,不复得苦故为活也。

第十种解释。这也是格义,格义后清净无为的思想高了,安般守意也高了。这是中国佛教和东南亚佛教的不同之处。

无为谓生活。清净无为则无苦,如苦则不是清净无为。

　　安为未,般为起。已未起便为守意,若已意起便为守意,若已起意便走为不守,当为还,故佛说安般守意也。

第十一种解释。没有开始,将起之时,即复卦"复其见天地之心乎"。

安为受五阴,般为除五阴,守意为觉因缘,不随身口意也。

第十二种解释回到第一种的安为身。受五阴,五阴为色、受、想、行、识。但不能只受五阴,还要会除五阴,这样才会安般,即第八种安为有,般为无。既会受,也会除,是为守意。觉因缘,不随身口意,三者佛教的基本道理全在里面。身口意为三密,不要随之。另外有一种东西要觉,密宗的修就是要觉三密。

知安般守意的十二种变化,则几矣。下次讲十点,将这十点汇入十二种安般守意,就懂了。

一九八八年四月三日

十點、三辈、四乐

守意者,无所著为守意,有所著不为守意。何以故,意起复灭故。意不复起为道,是为守意。守意莫令意生,生因有死为不守意。莫令意死,有死因有生,意亦不死,是为道也。

无所著为守意,有所著不为守意,是《金刚经》的思想。因气功的功法基本上是守窍,守窍就是有所著,有著就有死,你所著的一点一定要你没有,所以道为意不起。

守意莫令意生,任何一套东西,随便你讲得再好,也没有用,就是这个基本的东西要破掉。气功就在此。生必有死,死必有生,就是要破掉自己的生死,得着历史长流中的东西。破生死也就是合生死,得着基本的生死,就是长生不老,所以气功要一直炼下去。现在炼气功的,都用来延寿,可多活十年。这当然也要,但气功的最后不是为了多活十年,而是为了破生死,多活十年怎么够。基本原则要掌握,这就是道。

> 安般守意有十黠，谓数息相随止观还净四谛。是为十黠成，谓合三十七品经为行成也。

黠有好坏二意，这里用好的一种意义，指智慧。智慧也不好，因为想法多。十黠可以说是有十个方法可得着安般守意，十黠与十二安般守意相合，即天干地支，法数是相通的。十黠为：

一、数息

二、相随　　这二种序中也讲解。因各人的息不同，你数息要随你自己的意，也有从快到慢的，也有从慢到快的。

三、止　　以后天台宗创止观法门。

四、观

五、还　　重要。还给他们，不要是我的东西。

六、净　　观身不净，最后到净。

七、八、九、十、四谛　　即苦、集、灭、道。这是小乘的根本，大乘的基础也在此。行成，是指通过实践成功的，决计不是空讲可以成功的，今天所谓"不是教条，是行动的指南"。

> 守意譬如灯火，有两因缘。一者坏冥，二者见明。守意一者坏痴，二者见黠也。守意意从因缘生，当缘因缘莫著。是为守意也。

守意两因缘用灯做比喻，有正反两面，坏冥为阴，见明为阳。破掉阴，见个阳，最后的东西是非阴非阳。生物有向阳性，但也不一定，如老鼠就喜欢阴，灯一开全部跑掉。灯是外部形象，比喻守意，阴的一面是破坏痴心妄想，阳的一面看见黠，即十黠。

守意从因缘生，因缘今可称结构，不要粘着，就是本身。

　　守意有三辈。一者守令不得生，二者已生当疾灭，三者事已行当从后悔，计亿万劫不复作也。守与意各自异，护十方一切觉对不犯是为守，觉彼无为是为意，是守意也。

守意有三辈，即三层次：

一、守令不得生　　因生必有灭，因缘是不灭，你生出来的必灭，所以不要再生。

二、已生当疾灭　　气功要脑子里不要想，其实脑子里不会没有想。你真死了之后，要想也想不来。要死的东西灭了，就是不生。一句话是菩萨畏因，果报当承受，因当疾灭。

三、已行当从后悔，亿万劫不复作　　悔即基督教的忏悔。此身不向此生度，何可更待他生后世，所以必须灭。一点阴也不要，所以道教最着重的是纯阳。

三辈的关键在灭，"灭"是转机。

　　守意中有四乐。一者知要乐，二者知法乐，三者为知止乐，四者为知可乐，是为四乐。法为行，得为道。

守意有四乐。

一、知要乐。　　抓住要，就是快乐。得着要，四面八方可通出去。不懂要，全部乱，就是不会守意。前面讲安般的十种十二种，早就得着要，早就化成一切了。

二、知法乐。　　要后有法，不是空讲。得要不能自说自话，现在往往认为历史是这样，但历史不是这样，还是要客观。法就是内在标准，很难讲，但还是可讲。两个知法者，彼此相视一笑，就懂了。

由要而到法,是一个进步。如做几何题,得其要,几十门一做,很快活。上升到欧氏几何、非欧几何本身,就得着法了。

三、知止乐。 知止可不乱,故程子讲:"看一个艮卦就可抵一部《妙法莲华经》",艮就是止。止和不止相对,不止没有什么不好,从不止中得到止,就是好,不是止就是止。如瀑布,看上去是动的,实际是静的;如二十八张静止的照片,连起来放,人就觉得是动的。人的感觉器官错误得邪气,如特异功能从墙壁对面拿东西,人们觉得不可思议。实际上墙壁里到处是空隙,人们自己看不见而已。

四、知可乐。 以上三点肯定,此否定,如执著以上三点乐,前面名辞去掉,一切忘记,只得着乐,就不对了。因为有的是可乐的,有的是不可乐的。这样从相对到绝对,从绝对到相对。到了纯阳,才可乐。

法为行,得为道,十點全部解决。

《安般守意经》每次讲,均比前面跳上一步,智慧也要跟着跳上去。这里讲的全部是性功,命功到了一定程度,没有上面的性功炼不上去,要出偏差的。命功越高,越要用性功,这样才能提高。

过去顾伯叙、范古农还有宗教仪式,讲前三声佛号,讲后三句回向,因一个人懂不好。现在用不着这样,其意思要了解。

任何宗教,绝对不信。

一九八八年四月十日

六事分内外(九解)

《安般守意经》从开始一点一点地发展起来,概念逐步加深,到最后形成三十七行品,这部经的基本轮廓就出来了。三十七行品是这部经的纲领。三十七行品以下,你们可以自己看,现在还不行,因概念还在发展,你们自己还不能看懂。研究佛教,如果把这部经当根本,讲几年,研究几年都可。我遇见《真气运行法》的作者,他也赞成气功没有定法。书中只讲一半,还有一半要你自己来。我这次是快点讲,还要讲其他东西,多得很。

　　守意六事为有内外,数随止是为外,观还净是为内。

　　前面讲的十黠,去掉四谛为六事。六事最重要是分内外,分内外是这一段的纲领。

　　读《黄庭经》,第一个区别是分内外,《内景经》与《外景经》。中国最重要的是诚,诚合内外之道。六事分内外,三事《外景经》,三事《内景经》,有趣。一定要由外返内,再由内返外,然后诚合外内。

　　我去数我的息,息到了我身体内了,还是外的,这内外的程度极深。随是你在随,止是你叫它止,这还是外(本身是不是止,还不一定)。内的不是我身体,我身体还是外。

　　止是外的结束,观是内的开始。所以我一直叫你们不要不想,要观。因为想的东西是外的,每个人不同,观的东西是内的,每个人都同。止仅仅是现在,观是一直可以观,一百年前可观,一百年后也可观。止外观内,天台宗后来有"止观法门",止在观前,错了。

　　止观在《易经》里是两个卦,一个艮卦,一个观卦。

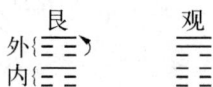

```
        艮           观
外{ ☶        ☴
内{ ☷        ☷
```

　　艮卦分止于内,止于外。单单艮止还不够,因一面是艮止,一面还是震动,两面拉住,"艮其限,列其夤,厉熏心",不得了。所以要观。二个卦其实是一个卦,观本身是一个大止。

　　还,概念深了,复其见天地之心还不够,真正里面的东西要弄到没有。人基本有两个障:属于命的是烦恼障,属于性的叫所知障;

易与佛教

命	性
烦恼障	所知障
外	内

　　烦恼障属于外,到一定时间会扔掉,扔掉还容易;所知障属内,扔掉很难。所知障要弄到没有,基本的方法叫"还",佛教名辞叫回向。有些人做学问,怕观点被别人拿去,这就是不会还。只想拿人家的东西,拿不到好东西,只想防人家拿的,也不会有好东西。因为他本身不过只有这点东西,一拿就没有了。所以做学问,不要保密,世俗的名和利,真没有意思。孔子要还掉四样:"意、必、固、我"("子绝四,毋意、毋必、毋固、毋我"),庄子要还掉一个"我"("今者吾丧我"),老子要还掉一个"身"("吾之大患在我有身,若我无身,吾有何患"),佛教还是一个"还"。

　　"还"了以后,得着一个净,前面已讲,安般守意即清净无为。"净"了以后,你一面可以上友古人,一面可以下知未来。因生必有死,所以要超时空。你就要把属于你自己的都还了,一点点都没有啥,即上同过去已死的人一样,下同未生的人一样。得着人的根本,即孟子讲的"前圣后圣,其揆一也",道教所谓长生不老,佛教所谓无量寿佛。人现在不净的,所以六事的最后要叫它"净"。

　　这里的六事,与前面的六事,概念深了一层,因为结构调了。我当时听到此,思想跳了一跳。人乘宇宙飞船到月亮,并没有新的发现,而是把已有的重新装配起来。结构调一调,认识客观世界就深了一步。我现在讲,你们思想里也在调结构,要自己拆自己装。

　　　　随道也,何以故。念息相随止观还净,欲习意近道故,离是六事,便随世间也。

　　懂了时间,叫你随空间。打破时间,得了空间,在《易经》的概念就是亨。君子无入而不自得,任何环境都可相处。"人生不满百,常怀千岁忧",何必。李白说,"古人秉烛夜游,良有以也"。任运而来,任运而去,故可豁达。关键是随息到随道。

　　数息为遮意,相随为敛意,止为定意,观为离意,还为一意,净为守意。用人不能制意,故行此六事耳。

　　数息为遮意,叫你否定一点意,相随叫你收敛一点意,止是定意,观为离意,离意方到内。还为一意,决计不会所有的人不同,最后得着净,就守在这一意上。制意难,任何人都难以讲此话,我到现在还没有控制住,如果一定要比拟,即孔子的"从心所欲不逾矩",爱因斯坦四维时空连续区还没有到这境界,因为没有到生物。

　　意是外,种子是内。五阴色、受、想、行、识,识一定要转智。

　　六事共有九种解释,所以结构多,重点是第一种。内外分清楚,第一种抓住,下面就清楚了。如何观净,各人的业不同,方法、时间都要自己掌握。各人的遗传密码,都有办法修,不过你如自暴自弃,那就毫无办法。

　　由六种行为发展到三十七行品,跳出去,再回来,就在这一生。一定要从命到性,再从性到命。

　　《妙法莲花经》我年轻时不喜欢看,后来才懂了。《华严经》还是空的,《妙法莲花经》全部是相应。相应有种种说不出的关系,绝对没有逻辑,讲逻辑上当了。

　　天台宗一直到明末智旭(蕅益大师)完成,他完成《阅藏知津》。此书好,要懂佛教,一定要读这部书。道教完成则在明末完成《道藏》,懂道教,一定要懂三洞四辅十二部。这两部书都好,可惜都给打破了。《阅藏知津》吕秋逸(澂)予以打破,因为这是中国佛教,印度佛教不是这样,但吕自己的分类仍然不尽如人意(按:吕有《新编汉文大藏经目录》)。此外有日本的分类,则显琐碎。《道藏》在清代则给《道藏辑要》所打破。佛道这两部好书,都给打破。儒家的《四库》最不好,却至今未见打破。蔡元培能废经,却未能废《四库》,《四库》不打破,如何认识中国传统思想。蔡元培废经好,中国因此而进入了现代社会。

一九八八年四月十七日

数息论(上)

现在人类所面临的一切问题,根源在于对宇宙的认识。现在不但中国面临的问题难,要变要改革,其他各国也有他们的问题,也要变要改革。不能单单看中国,要把问题放在世界范围内。最重要是人对现在的认识程度,这不能看别人,首先要反身自问我认识了没有。自己认识了,能说服一个好一个,专门先责怪别人,最后自己也被同化掉。关键是人的智慧要提高,这是人人本具的,佛教讲人人皆有佛性。现在的经济上混乱,是纠正三十多年来积累的错误,混乱是必须的,经此混乱才能一步一步向前走。二十世纪的变化是科学,二十一世纪的变化仍然是科学。衣食住行,都要从科学中来。二十一世纪的科学革命,可能发生在东方。现在的特异功能是怎么回事?"国之将兴,必有祯祥,国之将亡,必有妖孽",特异功能是祯祥还是妖孽?不要说中国没有希望。

中国历来可贵的就是实事求是,现在这点扔掉了,就是没有修身。从修身讲下去,实事求是,渐渐可有安般守意出来。这一面讲一面要反身体验,体验到如何程度是另外一回事,这样下去才不是空讲。这方面之所以难,是因为会了的人感到不稀奇,所以不说,不会的人不知道是什么,当中一脱节,就断了。安般守意讲到后来有佛教的信仰,佛教的信仰可以不要,安般守意本身是一套方法,这套方法极好,必须从这套方法上去。

> 数息为四意止,相随为四意断,止为四神足念,观为五根五
> 力,还为七觉意,净为八行也。

"四意止"等等,展开细讲都有具体的东西,所以佛教很复杂。四
意止加上四意断加上四神足念为十二,加上五根五力为二十二,加上
七觉意八行为三十七,此即三十七行品。

三十七行品收入数息,数随止观还净,每一种都是实践,至苦集灭
道,就是这部经的十个东西。一个数息,马上就到,贯穿十个东西
到道。

> 得息不相随不为守意,得相随不止不为守意,得止不观不为
> 守意,得观不还不为守意,得还不净不为守意。得净复净乃为守
> 意也。

"得息不相随不为守意",当然如此,因为不相随还是息归息,意
归意。如此六个东西一个一个贯穿下去,还是"复卦",了解人本身
一切的一切。得净还要净,这是北宗的功夫,"时时勤拂拭,莫使惹
尘埃"。

> 已念息恶不生,复数者为共遮意,不随六衰故。行相随为欲
> 离六衰,行止为欲却六衰,行观为欲断六衰,行还为欲不受六衰,
> 行净为欲灭六衰。已灭尽便随道也。

六衰是生死,根本的东西是不生不死的,精进以去六衰,这样才能
永远息下去。

数息欲遮意,息中有长短,当复遮是长短意也。何以故守意,欲止恶故,恶亦可守亦不可守,何以故,恶已尽不当复守也。

脑筋里记得恶还是不净,真正的净,脑筋里是没有恶的,所以恶不可守。

数息有三事。一者当坐行。二者见色当念非常不净。三者当晓瞋恚疑嫉念过去也。

坐行,坐着实行,故静坐。色不净,佛教概念中这个色和现在一般所认为的色不同。现在叫的色,佛教称作"欲"。欲已破了,接下来要破"色",色是物质。要破三个东西,欲,破一切欲望;色,破一切物质,破唯物,一切物质都是脏的;以后要破无色,无色是破唯心,一切心理作用,其实种种特异功能现象就出于此。这三个东西,佛教里就叫三界。静坐时看脑筋里的念头,只要你一个念头还在这三种范围之内,就是在三界之内。但一个数息,马上就到三界之外,这就是禅宗的作用。一个数息内三事全包括,从第一个贯穿到最末一个,懂其实是一念之间的。

出三界又如何? 出三界还是小乘。这本经是《大安般守意经》,是大乘,大乘是出去还要再来的。没有出去和出去再来,完全是两个境界。前者是在里面受苦的,后者是来度人的。大乘自觉觉他。

数息乱者,当识因缘所从起。当知是内意。一息乱者是外意过,息从外入故。二息乱者是内意过,息从中出故。三五七九属外意,四六八十属内意。嫉瞋恚疑是三意在内,杀盗淫两舌恶口妄言绮语,是七意及余事属外也。得息为外,不得息为内。息从意生,念、息合为一数。息至尽数,为一亦非一,意在外息未尽故。

譬如数钱,意在五数为一也,数息所以先数入者。外有七恶,内有三恶,用少不能胜多,故先数入也。

这里把内、外放到呼吸上分别。一三五七九吸进来,属外,二四六八十呼出去,属内。息乱当从因缘追究。因缘无非是客观世界与主观世界的联系,故息乱的根源在意,"嫉"至"绮语"佛教称十恶,内三种是本身有的,外七种和对方有关。自净其意,则意与息合,息就不乱。当净者不仅从童年至今的种种影响,还有前世业障,所谓无始以来的种种习气。一三五七九阳数,属外,二四六八十为阴数,属内,是勾引外的。内外相连,种种案子都有这种因素,你是这种类型,就吸引这种东西。内外相感,五数为一,以五为一个系统,为五进位制。

数息不得者,失其本意故。本意谓非常苦空非身,失是意堕颠倒故,亦为失师。师者初坐时,第一入息得身安,便次第行。为失其本意,故不得息也。

吸收要吸收外面好的,呼要呼出去恶的,这样不断交换,故净之又净。第一息吸收外面好的就是师,所以呼与吸要分清楚。

一九八八年五月一日

数息论(下)

哲学越古越好,科学越新越好。哲学确实要看早的,因为越早的越概括。安般守意就是天台宗发明的"一念三千",任何人任何一个脑筋,不管你是好是坏,一分析就是三千,完全切近人情。这就是《妙法莲花经》的思想,这部经过去不大喜欢,后来我自己事实上体味着了,这才知道这部经的好处。"一念三千"的思想,好就好在没有隔膜,极其亲切,不像有的佛书上讲的道理,高不可攀,所以感应至今。一个念头出来,马上分析这个念头,一分析就是三千种。如此十个念头一转,变化有多少,此所以天台宗可变成无穷。

数息,本身是客观事实。但只看客观事实,不懂中国哲学思想。一呼一吸之间,神经细胞不知换了多少,思想不知换了多少。一个跟斗,十万八千里去过了。所以一个数息,出入三界。这不是逻辑,似乎是辩证法,其实还不对,妙在抽象。一个话真正的意思不在本身,在弦外之音。中国任何一本书,任何一种哲学,意思都在其弦外之音。但每一本具体的书,具体的思想的弦外之音如何,又是明确的。各支不同的曲的弦外之音不同,所以不能空讲。

数息意,常当念非常苦空非身,计息出亦灭入亦灭。已知是得道疾,当持非常恐意,得是意即得息也。

得息即得意。数息灭掉出入,出来一个东西,得此即得息。非常苦空非身,即"吾丧我",得非身的意思才得息。得息,息照样还是息,但这息不是我的息,但息照样还是息。

入息出息所以异者。出息为生死阴,入息为思想阴。有时出息为痛痒阴,入息为识阴。用是为异,道人当分别是意也。

阴,前已讲过是五阴,也写作五蕴。生死阴,今云生理,思想阴,今云心理。前者是烦恼障,后者为知识障。知识增加,生命减少。出息吐出去,要化去一点烦恼障,入息吸进来,要化去一点知识障。入息为痛痒阴,痛痒属身体,识为五阴最后的归结。一出一入,一念三千,最后得着的非我本身的息,所有人的息都是如此。

入息者为不受罪，出息者为除罪，守意者为离罪。入息者为受因缘，出息者为到因缘，守意者为不离因缘也。数息不得有三因缘，一者罪到，二者行不互，三者不精进也。

入为不受罪，出息为除罪，出入合方为离罪。佛教最后讲的是缘起。数息不得有三个原因，一为罪到，二者行为不对，三者不精进。

入息短出息长，无所从念为道意，有所念为罪。罪恶在外，不在内也。数息时，有离意为喘息长，得息为喘息短。不安行息为长，定为短。念万物为长息，无所念为短息。未至十息，坏复更数为长息，得十息为短息。得息为短，何以故，止不复数故。得息亦为长，何以故，息不休故为长也。

出入之息长短不平均为烦恼多，身体不好息也不平均。能够数十息为基础。数十息也并不容易，有时常常数不到十息，到五息六息，就忘了，还得重数。并不是数十息就够了，最后得着一个长息，息永远下去，不会停的。

喘息长自知，喘息短自知，谓意所在为自知长短。意觉长短为自知，意不觉长短为不自知也。道人行安般守意欲止意，当何因缘得止意，听说安般守意，何等为安，何等为般。安名为入息，般名为出息，念息不离是名为安般，守意者欲得止意。

经文在这里重复讨论安般守意，意思逐步加深。同一个东西，反复讨论，讨论出东西来。安般不离出入，也就是不离生死。守意须自知，才能止意。佛教重自知，还是一句话：菩萨畏因，众生畏果。此句话换一换为：菩萨不畏果，众生不畏因，今天来的这个事实（果），是我以前种种作为的结果(因),这我要承受下来。但我今天做的这件事,是将来的因,我处处注意这件事对一切的影响,是好还是不好。一个念,一个息,对一切都要负责任。怕到这种程度,不得了,因一息可出入三界。果是一切一切所造成,果来承受,包括生与死,都承受下来。众生造因不畏,对果来逃避,逃避时又造出种种坏的因,小说戏剧都在讲此。菩萨和众生于因果有两种不同的对待,守意当守此。

一个数息,出入三界。

一九八八年五月八日

三十七行品

道安序讲过最后为三十七行品,将数随止观还净苦集灭道这十點合三十七行品,这部经就完成了。《安般守意经》开始讲这个东西,结束还是讲这个东西。

这样得其要,中国学问就是如此。能够抓住就抓住,能够扔掉就扔掉。

数息相应四意止,相随相应四意断,止为四神足,观为五根五力,还为七觉意,净为八行。前十二属外,后二十五属内,共三十七,总起来为苦集灭道。

八行:

一、直念　　什么念头就什么念头,翻一翻全部两样

二、直语　　话到了嘴边留住不好

三、直观　　看身体

四、直见信道

五、直行

六、直治

104

七、直不堕贪欲

八、直定正心

对身体行为社会标准在此。

八行是净,为结果,从结果防上去可结束本经。

七觉:

一、识苦为觉意　　有转识成智之意。

二、法识觉意

三、力觉意

四、爱觉意

五、息觉意

六、定觉意

七、守觉意

七觉意为还。还不得了,把以前学的许多知识,甚至把出生以前的东西都还,还得干干净净,走时没有负担。故由还而净。

观为五根五力,观的力量极大。

一、信力　　越到深处越涉及一个信仰,信力之大。

二、精进力　　总像有个东西在推动。

三、念力　　大

四、定力

五、黠力　　智慧

力出来的地方有个根,五力有五根,信根、能根、识根、定根、黠根。

止以前属外,五根五力属内,七觉八行属道。

四意止,四个东西停止不要发展:

一、止身

二、止痛痒

三、止意

四、止法

四意定：

四神足,六通已做到。

要在种子"恒转如瀑流"中看出定的东西。练半个小时还不是,要十二时中完全在里面,才是三十七行品。

三十七行品不是坐的一会儿,而是从生到死都是。而且就是在这一世内,要将前世从无穷劫来到现在的遗传问题都解决。

纲领最重要。

一九八八年五月十五日

论初期佛教与吾国思想的相互影响

一、汉　魏

佛教传入吾国的条件,创造于西汉武帝通西域。此与武帝尊儒术黜黄老的政策有关,而黄老思想成了儒术的对立面。其后经辗转发展,包括佛教的传入,黄老思想又成了道教的理论基础。凡宗教思想的流传,当在物质交流之后,因通西域而"丝绸之路"畅通,行旅商人往来日见众多,佛教思想乃能逐步东移。于时考之,最初传入当在百年后的西汉末期,由影响帝王公侯而渐及民间。哀帝元寿元年(前2)大月氏使者伊存口授博士弟子景虚以佛经的材料,又汉光武子明帝有夜梦金人及遣使求法的传说,虽未必可考,然是时起确可能有西域的佛教思想,依进贡物而传入。较可信的记载,是明帝于永平八年(65)谓其弟楚王英"诵黄老之微言,尚浮屠之仁祠"。其时是否有佛经翻译,已未可考。以浮图配黄老,或亦楚王英的好奇,因其少好游侠,善交宾客,乃能于西域之官吏行旅辈,略闻浮屠之说,于佛教大小乘的教理,定极茫然。若本诵黄老,又见当时的思想,已视黄老为神仙人物,与图谶相合。永平十三年(70)英被告造作图书有逆谋事,乃废徙丹阳泾

107

县,明年英至丹阳自杀。所谓"造作图书",或已近《太平经》的思想,此所以其后数十年,能产生视老子为教主的"黄老道"、"五斗米道"等道教组织。然佛教于东汉中叶尚未发展,传说最早翻译的《四十二章经》为两晋时所抄出,与之有关的《牟子理惑论》亦有后人伪托的痕迹。故初期的佛教思想,当以安世高与支娄迦谶二人所译的经典为代表。

安世高名清,安息王的嫡子,让位于叔,自来吾国弘扬佛法。安息就是西洋史中的帕提亚国(Parthia),由阿尔沙克斯(Arsakes)建国,安息为音译。武帝始通,东汉章帝章和元年、二年(87、88),和帝永元十三年(101)均来贡,同时宣扬佛教思想,非常可能,惜史无明证。安世高则于桓帝建和元年(147)至洛阳,以译经为事,所译经典以禅数为主,皆属小乘上座部。其禅法学自禅师僧伽罗刹,用四念住贯穿五停心门,以身念住破除人我执。念息一门译有大小《安般守意经》。安指入息吸,般指出息呼,专心一致于念息,就是守意。其时安世高译此类经典,既为印度所流行,又合吾国当时所盛行的道家修养法,故容易引起吾国人民喜爱。安世高在中国约三十年,晚年曾南游豫章、浔阳、会稽等地,事迹不详,从之者有南阳韩林、颍川皮业、会稽陈慧等,再传康僧会,会于赤乌四年(241)入吴。约百年后道安(312—385)的禅学,虽直接受神异人物佛图澄的影响,然文献的根据仍由此系而得,宜道安重视安译诸经而各为之序。

今依时考之,安世高来吾国时,魏伯阳已著成《参同契》,且密示青州徐从事,徐乃隐名而注之,桓帝时复传授与同郡淳于叔通而行于世。《参同契》书中言及有本于《龙虎经》(今已失传)等道书,故禅数之理在我国并不新奇。安般守意,一如《参同契》的"龙呼于虎,虎吸龙精",由咀嚼衔咽而一之,守意莫善焉。故当时对吾国的思想,影响不大。于道安时,吾国道教已发展而早有《黄庭经》等,故禅数仍无影响可言。若道安以禅数结合般若,可谓佛道两教第一次重大的相互影响。

支娄迦谶,西域月氏人,月氏与安息邻近。于桓帝延熹十年(167)支谶至洛阳译佛经,所译经属大乘般若类。支译少于安译,主要有三部:《般若道行品经》阐明缘起性空,与小乘有部执名相实有者相反;《般舟三昧经》阐明为以慧念佛,般舟即念佛义。此与小乘禅数的安般亦不同,已由数及象。以上二经皆译成于光和二年(179)。又有《首楞严三昧经》阐明健行不息的慧,首楞严即健行义,此实与《周易》首乾的概念同。此经译成于中平二年(185)。其时正当黄巾起义遍及全国,五斗米教亦盛。故在汉末,般若经义仅影响于移居在吾国的西域人。而于后世,则对吾国的哲学思想有重大的促进作用。初与魏晋的玄学发生交流,经二百年的酝酿,产生陆修静有初步总结性的道教。

至于楚王英虽自杀,所开黄老浮屠之祠的风气,仍保存在帝王宫中,襄楷于延熹九年(166)上书提及"又闻宫中立黄老浮屠之祠"。至于民间信佛的情况,史有笮融依陶谦时(谦卒于公元194年)大力提倡的记载(见《三国志·吴书·刘繇传》),融为人贪暴残忍,终至为民所杀。因其督广陵彭城,遂以抢劫所得大起浮屠祠,以铜为人,黄金涂身。每浴佛,多设酒饭,布席于路,经数十里,民人来观及就食且万人,费以巨亿计。此正可与张鲁治汉中对比,《三国志·张鲁列传》:"……鲁遂据汉中,以鬼道教民,自号师君。其来学道者,初皆名鬼卒,受本道已信,号祭酒。各领部众,多者为治头大祭酒。皆教以诚信不欺诈,有病自首其过,大都与黄巾相似。诸祭酒皆作义舍,如今之亭传,又置义米肉,悬于义舍,行路者量腹取足,若过多,鬼道辄病之。犯法者三原然后乃行刑。不置长吏,皆以祭酒为治,民夷便乐之。雄踞巴汉垂三十年,汉末力不能征,遂就宠鲁为镇民中郎将,领汉宁太守,通贡献而已。"

此与佛道二教的教义并不相称,然由笮融与张鲁对比,可喻汉末群众信教的情况。当时亦课读佛经,然孰能明其理,而《太平经》的思想,极深入民心。黄巾失败后,其理未废。此黄老道的思想,转入五斗米教。

　　支谶所译的般若思想,有支亮传之,支亮又传支谦。支谦于汉末避乱江南,于赤乌四年(241)起,隐居山中以终。于江南隐居前,曾改译《大明度经》阐明般若之空,理与何晏(190—249)、王弼(226—249)所形成的"正始之风"相似。然未可谓王弼的思想来自佛教的般若空宗,因扫象以破礼教,有得于老子的原意。王弼盖破汉代以宗教色彩理解老子,而恢复先秦老子的哲学面目;且扫汉象,以老子思想代入无象之象的《周易》中。故此类思想仍为吾国所固有,仅略受佛教的影响。且由此学风,反促成北方般若之兴盛。因老子早有其整体思想,而当时的《道行般若》尚非般若之全,乃专心研究般若者无所适从。此所以有朱士行于曹魏甘露五年(260)去西域于阗求经,竺法护亦于相近时间前往西域诸国。

　　朱士行,洛阳人。时有中印度人昙柯迦罗,于曹魏嘉平二年(250)来洛阳,于白马寺中译出《僧祇戒心》,为佛教传入戒律之始。而朱士行可谓第一个出家受戒的和尚,既知戒律,自然对因扫象破礼教而兴起的般若空宗不满,宜于昙柯迦罗来华十年后即去西域求经。士行到于阗后,经二十余年始得般若的原本,命弟子弗如檀于晋太康三年(282)送回洛阳,如愿以偿,本人未回。此经于元康元年(291)始由无罗叉和竺叔兰在陈留界内译出,名《放光般若》,以别于《道行般若》。若能辨此《放光》《道行》之同异,亦始于道安。

　　竺法护,西域月氏人,已侨居中国。其时般若因玄学而兴起,而于般若的含义有种种异解。竺法护乃主张必须整体理解佛教,此较朱士行的见界尤大。其往西域遍访大小部落三十六国,既求师问道,复搜集大乘经典。数年后于晋太始二年(266)回国译经,直至永嘉二年(308)七十八岁死,凡四十余年不辍,对初期佛教的传播起重要作用。

　　上述朱士行、竺法护二人,皆魏时出国,对吾国的影响已在西晋。若魏朝更有译经的异域人,于白马寺中除昙柯迦罗外,尚有康僧铠,印度人,或曰康居人,于嘉平四年(252)在白马寺。有昙无谛,安息人,于嘉平六年(254)亦在白马寺。有安法贤,安息人,亦为魏朝之译经者,是否在白马寺无考。

总观汉末三国的佛教形势,北方以洛阳白马寺为中心,南方则以建业为中心。以内容言,分小乘禅数与大乘般若二派,于吾国思想的相应,则禅数犹黄老的养生,般若犹魏"正始"的玄风。

以道教言,三张的五斗米教,与张角的黄老道,实由同而异,同者同准《太平经》的思想体系,为农民革命所利用的宗教。然张角的黄巾,被灭于灵帝甲子(184)。是时张鲁于阳平继张衡未久(衡卒于己未,公元179年),且于建安二十年(215)汉中失守而降曹操,即变成以宗教为主,此与黄巾始终以农民革命为主者不同。且开始由下层群众的宗教,逐步变成统治集团的宗教。未久魏以代汉,张鲁的地位依旧,信五斗米教的又增加八品游治,可见其仍有发展。鲁卒于正始乙丑(245),老庄的玄学已兴。

此外尚有未卷入农民革命者,或有幸免者,或有种种特殊技能的医家、神仙家,如为曹操所收养者甘始、左慈、华佗、郄俭等,其流派亦逐步汇合于道教。于后代起大作用的葛玄(164—244),实与张鲁同时,盖继承汉代内外丹的修炼,结合医理。嵇康养生的思想,结合玄学与神仙家言。然与当时的五斗米教尚不同,而为进一步发展玄学成道教的关键。凡玄学不谈谶纬,此可觇汉魏学风之变,而汉学谶纬之说,乃入道教之中。历代借道教以作农民革命的理论基础,皆属汉代谶纬之遗风。

二、西　晋

佛教思想直接影响吾国思想家,当始于晋。此与朱士行、竺法护二人有重要关系。

于汉末所译的佛经,仅侨民及个别汉人重视之。"正始之风"既起,乃有尚虚的玄学家,开始注意佛教的般若类。故佛教思想之能浸长于吾国思想家,主要始交于玄学。当时了解所译般若类典籍的思想,远远不敌老庄思想的完备与精深,唯佛教思想未能自圆其说,所以引起朱士行、竺法护二人于魏末西出求经。当竺法护回国译经(时在公元 266—308 年),朱士行求得《放光般若》译出(时在公元 291 年),般若思想方初步有比较正确的概念,始可与玄学交流。其时政局魏已归晋,然西晋统一未久,即有八王之乱。于思想中,正当玄学与佛教般若的交流。

凡正始玄学尚老崇无,西晋由元康而永嘉,其玄放狂而终于尚庄崇有。然崇有当自养生始,故玄学之所谓有,宜以确信有长生不死的神仙。故同时的王弼(226—249)与嵇康(223—262),已具玄学之有无。若竺法护(231—308)的年龄,虽略小于王、嵇,幸有七十八岁的高寿,故能因时而任译经弘法之愿。其回国译经,始于泰始二年(266),其时王、嵇皆死,在政治上刚演完再次禅让的残酷闹剧,表面暂呈平静局面,恰好能大量译出大乘佛典。凡属方等类的般若、宝积、华严、法华、大集等,皆能初具规模,特别宣传《法华经》,最重要的概念在以大摄小。

至于朱士行命弟子弗如檀带回的《放光般若》,辗转由无罗叉和竺叔兰译出于永平元年(291)。是时晋武帝已死,晋室内乱的条件已成,而民间信佛的情绪与日俱增。且不论是经的内容,因其来之非易,即能令人尊信之。道安记此经译出后,中山(今河北定县)支和尚遣人到仓垣断绢写之,持还时,中山王及众僧城南四十里幢幡迎经。此热烈的情况,犹百年前笮融时的继续,亦为后代迎佛骨的雏形。而佛教的信徒至西晋而盛,此与道教的分裂有关。

初因黄巾的失败,黄老道的幸存者,自然归诸五斗米道。张鲁卒于魏,尚能保存其信徒,然由魏而晋,当受政局的影响。犍为民陈瑞自称天神,于咸宁三年被刺史王浚诛,犍为属二十四治中,可见其为五斗米道。更由鲁之后代迁出阳平治而移居江西龙虎山,或亦不得不迁。且张盛初至龙虎山,时在西晋末永嘉间,与鲁是否父子尚有可疑,况盛在当时已非道教主流。其主流上下二分,其上逐步结合神仙家,重视医药、修炼。以所存的道经言,由《参同契》而《黄庭经》,结合外丹形成葛洪(283—363)的思想。此支发展初则独立自炼而不卷入农民革命,继则且仇视农民革命,故魏夫人《上清经》与葛洪的道,教义又不同。其下仍坚持《太平经》辨证君臣的思想而为农民革命所利用,此见五斗米教实与黄巾同源。若与佛教思想相互影响者,主要属于其上一支。此支在东晋百年间,因佛教结合大小乘而道教亦与玄学相结合,方能正式形成三洞四辅的道教教义。唯西晋时的道教分裂,促使佛教信徒激增而足与道教相对抗。

若晋武帝之死,其后杨氏之父骏,被惠帝后贾氏所杀,此造成元康之清谈,不能不变正始之风为放狂。若裴頠斥王衍、乐广而崇有,是之谓"需于泥,致寇至"。儒家礼法,不可不破,此时尚不宜论儒家之有。迨元康而永康,赵王司马伦又杀贾后而引起连续十一年的八王之乱。其间东瀛公司马腾招收鲜卑人与乌桓人,成都王司马颖反求匈奴左贤王刘渊起兵,此所以成五胡乱华的形势。凡渊自据离石称汉王六年(304—309)而死,翌年子聪继位,即攻陷洛阳掳晋怀帝。晋军更立愍帝于长安,又为渊族子曜攻陷长安而掳之,西晋遂亡。

更考竺法护译出大量大乘佛典后的影响,就是与老庄思想的概念日在交流,名僧名士之不断往来,正有此共同语言。故玄学由元康之狂妄而成永嘉之尚庄崇有,实受佛教般若思想之刺激,且玄学之整个变化,已尽于老庄之有无,故晋而东,名士之思想已不敌名僧矣。

三、东　晋

东晋约百年(317—420),是吾国思想变化的时期。因八王之乱而引入外援，与西周借犬戎兵而成东周的形势相似。东晋及南北朝文化，虽未能与东周文化相比，然确有非吾国本有的印度文化传入，且为吾国同化而另开中国佛学的哲学思想。道教教义的哲理化，亦由佛教刺激而产生。道教的外表大半法于佛教，若究其哲理的精深处，仍保存吾国思想的特色。此两大宗教在吾国，经东晋百年的孕育，始能各自独立而自成体系。

当汉而魏，王弼崇老扫象以兴尚无的玄学。此为吾国本身的思想变化，犹反董仲舒之尊儒术斥黄老。由正始经元康之狂而成永嘉之尚有崇庄，玄学本身恰经魏与西晋而尽阴阳生生之易理。若郭象注庄，已非庄子原意，实受佛教般若之默化而犹未自觉，由郭象注庄而张湛注列，始显般若哲理于原著之内，虽曰伪作，理殊可贵，可谓中国化佛学的嚆矢。更有梅赜上《尚书》，实刷新董仲舒的儒术道统传授，以明二帝三王之心术，既以斥佛之般若，亦以斥玄学老庄之有无，积极恢复儒家《书》始尧舜之划时代，所以显实相。隋唐后佛道二教盛行，然仍能不陷于如西洋历史中的宗教黑暗时代，梅赜之功决不可忽。惜自清阎若璩(1636—1704)确证其伪作后，渐失其作用。然梅氏能奋起于东晋之时，当谅其心，乃上承董仲舒而下启唐韩愈、宋理学之思想，有其真知灼见，且较董氏结合方士谶纬之说为纯。故究东晋之思想，必须重视梅赜之地位，能一反郭象、张湛之思想，亦见玄学本身已无可发展。然在当时梅赜《古文尚书》作用未大，而玄学家的出路，惟能归于佛道二教，二教的教义亦经东晋而始见面目。

以佛教言，教典传入正引起玄学家之研习，且于教典外尤重西僧之来华。如东晋初元帝永昌元年(322)，西竺沙门尸黎密至建康，丞相王导见之曰"我辈人也"，一时名士皆造门结友，此可见一斑。最主要者，东晋时期北方有佛图澄(237—348)、鸠摩罗什(350—409)来吾国。吾国又有道安(312—385)及弟子慧远(334—416)，又有僧肇(385—414)等，方能完成玄学转化成佛学。

　　当名士名僧的思想交流,于佛教内部,已什九为玄学家。因弘扬佛法者,不得不用吾国本有的概念以说明佛法,这就是"格义"。凡籀译经典,"格义"本难免,若对佛教"事数"的内容,使用吾国固有的名词加以固定,此纯属译事的方法论,且难免有附会之弊。故道安反对弘法以"格义"为主,然适时位以喻其理,"格义"究未可全废。

　　更以般若的内容言,因玄学有老庄有无之辨,般若亦有"六家七宗"之异,此互为影响而各自分裂,于佛教须待罗什传入龙树大乘思想后,方能解决。故罗什弟子僧肇的《肇论》出,佛教始见完备的教义。《肇论》中之《不真空论》,即归纳当时的"六家七宗"成三家以斥其偏。一、心无宗。《不真空论》曰:"心无者,无心于万物,万物未尝无。此得在于神静,失在于物虚。"东晋有支敏度宗之,其具体行动,任意立宗以自存。二、即色宗。《不真空论》曰:"即色者,明色不自色,故虽色而非色也。夫言色者,但当色即色,岂待色色而后为色哉? 此直语色不自色,未领色之非色也。"当时有支道林(314—366)宗之,其具体行动,善与玄学家聚论。三、本无宗。《不真空论》曰:"本无者,情尚于无多,触言以宾无。故非有,有即无;非无,无即无。寻夫立文之本旨者,直以非有非真有,非无非真无耳。何必非有无此有,非无无彼无? 此直好无之谈,岂谓顺通事实,即物之情哉? 夫以物物于物,则所物而可物;以物物非物,故虽物而非物。是以物不即名而就实,名不即物而履真。然则真谛独静于名教之外,岂曰文言之能辩哉?"此宗据昙济的《六家七宗论》以道安为主,然道安的弟子僧叡以为道安在六家七宗之外。故此宗以竺法汰(320—387)为代表,其具体行动,奔走于权贵之门。以上合成的三家,以玄学观之,心无宗犹王弼注《老》之尚无,其舍易象以注《易》,于卦爻辞可任意加注,与心无之义全同;即色宗犹向郭注庄之尚有,宜孙绰视支道林似向子期;本无宗犹合有无以归于无。此见玄学有无之辩与般若六家之异,正来源于相互交流。若道安的思想不论是否属本无宗,实已识般若之全,尤重要者,于般若外能以禅数为基。道安本姓卫,常山扶柳人。世业儒,生当永嘉之乱,早失父母。十二岁为僧,有特殊的记忆力,读经过目不忘。二十四岁时(335年),后赵石虎得帝位,由洛阳迁邺郡,西域名僧佛图澄随至,道安亦同时入邺师事之,直至澄卒。澄以神通得石勒等之信仰,此与纯谈般若者不同,道安受此影响,故能重视禅数。在澄卒后十六年中(349—364),道安居于北方太行恒山以究禅数之学,此所以能深入般若之理解。迨石赵覆灭,道安南下到襄阳,定居十五年(365—379)专研般若。每年二讲《放光》,内容日进,实得力于禅数。另一重要贡献,约于宁康二年(374)起,整理与编纂经籍目录,为佛典编目之始。当苻坚破襄阳,被劫至关中,到关中后讲述般若不辍。又从事于译经,犹补足安世高译中所未备,惜仅三四年而卒。总观道安之一生,要在合禅数于般若,是即《法华》以大摄小的具体思想,故对六家七宗之异,能贯而一之。至于以大摄小的概念,郭象注《庄》以为鲲鹏不异于野马,正生于佛玄交流之结果。道安于《合放光光赞随略解序》中有言:"诸五阴至萨云若,则是菩萨来往所现法慧,可道之道也;诸一相无相,则是菩萨来往所现真慧,明乎常道也。"此以可道之道属小乘禅数,不可道之常道属大乘般若,合一于常与非常,完全可见道安受玄学的影响。而玄学家的愿求常道,自然更多,此所以能发展嵇康养生信神仙的思想。更有道安的弟子慧远(334—416),有"博综六经,尤善庄老"的基本思想,二十一岁(354年)随道安出家,二十余年未离左右。直至道安被劫至关中,慧远始往江东,约道安卒后未久,即定居庐山三十年以终。究其重要思想,仍为继承道安以结合大小乘。然此三十年中,于隆安三年(399)有法显等西游,乃继朱士行、竺法护而三,带回《大涅槃经》,将起变化于南北朝的佛教思想。又于隆安五年(401)有鸠摩罗什(350—409)入长安,虽仅九年即逝,然能全部介绍龙树的大乘佛教。故是时起,佛教的大乘教义方能正式成立,可不与玄学相关而不用"格义"。若三论宗哲理的传入,于先秦老庄之说仍有其作用,而魏晋人注解以成的玄学乃瞠乎其后矣。

当罗什未到长安时,慧远与其师道安的同译者僧伽提婆在庐山见面,时当太元十一年(391)。重译《阿毗昙心论》及《三法度论》,对当时已无发展的玄学,曾起大作用。《心论》之"显法相以明本",以具体的心与心数(即心所法)入门,正可代替玄学的空谈。尤重要者,由《心论》而归诸《三法度论》中之"胜义我",则统一了小乘有我与大乘无我的根本问题。以具体的心与心数出发,究心于人我法我,此确能为当时的玄学另辟门径。继之慧远与罗什之交流,虽未见面而相互通信,难免尚有隔阂。若罗什之义全准龙树,代表作品为龙树的《大智度论》、《中论》、《十二门论》,故名三论宗,此外尚有提婆的《百论》等。有以上诸论,吾国方有佛教的基本佛法,此罗什之功,亦为正式传入非吾国本有的思想。罗什谓大乘佛法,经马鸣、龙树、提婆加以整理而成,提婆与龙树同时,于罗什作传时仅差百年云。凡《百论》破佛家外的各家学说,《中论》对治佛家内部的各家学说,《大智度论》贵在博,《十二门论》述其精。要旨就是统一空是真谛,有是俗谛的二谛,二谛统一是名中道。传其学者甚多,主要有僧肇(374—414)的《肇论》,包括《物不迁论》、《不真空论》、《般若无知论》、《涅槃无名论》、《宗本义》五篇。唯其有创见,宜盛行于南北朝,初各篇单行,至陈始合成《肇论》。百余年中经无数学者之研习,终有《肇论》之辑,辑成后更流传日盛,实为吾国玄学思想变成佛教思想的基础。

更究慧远与罗什之未洽,仍在对小乘的认识不同,则以大摄小之象自然有异。故慧远于庐山三十年,佛学交流分三个阶段。初阶段为僧伽提婆的毗昙,中阶段为鸠摩罗什的三论,后阶段为觉贤的禅法。觉贤(即佛陀跋陀罗)为罽宾禅师,受教于佛陀斯那(一作佛大先即觉军),觉军又受教于达磨多罗(即法救)。故于禅学,师承有本。当义熙六年(410)入长安,罗什已死,其讲禅法,学者甚多,慧观即其门人。然觉贤之禅与罗什之禅不同,宜为罗什门下排挤而不得不南下至庐山慧远处。慧远请为译出《修行方便禅经》，此经凡五门（即数息观、不净观、慈悲观、界分别观、因缘观）各各独立。慧远序之曰："其为要也，图大成于末象，开微言而崇体。悟惑色之悖德，杜六门以寝患；达忿竞之伤性，齐彼我以宅心。于是异族同气，幻形告疏；入深缘起，见生死际。"此已解体大摄小，慧远本道安之愿也。悟惑色即不净观；杜六门（指界界）即界分别观；不宜伤性即慈悲观；齐彼我即因缘观；于是异族同气，幻形告疏即数息观。凡此五门，各各可入而未可混杂。而罗什盖以龙树之般若为主，于禅学未有专师，其于《禅法要解》说："定有二种，一观诸法实相，二观诸法利用。"则实与觉贤不同。由慧远之兼贯大小，所以亦与罗什不同。凡道安、慧远、僧肇，实皆吾国之玄学家，然确有当时玄学所未能尽之意，则不得不归诸佛教。更进而观之，吾国道教之哲理性，亦际此而产生。

由张盛之迁往龙虎山，二十四治已成陈迹，东晋的道教，已非张盛为主。若范长生聚徒依青城山，参与李特、李雄的反晋起义，则时当两晋之际。范善《周易》，其注部分尚在，基本保存汉易的象数，与虞翻注相似。然范本身已为道士，于晋永兴二年（305）劝雄称尊号，其时虞已死六十余年，《易》盛行王弼注。后易学象数之全入道教，于此可证，亦见蜀地能传，唐李鼎祚即资州人云。成汉能有二三十年之太平，足为三张之继。及建元二年即李势太和元年（344）即位，因贪财色而渐失民心，终于永和三年（347）为晋大司马桓温灭国。而青城山的道教，已继三张而保存。

至于五斗米教的分裂为上下，至东晋而显，上者凡郗愔、王羲之、殷仲堪等官宦皆信之，纯属宗教信仰，如鲁之已降汉。下者尚保存张角以黄老道为农民革命的理论基础，其时已用五斗米教之名义，主要为孙恩、卢循的农民革命。最耐人深思的悲剧，是笃信五斗米教的王羲之次子凝之，为孙恩所杀，时当隆安三年（399）。其后孙卢的革命虽失败，而东晋亦由是而亡于镇压孙卢农民革命的刘裕。

以道教思想论,东晋初宜以葛洪的《抱朴子》为主,深信道教的神仙,以药物炼金丹为主,故有排斥佛教的倾向,而对后世道教的发展起大作用。

论宋易与禅宗

宋易起于陈抟(890？—989)，陈年约百岁而卒于宋太宗端拱二年(989)，一生恰相当于整个五代之乱。太宗登基后曾入朝，基本史迹尚可考。然千年来种种不经之说托名陈抟者甚多，造成对陈抟之误解，其实抟起统一儒释道三教之作用，而本身盖以道为归。故欲究陈抟先天图，不可不考察当时之时代思潮，此文仅以佛教中之禅宗论。

禅宗为佛教教理在我国发展后另起之教外别传。印度西域是否有禅宗，殊难肯定。据玄奘《大唐西域记》观之，于玄奘往来印度时(629—645)，彼时印度实无禅宗。总而言之，虽或有禅宗之思，至少与在吾国所形成者有所不同。故不可不知禅宗思想实为印度佛教与我国本有哲理相结合后之产物。

考我国禅宗之源，起于达磨东来，其时在南朝梁武帝时(503—548)。然与梁武帝不合而北去洛阳，可考者于丙申(516)曾参观洛阳永宁大寺(见《洛阳伽蓝记》)，约卒于己酉(529)。其后一线单传至五祖弘忍(601—674)，门徒及天下，最后成南北二宗为主要分别。北宗神秀(605—706)、南宗慧能(638—713)之形成，亦见唐室统一近百年后，思想又将分裂之几。由慧能而神会(668—760)，自南而北，然遭北宗之害不得不隐蔽之。直至安史之乱后,始为肃宗所信任。由是禅宗视神会为七祖,自然以南宗为主。南宗之传盛于唐末五代,所谓一花五叶之五宗,基本产生在唐武宗毁佛(845)后。五派创立者之生卒年,依次示于下:

临济宗——由黄檗希运(?—850)传临济义玄(?—867)创立,行于北方河北。此宗宋后传于南方。

沩仰宗——由沩山灵佑(771—853)传仰山慧寂(814—890)创立,传于南方。此宗宋初已无传人,最早衰(生卒年或早七年)。

以上两宗皆出于慧能弟子南岳怀让(677—744)一派。

曹洞宗——由洞山良价(807—865)传曹山本寂(840—901)创立。此宗四传后,有洞山另一弟子云居道膺(?—902)下传。南宋时尚存,当以洞宗名之。

云门宗——由雪峰义存(822—908)传云门文偃(864—949)创立。此宗宋初至开封大护国寺,与临济宗相争。三传为雪窦重显(980—1051),有中兴云门之地位。其初在川,张伯端即与之谈禅。云门宗传至南宋渐衰。

法眼宗——由雪窦另系三传法眼文益(885—958)创立。弟子永明延寿(904—931)继之,二传后亦无闻。

以上三宗皆出于慧能弟子青原行思(?—740)一派,皆行于南方。

又临济传至石霜楚圆(986—1039),门下仍多,有派一为宁州(江西南昌)黄龙慧南(1002—1069),一为袁州(江西宜春)杨岐方会(992—1049),已传至南方。合上五家,是名五家七宗。其实此二派成立时,沩仰、云门、法眼皆已衰。南宋后仅存济、洞两宗,且洞不敌济,乃仅存临济一宗而已。况于宋后未能更创新宗,此与时代思潮将统一有关。最后立宗之法眼文益卒于公元958年,正当五代后周世宗显德五年,赵匡胤于二年后即发生陈桥兵变。而南方较安定,其弟子永明延寿,在钱塘吴越王保护下,起统一禅宗之工作,编成《宗镜录》,于禅宗本身已不可能再发展。此书于百年后神宗元丰年间(1078—1085)始有刊本,乃尚有黄龙、杨岐之尾声。临济之由北而南,正与宋室之政治势力有关。杨岐盛行于江西,黄龙下传又至东西各处。此因江西南昌有钟吕派道教势力在。以禅宗论,最后法眼宗立,文益已在总结禅宗之内容,宜有弟子编成《宗镜录》。若文益总结之言,大堪玩味,庶见宗眼之异。然宗眼者,仍属表示之形式而已,于其实质,盖本我国本有之哲理,其原就在易学,宜宋易兴而禅宗衰。下录文益论其他四宗之宗眼。

文益曰:"曹洞则敲唱为用,临济则互换为机,韶阳则函盖截流,沩仰则方圆默契。"合诸四宗之事实,其迹尚合。惜经文益点出,其神全亡。下依时而阐明之:

(一)临济之互换,指宾主言。所谓四宾主、四照用之义,即阴阳四象之互换。为主为照者阳,为宾为用者阴。

主看主即⚌(太阳)双方皆理解。

主看宾即⚎(少阴)主理解、宾不理解。

宾看主即⚍(少阳)主不理解、宾反理解。

宾看宾即⚏(太阴)双方皆不理解。

以上明四宾主

照用不同时——人境俱不夺,即太阳⚌。

先用后照——夺人不夺境,即少阴⚎。

先照后用——夺境不夺人,即少阳⚍。

照用同时——人境两俱夺,即太阴⚏。

以上明四照用

然不论四宾主与四照用,其机决不可示人,方能万古新。既经法眼说出,如何辨宾主,如何说法时取照用,必须明象,而其象一如易象。更视宾主为自觉阴,照用为觉他阳,则恰成先天八卦之次。故先天图作,易象具在,顿失临济之神韵。

（二）沩仰之方圆，此更不言而喻。天圆阳，地方阴，仰山作九十七种圆相，圆中作各种图案或文字，犹喻圆中有方。此皆法我国本有的以图象喻理之易学，《系辞上》所谓"蓍之德圆而神，卦之德方以知"是其义。

（三）曹洞之敲唱，指君臣五位，是犹由阴阳而五行。合"五位功勋图"与"天地数"观之，亦可不言而喻。

五位功勋图		天地数合五位功勋图		
正中偏	君位		南$^7_2$火君位(正中偏)	
偏中正	臣位		↓	
正中来	君视臣	东$^8_3$木臣向君	中央$^5_{10}$土君臣合→	西$^9_4$金君视臣
偏中至	臣向君	（偏中至）	（兼中到）	（正中来）
兼中到	君臣合		北$^1_6$水臣位(偏中正)	

曹洞宗传自青原而石头，石头作《参同契》，实有感于道家之说，尤其是易学象数。宜洞山传曹山时，又付以密传之《宝镜三昧》，此书直接提及易象，所谓"重离六爻，偏正回互，叠而为三，变尽成五"是其义。必取离卦当君位，又如伏牺氏取以作网罟，以喻"帝网重重"之象。三当阴阳两仪与太极（即君、臣、君臣合），五为五行。于三中之阴阳分动静，静指位，动指向视。此理汉易中普遍使用，自王弼扫象后失传而隐于道教及民间术数中。不期禅宗又用之以恢复成哲理，是诚礼失求诸野。宋易之必本象数，实由禅宗启发之。

（四）云门（即韶阳）之函盖，此宗亦出于石头，所以继曹洞而简化之，仍归阴阳而已。云门宗自言其旨曰："函盖乾坤，截断众流，随波逐浪。"以佛教言，犹转识成智以断"恒转如瀑流"之识。归诸儒家，一如《中庸》之"执其两端用其中于民"。"随波逐浪"之象，唯先天图之次足以象之。子在川上曰："逝者如斯夫，不舍昼夜。"知截断与随逐之同异，始足以论禅机，亦始足以观易象。此皆唐末五代佛教徒之思想。

今抽象其思维,犹开创宋易先天图具体内容之一,亦为形成宋朝理学之基本思维。

文益能总结禅宗之旨,禅宗之发展亦由此而让位于宋易。又文益自言法眼之宗眼,则为"大凡佛祖之宗,具理具事——理事相资,还同目足"。以目观察犹穷理,以足实行犹尽性,"穷理尽性以至于命"之易理,经宋易中理学家之发挥,自然具足当时之一切思潮。宜理学兴而宋易盛,禅宗虽在,已无发展之可能。唐末五代之五叶,均为存迹,仅供文学家之欣赏而已。

汾阳善昭(997—1024)集《颂古》创文字禅,《宗镜录》刊于元丰(1078—1085)间,其风大行。圆悟克勤(1069—1135)承杨岐派,取云门雪窦集《颂古》之资料以成《碧岩录》,时已及南宋。而禅宗之活力,基本全毁,亦步亦趋,禅几何在?其徒大慧宗杲(1089—1163)安得不毁其师《碧岩录》之刻板。奈时代如是,板虽毁书犹存,创参话头之禅,未免有无病呻吟之感。

总上所述,可知陈抟先天图的创立,实存禅宗之思维。宋易兴而禅宗衰,确有史实可证。及南宋而禅宗之几彻底消灭,宜先天象数之说,须及南宋而大兴。此文基本论禅宗五叶兴衰之大纲,详细与易学之关系,另详各专篇。

论曹洞宗的《宝镜三昧》
与五位君臣

　　《宝镜三昧》凡四言九十六句,共三百七十六字,作者云岩昙晟(770—829),为石头希迁(700—790)的再传弟子。希迁著有《参同契》,昙晟盖发展其义。主要由"回互不回互"之象,合于"重离六爻,偏正回互,叠而为三,变尽成五"。洞山良价(807—869)为昙晟弟子,得此《宝镜三昧》又发展成五位君臣,以授弟子曹山本寂(840—901)。故曹洞宗的禅旨,即以《宝镜三昧》与五位君臣为主。此洞山的五位君臣行于南方,与同时的临济义玄(? —867)创四宾主四照用行于北方,大义相似。临济的主犹曹洞的君,临济的宾犹曹洞的臣。所不同者,临济用一二而四的象数,曹洞用一三而五的象数。盖于象数本身,自然生奇偶方圆的分辨。

　　石头希迁曾亲受慧能教导,惜年纪太小,仅十三岁而慧能示寂,故受嘱更从青原行思。悟后著《参同契》,已有会通佛老的志向。其作品既用道教的书名,首二句又曰:"竺土大仙心,东西密相付。"则贯串仙佛的大义已见。全篇主要处在契事理而一之。至于一之的形象,昙晟更于回互时加偏正,洞山则释偏为臣,释正为君,所以进一步结合儒家

125

的社会组织。可见曹洞宗的禅味,颇有参同儒释道三教以契之之心。质之鉴宝镜者、中偏正者、定五位者,能有此三昧否?

今准此理,于《宝镜三昧》中取五位君臣以观其象。先以时代言,天宝元年希迁四十三岁,故《参同契》之成,或尚未及安史之乱,而身则亲遇之。若昙晟之著《宝镜三昧》以授洞山,已及文宗(828—840),继之即有武宗(841—846)毁佛之厄。昙晟已卒,洞山盖身遇之,合正偏以君臣,或亦有感而发。更授曹山之时,唐室尤衰,当洞山卒后六年,又有黄巢起义(875—884)之事,则曹山盖身遇之。然则合君臣于正偏理事,身感殊深,实非空言。特以下表详其义:

宝镜三昧	五位君臣		五位君臣颂(洞山作)
银碗盛雪明月藏鹭	正中偏	(君位)	三更初夜月明前 莫怪相逢不相识 隐隐犹怀旧日嫌(一作妍)
夜半正明天晓不露	偏中正	(臣位)	失晓老婆逢古镜 分明睹面别无真 休更迷头还认影
天真而妙不属迷悟	正中来	(君视臣)	无中有路隔尘埃 但能不触当今讳 也胜前朝断舌才
木人方歌石女起舞	兼中至	(臣视君)	两刃交锋不须避 好手犹如火里莲 宛然自有冲天志
潜行密用如愚若鲁	兼中到	(君臣合)	不落有无谁敢和 人人尽欲出常流 折合还归炭里坐

至于以偏正发挥回互之象,谓理事有分有合,能知分知合各可回互,即加深对理事的认识。分犹偏,属臣道为用;合犹正,属君道为体。曰"正中偏"者,以体起用,由相合之理,识得有分之事。银雪月光与鹭,能不相识乎?旧日嫌弃之,今日又当识之,此之谓"为君难"。曰"偏中正"者,以用归体,由互分之事,识得一体之理。夜半之明比

日光何如,其可迷头还认影乎? 露之为物,苦乎乐乎,此之谓"为臣不易"。曰"正中来"者,即体即用,识理如事,其事虽分而妙。盖当今所讳者属理,事而能妙,方能不触当今之讳。君视臣当为如手足,其可以土芥视之乎? 凡执理而轻事者,有不触今讳者乎,其鉴诸! 曰"兼中至"者,即用即体,识事如理,则汝不是渠,渠正是汝。有冲天之志者,庶闻木人之歌,庶睹石女之舞。臣视君以腹心乎? 以寇雠乎? 有宝镜在。若"兼"字或作"偏"字以对于"正中来",奈即用即体者,当识宝镜,此所以改"偏"作"兼"乎? 曰"兼中到"者,体用合一,理事圆融,不违如愚,参唯也鲁,龙潜回渊,临深履薄,藏密之用,归坐炭里,其孰能识之哉! 若此"兼中到"数已过于四宾主,不期临济之先,已有此"但能相续,名主中主"的概念。以易道言,合阴阳两仪,非太极之谓乎? 由此易象而得六十四卦,昙晟则特取重离六爻,盖有法乎伏羲取以为网罟之象。更以偏正回互等合于卦象,殊非一道。下依三法,取象如下:

其一: 以六爻中取三爻为"叠而为三"。凡二三四,三四五为偏;初二三,四五上为正。回互为变其阴阳,重离及二偏二正,卦象为五,故曰"变尽成五"。图示如下,象理自喻:

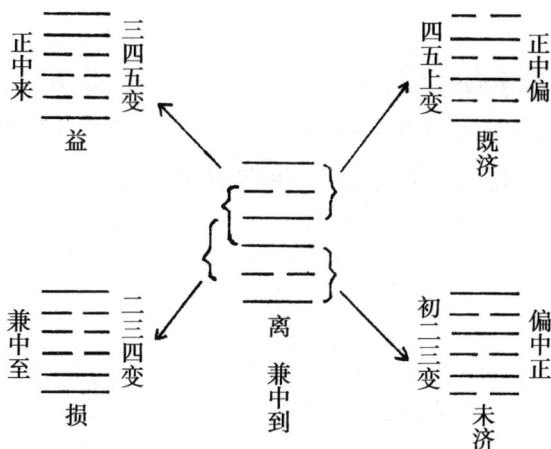

其二：以天地人三才为"叠而为三"。凡初二地才，三四人才，五上天才为正；以二三当人与地，四五当人与天为偏。回互亦为变其阴阳，由重离卦之三正二偏而变之，故曰"变尽成五"。卦象见下：

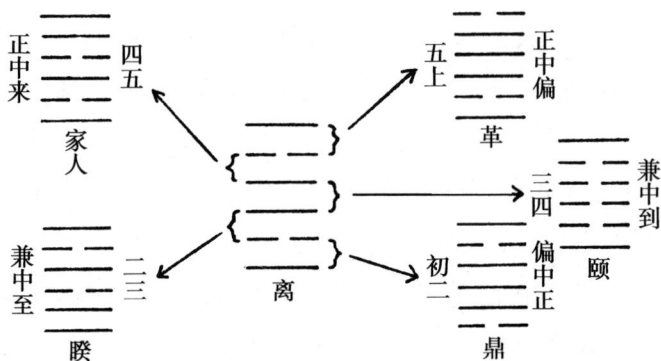

正中来　家人　四五

兼中至　睽　二三

离

五上　正中偏　革

三四　兼中到　颐

初二　偏中正　鼎

其三：回取旋卦象，互取互卦象。于重离六爻之旋，可得离巽兑三卦为"叠而为三"。更于三卦各叠取三互卦，合以上下伍卦为"变尽成五"。凡中互为正，上下互、上下伍皆为偏。偏正回互，卦象为三五十五，仍属宝镜中之一象耳。卦与其二相似，要在五位可回互而变。且颐与大过有生死之辨，尽于中孚其三昧乎？图见下页。

此外曹洞宗尚有五位王子曰诞生、朝生、末生、化生、内生及内绍、外绍等，是犹阴阳五行的生克消息。宋之临济宗如石霜(986—1039)亦用之，盖曹洞临济自然可通。且所谓禅机，莫非易象，是亦消息之妙谛云。

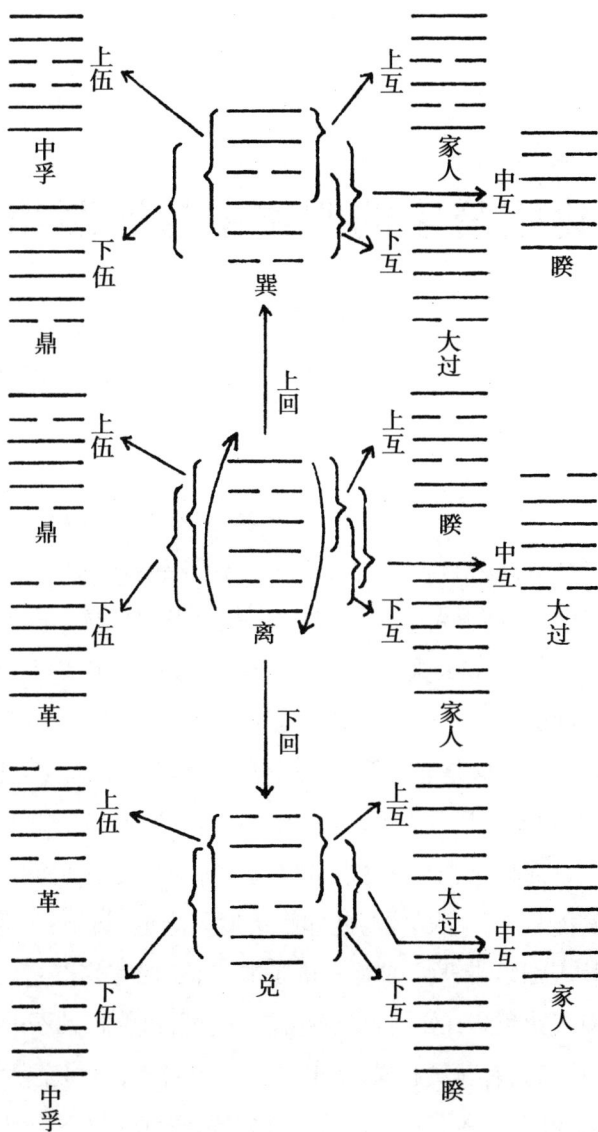

论临济宗的四宾主与四照用

由黄檗的棒喝,直接开创临济宗。黄檗希运卒于宣宗大中四年(850),而武宗灭佛于大中元年(847)。故知黄檗的棒,正起于武宗将灭佛的客观形势。其徒临济义玄,卒于懿宗咸通八年(867),已迟十七年,约见佛教之恢复。然时代更衰且正见未出,宜临济宗有四宾主与四照用的方法,实即是非颠倒、世见混乱的反映。先以四宾主论,义犹阴阳两仪而四象。凡主为阳,宾为阴,主为是,宾为非。如能主对主相见,则可不言而喻,故曰:"横按镆铘全正令,太平寰宇斩痴顽。"或为主对宾,则宾能从主,亦未尝非,此即临济度人之道,故曰:"高提禅师当机用,利物应知语带悲。"或有不辨是非者,反成喧宾夺主,且以宾对主,此见时代之黑暗,故曰:"口念弥陀双柱杖,目瞖眩人不出头。"临济卒后八年(875),有黄巢起义,决非偶然。更甚者,世多茫然不知所云者,尤在高谈阔论,故曰:"倚门傍户犹如醉,出言吐气不惭惶。"且互辩是非不止,唯多宾对宾,唐室安得不由衰而渐趋灭亡。临济之四宾主,其义岂不大矣哉!

进而可论四照用。四照用者,所以以主悟宾之象。究宾主之异,关键在未悟阴阳。阴阳者以佛法论,归诸我执与法执,如能我、法双破，斯可由宾而主。然破之之时，须视宾之所执。执我者当破我执而不破法执，是名"先用后照"，即"夺人不夺境"，其言曰："是处有芳草（不夺境），满城无故人（夺人）。"或我执已破犹有法执者，是名"先照后用"，即"夺境不夺人"，其言曰："上苑花已谢（喻法），车马尚骈阗（喻人）。"谓见花已谢则是，何必尚骈阗以寻花。更甚者坚执我法，必须照用同时，人境双夺，其言曰："云散水流去，寂然天地空。"反之即我法双破由宾而主，故人境俱不夺，其言曰："一片月生海（境），几家人上楼（人）。"由破我、法而自然有我、法，异在执与不执而已。

上述四宾主与四照用，即临济宗之旨，实即易学阴阳之变。四宾主反身为阴，四照用对人为阳，是犹内圣（由宾而主）外王（由双夺而俱不夺）之道。反身则主为阳，宾为阴。照用则不夺为阳，夺为阴。由是配合阴阳，实通八卦之象，亦即陈抟所画先天图之先，已有临济宗用其象。详以下图示之：

坤☷ 宾对宾	艮☶ 宾对主	坎☵ 主对宾	巽☴ 主对主	震☳ 双夺	离☲ 夺人	兑☱ 夺境	乾☰ 俱不夺	八卦
太阴 宾		少阳 主		少阴 夺		太阳 不夺		四象
四宾主 阴				四照用 阳				两仪
								太极

131

论《周易》四百五十节文献与密宗的三密

　　《周易》这部中国极为重要且似有神秘性的文献,连续不断地流传了二三千年。其实并不神秘,很容易用象数加以说明,而其间确有深邃的整体哲理。然或不理解象数,或有以神化象数,宜二三千年来,不期而对《周易》一书有神秘的认识。至于密宗,在佛教产生前先已存在,释迦牟尼似有所否定。直至唐代中国名僧玄奘(596—664)亲至印度取经,在那烂陀寺戒贤高僧处学习相宗与性宗。其后在印度竟无兼通性相者,由是于那烂陀寺就产生了密宗。有中天竺国王之子善无畏,昆弟嫉之而作乱,因让位于兄,出家至南海滨,遇殊胜招提得法华三昧。又诣那烂陀寺,遇龙树弟子龙智三藏,受瑜伽三密之教。于唐玄宗开元四年(716)至长安,出《大日经》等秘经及现图曼陀罗,此为中国有密宗之始。更有金刚智三藏,亦为龙智三藏之弟子,受一切密教。于开元七年(719)达广州,翌年至洛阳,在所居的荐福寺立大曼荼罗坛,一行禅师(683—727)、不空三藏(705—774)皆其弟子。其后同传至日本,亦为日本有密宗之始。概述日本之密教,不外东密与台密。东密以大日如来为本位,台密以释迦牟尼为本位。故东密以大日与释迦为别体,台密以大日与释迦为同体。由是台密斥东密昧于一实之理,东密则斥台密尚未脱显纲。事实上台密分理密教与事理俱密教,故于法华圆教与两部真言,于理则同,于事则异。其异在说不说身语意之三密,不说为显,说即为密。而密宗之要,的确在具有三密而已。

又玄奘在曲女城开无遮大会,所立之论无人能胜,乃名振五印度,时在唐太宗贞观十五年(647)。恰当是年,唐宗室女文成公主(?—681)下嫁于吐蕃松赞干布,吐蕃即今西藏。当地原有宗教名本教(亦作苯教),以信神、作祈禳法为主。约南北朝末松赞岗簿时期渐立文字,渐信佛教。及松赞干布佛教大兴,然于唐高宗永徽元年(650)干布死后,又兴本教,文成公主不得不隐藏佛像于地下数十年之久。其后佛教又渐兴,直至唐代宗时(760—779)莲花生进藏,建立桑耶寺,始兴密宗。又中国之禅宗亦于德宗(780—805)时传入吐蕃,于德宗八至十三年期间(792—794)在吐蕃曾大加辩论禅与佛教之同异。其结论虽似否定禅宗,然禅机之妙谛,不期融入密教中,因产生"大手印"、"大圆满"等精深之密法。凡藏密虽以莲花生之宁玛派为最早,其后更有噶当派、萨迦派、噶举派及宗喀巴兴起之格鲁派等,本文恕不详论。而所谓"藏密",实与东密、台密仍有其相同处。故此文以别显密为主,主要略论中国奇书《周易》与三密之相应点。

《周易》一书,奇在于文字前先有"阴阳"之符号,直至最近又据考古发现先周殷墟等处早有"数字卦",二千数百年流传的"阴阳符号卦",确从"数字卦"发展而成。凡用卜筮法以得"阴阳符号卦"之"之卦",仍可见"数字卦"的痕迹。所谓"圣人设卦观象系辞",其要不外观六、七、八、九等四个数字的象,故象数实为《周易》义理之本。今深探四百五十节《周易》文献的结构,与卦爻的数字密切相关。特以下表示之:

卦画		卦画		
七 上		八 上		
七 五		八 五		
七 四	合乾卦六画	八 四	合坤卦六画	其他七阳八阴的卦画组合
七 三	成卦辞一	八 三	成卦辞一	尚有六十二卦
七 二		八 二		凡有卦辞 64 节
七 初		八 初		

爻用		爻用		
九 上		六 上		
九 五		六 五		
九 四	乾卦分六爻	六 四	坤卦分六爻	其他九刚六柔的爻用组合
九 三	各有爻辞一	六 三	各有爻辞一	尚有其他六十二卦
九 二		六 二		各分六爻后凡有爻辞 384 节
九 初		六 初		

用九——包括 192 刚爻　用六——包括 192 柔爻　凡爻有二用 2 节
总计《周易》文献凡有 450 节

　　详玩上表可喻《周易》一书之奇,奇在能容象数义理为一,为其他经典文献所无。自汉武帝尊儒术斥百家后,《周易》被视为儒术所专用,又肯定 450 节文献乃文王所作,而孔子作"彖""象",被视为能解此卦爻辞者之第一人。凡二千数百年来,历代有大批学者解之,留有书名者计有三四千种之多,迄今存其书者亦超过二千种。可见《周易》在中国风行的情况。且更有趣之事实,自"彖""象"起,对 450 节文献的解释,决无二家的注本全同。因解之者各可以意释之,此见 450 节文献之神奇。唐李鼎祚读《易》,有较深刻之理解,于代宗即位时(762)上《周易集解》。详观其《序》,意义自显。今特摘录一节于下,可喻其理:

　　……圣人以此洗心,退藏于密,自然虚室生白,吉祥至止,坐忘遗照,精义入神。口僻焉不能言,心困焉不能知,微妙玄通,深不可识。《易》有圣人之道四焉,斯之谓矣。原夫权舆三教,钤键九流,实开国承家修身之正术也……

此所谓"洗心"、"藏密",为《周易·系辞》原文,"密"字当然不是有意指"密宗"之"密"。然先秦时著《系辞》(传统认为是孔子所作)者,确亦认为研习《周易》一书,宜对其内容有"洗心"以归藏诸"密"的必要,方能"精义入神"。故其书在战国时,早为诸子百家所兼用。汉武帝独尊儒术后,要而言之,不外黄帝老子与尧舜孔子二教;然开通丝绸之路后,佛教即源源不断传入。及唐乃有极明显的儒释道三教,而《周易》之奇,又奇在能由"钤键九流"而"权舆三教",以儒而言,自然属开国承家修身之正术。惜代宗后唐室之气已渐衰,能善继李鼎祚之志者,终唐一代未见他人,须及五代宋初之陈抟(?—989)。抟之可贵,贵在以三教合一之理创立先天图。且宋后之儒释道名虽分三,确能究得其旨者,其相互渗透之象毕现无遗。以儒言能集理学大成之朱熹,最大识见在重视陈抟之先天图。以释言,不期而会集宗门教下而更能由显而密,其间天台宗、禅宗之完备与中国传统思想有联系。唯儒与释皆讳言三教合一,而道于宋后开创南北宗。南宗初祖张伯端(987?—1082)、北宗创始者王重阳(1112—1170),莫不明说为三教合一的道教。而南北宗之功法,颇有类似于密宗者。或有以先性后命属北宗,先命后性属南宗者,尚属初步之见,其实南北宗同是性命双修。张伯端之三次误传匪人,就在有性命先后以见其有易遇难成、难遇易成之辩;及不言而归诸《悟真篇》文字以传之,要在已归诸性命双修。至于北宗王重阳,其度马丹阳、孙不二夫妇,确用先性后命之次,然度已患瘤疾之谭长真,安得不用先命后性之次。故未得性命双修之道者,安足以理解南北宗之同异。此实与密法有相似处。且于儒之理学更宜观其宋元明之变化,当由朱熹而王阳明。唯王之深知朱,不得不著"朱子晚年定论",由朱陆之异而见王朱之同,亦与密法有戚戚相关处。要在王阳明于龙场一悟而自见本来面目,虽上承于陆,何可不见与朱子之同,此方属理学之自然发展。由明而清,及康熙《周易折中》殊有总结陈抟开创理学之象,且在承德以引入密宗,于中国文化史中能深入一层以体验反身之学。惜经雍正而乾隆,学风大变,要在是宋而非明,是汉而非宋。以《易》言由陈抟而李鼎祚,此未可谓非,奈何仅视《周易集解》为研习汉易之资料,全然不知"权舆三教、钤键九流"之旨,亦何能见易道之蕴。故学分汉宋而未能一之,汉易、宋易之鸿沟尤深,庄子所谓道术裂而为方术,阻碍了中国文化发展。有志于了解整体易理者,宜深思之。而于有得于古今之变者,不妨以三密之理会通之:

其一语密:

凡《周易》四百五十节之文献,即圣人现乎辞之情,其情变化万千,决不可执一,略同密之咒。其有意无意必藏诸密,亦犹禅机之"麻三斤","一群野鸭子",不妨念之,参之。既不可不知某时某地某家之说,又何可执一时一地一家之说为准而不知"洗心"、"藏密"之理。特录《周易》之四大语密:

一、乾卦辞——乾元亨利贞

二、坤卦辞——坤元亨利牝马之贞君子有攸往先迷后得主利西南得朋东北丧朋安贞吉

三、用九——见群龙无首吉

四、用六——利永贞

凡有志研《易》者,此四大语密当终身不忘,是犹"穷理"。

其二意密:

卦辞本诸卦,卦数七八,有其深义,当上丹田性宫,是犹"尽性"。

其三身密:

爻辞本诸爻,爻数九六,变化尤多,当下丹田命宫,是犹"至于命"。

《乾凿度》所谓"一变而为七、七变而为九",同理"二变而为八、八变而为六"。此数于先秦时,本以方圆示其象。方为径一围四,本无问题;于圆则幸已证得 π 为超越数。则中国传统之径一围三说,仍具不可废

之原则。因一圆外围一周唯六圆可密合,是之谓"一变而为七";二方周行,其数必八。凡圆数奇而实,方数偶而虚,属阴阳之本象。此为卦之旨,属人生思维中必具的规矩,宜通意密。或未能如《庄子·齐物论》中由所谓"夫大道不称,大辩不言,大仁不仁,大廉不嗛,大勇不忮",变而为"道昭而不道,言辩而不及,仁常而不成,廉清而不信,勇忮而不成",则不期而"五者圆而几向方矣",是犹"七变而为九";另一角度视之亦犹八变而为六。凡方数奇而实,圆数偶而虚,属阴阳之变象。此为爻之旨,属人类以及一切生物体中必具的规矩变化,宜通身密。详以下六图示之:

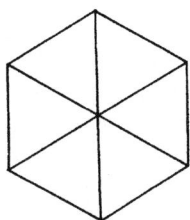

径一围三为圆

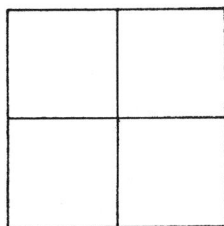

径一围四为方

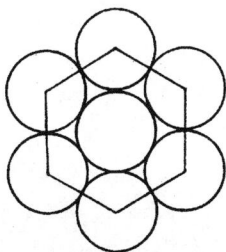

一变而为七(圆,奇,实)

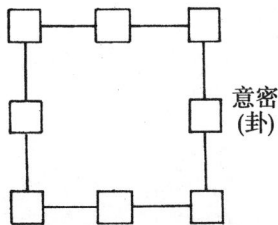

意密
(卦)

二变而为八(方,偶,虚)

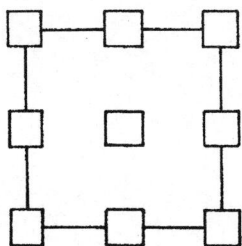

七变而为九(方,奇,实)

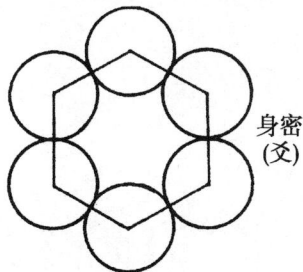

身密
(爻)

八变而为六(圆,偶,虚)

读《易》者首当识此方圆之象,奇偶之数,虚实之理,则卦爻之变化,四百五十节文献之内容,莫不可藏密于中。此即会通三密之大义,岂仅限于合汉宋而一之,是犹《周易》之曼陀罗。虽然,一切归一,一归何处,仍宜念之参之,"精义入神","其至矣夫"。

1991 年 3 月 3 日

论佛教之显密与易象

佛教以佛为归宿,成佛之次第,有显密之异。其所同者,同以出三界为基础。出三界后之成就,显教之次第为声闻、缘觉、菩萨三乘,以密乘视之显教为外三乘。密乘宜以内三乘说起,内三乘不同于外三乘者,已不见出入三界之辨。故内三乘为事密、行密、瑜伽密。

由内三乘而进,可得密三乘。密三乘之名,有新旧派之异。旧派名吗哈瑜伽、阿努瑜伽、阿的瑜伽;新派名父续、母续、无二续。凡旧派指宁玛派;新派指格鲁派、萨迦派、迦朱派。此名有新旧之异,于反身而修气脉、明点之法,新旧派仍同。且于阿的瑜伽或无二续之上,尚有三乘名密密三乘。密密三乘者为心密,指肉团心;深广密,指心血;口诀密,指命根。

或皈依外三乘之理,以行其六度万行,是谓佛之显教;或皈依由内而密,由密而密密,是谓佛之密教九乘。见下表(表见下页):

合观显密之辨,几在对三界之认识。唯显教指本身言,仅通出入三界之理,故不能即身成佛。若密教之以事行归诸瑜伽、由无二续而直入肉团心之心血以见命根,是由本身了却生命起源之理,则何来三界之限。此显教之极致所以必兴密教之故欤!

三乘显教	外三乘　声闻　缘觉　菩萨		
九乘密教	内三乘 　事密　行密　瑜伽密		
	密三乘 　旧派　吗哈瑜伽　阿努瑜伽　阿的瑜伽 　新派　父续　　　母续　　　无二续		
	密密三乘 　心密　深广密　口诀密		

更究瑜伽之义,是谓相应。相应之实,或以境、行、果、机、理五者分辨之。唯三界之境,显密有不同之认识角度,则以下四者之相应,不能无差别,要在其机。因机得理,显教所重,故以转小而大为要;因机而行,密教所重,故以识三界而不辨三界为要。由境而行,自然有果;因境识理,何畏乎三大阿僧祇劫之久。然则瑜伽既通显密,当识瑜伽为贵,何必孜孜乎论显密之异同。

或合诸吾国易学史之发展观之,显教极于唐,密教虽兴于唐,实始盛于宋。故唐易之"权舆三教",其视佛教,仅指显教言。读陈抟之观空说,其理将由显而密。其后道教南宗兴起并发展,始与密教之理有进一步相应。其为道取佛,抑为佛取道,乃无答案之问题。其实反身以见生物之本能,其来已古,岂有佛道之辨。故宋后之三教合一,乃儒通佛之显而道通佛之密。显密可一,儒道亦有可通之机,此明起的三教合一说,其思想又有更深入的意义。唯象数之理,三教所共有。易学之象数,阴阳之相应,本有其理,宜渐为三教所利用。故不究其实而仅视其卦象,何能见其发展之史迹,亦何能悟其内容之微妙。

附藏历饶回表

藏历名饶回者,犹六十花甲,乃以十二生肖和五行配合。生肖之次同,五行之次用铁(即金)、水、木、火、土相生之次。下列一表以合干支,其次可一目了然。

藏历饶回表

十二生肖 六十饶回 五行	子 鼠	丑 牛	寅 虎	卯 兔	辰 龙	巳 蛇	午 马	未 羊	申 猴	酉 鸡	戌 狗	亥 猪
木甲子	甲 子 木 鼠	乙 丑 木 牛	丙 寅 火 虎	丁 卯 火 兔	戊 辰 土 龙	己 巳 土 蛇	庚 午 铁 马	辛 未 铁 羊	壬 申 水 猴	癸 酉 水 鸡	甲 戌 木 狗	乙 亥 木 猪
火丙子	丙 子 火 鼠	丁 丑 火 牛	戊 寅 土 虎	己 卯 土 兔	庚 辰 铁 龙	辛 巳 铁 蛇	壬 午 水 马	癸 未 水 羊	甲 申 木 猴	乙 酉 木 鸡	丙 戌 火 狗	丁 亥 火 猪
土戊子	戊 子 土 鼠	己 丑 土 牛	庚 寅 铁 虎	辛 卯 铁 兔	壬 辰 水 龙	癸 巳 水 蛇	甲 午 木 马	乙 未 木 羊	丙 申 火 猴	丁 酉 火 鸡	戊 戌 土 狗	己 亥 土 猪
铁庚子	庚 子 铁 鼠	辛 丑 铁 牛	壬 寅 水 虎	癸 卯 水 兔	甲 辰 木 龙	乙 巳 木 蛇	丙 午 火 马	丁 未 火 羊	戊 申 土 猴	己 酉 土 鸡	庚 戌 铁 狗	辛 亥 铁 猪
水壬子	壬 子 水 鼠	癸 丑 水 牛	甲 寅 木 虎	乙 卯 木 兔	丙 辰 火 龙	丁 巳 火 蛇	戊 午 土 马	己 未 土 羊	庚 申 铁 猴	辛 酉 铁 鸡	壬 戌 水 狗	癸 亥 水 猪

更以饶回计数,犹以六十进位。凡洪武二十四年辛未,为第七饶回之铁羊年。以甲子论,即公元1384—1443年为第七饶回,则第一饶回在公元1024—1084年,是当北宋仁宗天圣二年至神宗元丰六年,印度阿底峡尊者于公元1042年入藏传法而佛教重兴,正当其时。

略论净土宗及六字佛号

　　佛教中宗派甚多,主要分顿渐显密等,而净土宗尤为别有特色之一种,所谓一声佛号可消灭万千业障,故以善念佛号为主。先述净土宗之特色,能信极乐国土之客观存在,死后归其土,贵已出三界。此与基督教等之信有天国相似,且此西方极乐国土虽远在天边亦近在身中。净土宗亦有入世概念,则虽仅属出三界之小乘,亦能大而兼取度人之大乘教义。以顿渐论,尝取竹中之一小虫为喻,或向上渐出则须咬破无穷竹节,而净土宗犹横向咬破竹洞,则如顿宗之咬破一次即出三界,已可不辨顿渐。故要能一句佛号可灭万千业障。至于一句佛号仅六字,义实至深,分二段:前段二字曰"南无",意为敬礼,凡宗教基本信仰,决无不信教主且应礼敬之,故"南无"之音义为敬礼。后段四字即佛号,"阿"字意为无,犹言无穷,"弥陀佛"者,"佛"有觉义,"弥陀"指时间或光言。合此四字佛号之义,即指有觉于无穷时间者,或译作无量寿佛,寿即时间。亦有光义,敬此有觉于无量光者,正属净土宗之尊信处。故其法极简,理已极深,具有深入浅出之可贵。故信奉者既有学识渊博之大学者,亦有愚夫愚妇,宜久为佛教中之重要法门。

　　　　　　　　　　　　　一九九一年十二月最后完成的稿子

论李通玄的思想在明代

李通玄以易理合诸《华严经》的思想,唐宋以来,早已影响及理学。理学本身及明之王阳明(1472—1528)又生变化,亦即进一步取诸禅机,然仍立足于儒。继之有李贽(1527—1602)之理学,则更进一步立足于佛,而亦未尝忽乎儒。于易学尤所注意,有专著名《易因》。更究及易象之缊,即以佛教之教义喻之,自然有应李通玄之说。故本通玄之《新华严经论》以成《华严经合论》,殊有同工异曲之妙。宗卓吾之说者,有华亭董其昌(1555—1636)。董字玄宰又字思白,松江华亭人,以字画名家,而于通玄之思想亦极相应。著有《画禅室随笔》,于卷四《禅悦》有言:"《华严经》云:'一念普观无量劫,无去无来亦无住,如是了达三世事,超诸方便成十方。'李长者释之曰:'十世古今始终不离于当念。''当念'即永嘉所云'一念者,灵知之自性也。不与众缘作对,名为一念相应。惟此一念,前后际断'。"继之又曰:"'帝网重珠遍刹尘,都来当念两言真,《华严》论上分明举,五十三参钝置人。'此余读《华严合论》偈也。'当念'二字即永嘉所云'不离当念常湛然,觅即知君不可见',须觌面一回始得。"且玄宰既说明已觌面当念,又能举例论《易》与《华严》之关系,见同书同卷之《杂言下》:

如来说法，必先放光。非是无以摄迷而入悟也，故《易》曰"潜龙勿用"。祖师印可，旋为扫迹。非是且将执悟而成迷也，故《易》曰"亢龙有悔"。知潜之勿用，则必有激发之大机，董公所以说高祖也。其说曰"名其为贼"，故师直而为壮。知亢之有悔，则必有收敛之妙用，子房所以招四皓也。其说曰"难以力争"，故功逸而有成。

此节之喻殊体贴，不愧为已亲面当念者之言，故玄宰于《易》，虽仅释乾卦初九、上九两爻，然已得激发、收敛之两端。其义近从卓吾，远绍通玄(？—730)，更上合一宿觉永嘉(？—712)之说，识此无方无体之神，何可不谓之知《易》。

易 与 老 庄

《道藏》中所收《老子》注本提要

老子《道德经》一书,虽仅五千余言,然于我国思想文化史关系至巨。因对原书理解不同,对老子评价亦纷纭不一。又历代之思潮,注释者每纳入其中,此未可谓纯属穿凿。注释者得原书确有之几而阐明发挥之,流长正显源深。穷流竟源,方可概观《道德经》之旨,于纷纭之评价,亦可各置其所。

汉董仲舒创尊儒术、黜百家,究其关键,犹易置孔、老两家何者为正统思想的地位。司马谈、司马迁父子,正当变化之际。谈犹承黄老学派以主老,迁始趋时以主孔。由此定武帝(前156—前87)迄今约二千年以孔为主、以老为辅的基本格局。儒经既兴,视《道德经》与六经不同,故主儒经者,自然对老子生种种不同的评价。自1973年湖南长沙马王堆轪侯之墓(葬轪侯之子)中出土甲、乙本老子《道德经》,则对研究老子有划时代的变化。出土的原文,陪葬于汉文帝前元十二年(前168),尚在武帝前,恰可证明汉初长沙地区主黄老之事实,大之可推至长江流域,《淮南子》思想即与此有关。又同时出土之书,除黄老文献外,有《周易》等。所未见者,反而为儒家所传之《诗》、《书》、《礼》、《乐》、《春秋》等经。而《道德经》与《周易》并存并读,正属汉初之基本思想。故司马谈既受《易》于杨何,又习道论于黄子,可见黄老与《易》

的密切关系。其子迁始从董尊孔以重《春秋》，然去黄老而不去《易》，乃曰"《春秋》推见至隐，《易》本隐之以显"（《史记·司马相如传赞》）。仅言《易》与《春秋》者，因武帝时其他儒经尚散乱。至刘向（前77—前6）、刘歆（？—23）父子之时，六艺始备。《汉书·艺文志》："六艺之文，《乐》以和神，仁之表也；《诗》以正言，义之用也；《礼》以明体，明者著见，故无训也；《书》以广听，知之术也；《春秋》以断事，信之符也。五者盖五常之道相须而备，而《易》为之原。"由是六经形成灿烂大备之系统，汉初《易》老并重之观点，乃始终受制于《易》配五经为之原的思想。然黄老道之思想，于董仲舒后未尝无发展，乃兼重《易》老而孕育出道教，且在道教发展中老子之面貌亦随时代而屡变，此屡迁现象为儒道二家发展之所同。自唐起，《道德经》的内容已全部纳于道教，直至明末仍同。今仅存之明《道藏》刻板于正统十年（1445），其中收录的各种老子注释，凡五十九种。刻板于万历卅五年（1607）的《续道藏》又增入一种。此类文献极有价值，且无其他刻本者甚多，合而观之，可考源流演变。今重为整理，依时代先后介绍之，庶可了解战国以来理解《老子》的概貌。一言以蔽之，殊可考见黄老道之始末，足可与儒经分庭抗礼。

古本白文

一、《道德真经》（见涵芬楼影印本《道藏》346 册慕上一）

此为《道德经》之白文，刻板时兼用河上公本与傅奕本，或仅分章，或计字数。二本合用后，于分章数有重复，故此本之原文可用，分章不可据。《道藏》先列无注释之白文，庶见众流之源。

二、《道德古本》篇上篇下（见 346 册慕上二）

此本经唐太史令傅奕（555—639）校定。傅，邺人（今河北临漳西南），继承北朝之尊道排佛思想，一生竭力弘道。其校定《道德经》之情况，见董思靖《道德真经集解》。傅奕考核众本，勘数其字，云：项羽妾本，齐武平五年(574)彭城人开妾冢得之；安丘望之本，魏太和(477—499)中道士寇谦之(365—448)得之；河上丈人本，齐处士仇岳传之。三本有五千七百二十二字；洛阳官本五千六百三十五字；王弼本五千六百八十三字，五千六百一十字，五千三百五十五字，五千五百九十字，多少不一。

此记安丘望本有误，因魏太和中寇谦之已死，太和或当为泰常(416—423)。又安丘双姓，安或作毋。《隋志》有《老子指趣》三卷，毋丘望之撰。文中二处提到的齐，皆指北齐。得项羽妾本时，傅奕仅二十岁，其后校定三种古本，字数独多。王弼本与官本来源当同。然傅奕之古本，仅保存于《道藏》中。历代学者误认为古尚简，古本不可能字数反多，故此本唐后并未重视。直至马王堆甲乙本出土，始知古本字数实多，而与傅奕本最近似。然则曾见项羽妾冢本当为事实。惟未能保存项羽妾冢原本，仍与二种世传本合校而混一之，殊觉可惜。以项羽卒年(前202)论，妾冢本尚早于马王堆本三十余年。今取用甲、乙本与傅奕本三本并观，确可视为最早之原文。

战　国

三、《南华真经》五卷（见349—351册）

此为《庄子》之白文。庄子(约前369—前286)部分思想得之老子，其《天下篇》曰：

以本为精，以物为粗，以有积为不足，澹然独与神明居，古之道术有在于是者，关尹、老聃闻其风而悦之。建之以常无有，主之以太一，以濡弱谦下为表，以空虚不毁万物为实……以深为根，以约为纪。曰坚则毁矣，锐则挫矣，常宽容于物，不削于人，可谓至极。关尹、老聃乎，古之博大真人哉！

此节可认为是今所存文献中最早最全面的对老子之理解。所谓"古之道术有在于是者，关尹、老聃闻其风而悦之"，尤为庄子之卓见。因《道德经》五千文之作者老聃，其时间不得不认为是战国人，《史记》提及之太史儋，应慎重考虑。儋于周烈王二年(前374)即秦献公十一年见献公，正合成此五千言之时代背景。若《道德经》之内容，必有继承，若干格言式的名句，或古已有之，太史儋盖集合成文。老聃且需闻风而悦，何况太史儋。故《老子》书之思想产生在孔子前，孔子入楚所遇之楚狂接舆，已属道家之流。若成此五千文，则当在孔子后，此决不会贬低道家之地位。如孔子之周问礼于老聃，或有其事。然有其思想则是，已有此五千文则非。况老聃之思想，早已闻风于黄帝，是之谓黄老道。唯识此言外之音，方可喻"上德不德是以有德"及"道可道非常道，名可名非常名"之旨。或即太史儋完成老聃之志，强为成此五千言，欲以干秦献公耳。至于《庄子》书中有关老聃之记载，属"寓言十九、重言十七"，其思想可取，其事迹可舍。唯汉后以"寓言"为真，为早期道教思想之主要来源。今已知庄子之思想不同于老聃，然其离太史儋之时间较近，且异中有同。故于认识老子，似当以庄子为最深刻，古之博大真人决非虚誉。

四、《韩非子》二十卷(见846—849册)

韩非子(前280？—前233)有《解老》《喻老》，为今存文献中最早应用老子学说者。于《解老》中首解"德"，后解"道"，虽全文次序略有颠乱，然先德后道，确然明白，可证马王堆本以德道为次，乃属古义。改订成道德为次，或在秦汉之际部分地区重视黄老道以后。韩非《解老》曰：

> 德者内也，得者外也。上德不德，言其神不淫于外也。神不
> 淫于外则身全，身全之谓得。德者，得身也。

又曰：

> 夫物之一存一亡，乍死乍生，初盛而后衰者，不可谓常。唯夫
> 与天地之剖判也俱生，至天地之消散也不死不衰者谓常。而常者
> 无攸易，无定理。无定理非在于常，是以不可道也。圣人观其玄
> 虚，用其周行，强字之曰"道"，然而可论，故曰"道可道，非常
> 道"也。

此解老子之德道，不可不谓之知音。若《喻老》之例，一如庄子之
"寓言"。故先秦主要之两家注释，庄子所以通神明之德，韩非子所以
类万物之情。合而观之，可见整体，此《易》老之所以相似。

汉

五、《道德真经指归》十三卷（见 375—377 册）

《隋志》："《老子指归》十一卷，严遵注。"今《道藏》本作十三卷，缺
一至六卷，题蜀郡严遵字君平撰，谷神子注。此书之真伪，《四库提要》
已详考，结论曰："以其言不悖于理，犹能文之士所赝记。"然其书唐杜
光庭（850—933）犹见之，于历代《道藏》中或能保存，故各种《老子》集
解每有引及。虽或有后人之言增入，未可谓全属后人赝记。且其言皆
有物尤为可贵，决非空言说理可比，实与《淮南子》之理可通。考君平

为扬雄之师,年九十余(约前85—10),善《易》老,正黄老学派之继承者。书中有言:

> 道德变化陶冶元首,禀授性命乎太虚之域,玄冥之中而万物混沌。始焉神明文、清浊分,太和行乎荡荡之野,纤妙之中而万物生焉。天圆地方,人纵兽横,草木种根,鱼沉鸟翔,物以族别,类以群分,尊卑定矣而吉凶生焉。由此观之,天地人物,皆同元始,共一宗祖,六合之内,宇宙之表,连属一体。气化分离,纵横上下,剖而为二,判而为五。或为白黑,或为水火,或为酸咸,或为徵羽,人物同类,同为牝牡。凡此数者,亲为兄弟,殊形别乡,利害相背,万物不同,不可胜道。合于喜怒,反于死生,情性同生,心意同理……人但知一身之相通,不知一国常同体;人知一国是同体,不知万物是一心;万物既是一心,一心之中何所有隔哉。故不出户而知天下也。

若此善观万物,正汉初继承黄老道之精义。儒家于宋起的理学思想,特别体味《中庸》之鸢飞鱼跃而归诸无声无臭。然据易理,于天地鸟兽地宜人物,莫不兼观。此注即于鱼沉鸟翔外,本诸天圆地方,人纵兽横,草木种根而物以族别,类以群分,最后归诸一心。所谓天圆地方者,即"蓍之德圆而神,卦之德方以知"。于生物界能明辨植物种根而向下,兽爬行而横,人始纵立而向上,实已备生物进化而形诸生态之理。人之直立,宜视作人为万物之灵的一大标帜,识此人与动植物之异同,方能得生物之共一宗祖,宇宙之连属一体,《易》老之整体思想,于焉可显。一心无隔而不毁万物,较《中庸》之理又进一层,故《指归》之思想,决不可忽视。凡真伪之辨,于征实文献外,必宜合诸时代思潮,西汉中期之蜀郡,恰可有此思想。君平盖上承司马相如而下启扬雄,相如曾有会见淮南王之史实,淮南王诛,于长江流域之思想凝结于

蜀,正君平归于《易》老之旨。至于取谷神子为号者甚多,此注严遵之《指归》者,当为唐人。(另文详考)

六、《道德真经注》四卷(见363册)

此为河上公章句。凡分八十一章,每章题名。全书之旨贵在反身。葛洪谓河上公在汉文时,未可信;或谓在王弼后,亦未是。自敦煌得《老子想尔注》残卷,题为张道陵著,其内容亦主反身,义与《太平经》及《河上公章句》皆可互证,成书年代约相近。杜光庭之书目,先《想尔注》后《河上公注》。然考其内容,《河上公章句》有其整体,《想尔注》乃兼取《河上公章句》与《太平经》等而成,《章句》可能在《想尔注》前。考张道陵为沛国丰人(今江苏丰县),顺帝(126—144年在位)时客居四川。宋贾善翔《犹龙传·度汉天师篇》记其卒于汉桓帝永寿三年(157),大体可信。约生于章帝(76—88年在位)时,当永平十四年(71),楚王英因信黄老浮屠而自杀,而其地(今徐州一带)之信黄老道,必已盛行。若有河上公注,或可与楚王英有关。张道陵迁蜀后得道而作《想尔注》,尚受君平结合《易》老之影响。至于《老子》原书,本有养生之理。后人发挥之,于非关养生之文,亦以养生明之,河上公注乃开其先河。

魏

七、《道德真经注》四卷(见373册)

山阳王弼(226—249)著。弼生之时,魏已受禅,则经学所宣传之尧舜禅让政治,已为曹操父子所玩弄,六经安得不废。熹平石经为黄巾起义者所击毁,正见民情之思变。弼处其时,乃仅注六经之原《易》,复取《老子》亦注之,是犹反乎董仲舒之独尊儒术,而复归

《易》老兼重之黄老道。然《易》老之书略同,而弼注之言大异。一言以蔽之,黄老道之解老崇实,王弼之注老尚虚,崇实者言皆有物,尚虚者思辨玄微。以《易》论,由汉易之尚象成王弼之扫象,或谓弼以《老子》之义注《易》,此实大误。《易》老本互通,王弼于二书乃同以崇虚之旨引发之,后人不察,遂生误解。因自庄子、韩非子注《老》起,莫不知其不毁万物,且德者内得于身而身全。故严遵能见万物一心,河上已睹口鼻当玄牝以全身。唯此万物一心之玄,养气全身之妙,道教由是而兴。若张鲁之治汉中,虽非张角之黄巾,仍属《太平经》之原则。此见自战国直至汉末之注《老子》者,早已形成道教,仍属有实。唯自钟会、王弼辈出,非但扫易象而易学虚,于老子之义,亦另辟空谈玄理之蹊径,魏晋玄学清谈之风由是而启。虽然,扫象得意之《易》,玄玄精思之门,未尝非《易》老之一大法门。此实应运而生,与佛教之源源流入,不无有思维之感应。或即以王弼所注之《易》老为《易》老原义,未免失战国以来直至汉末约六、七百年中学者对《易》老之理解。

八、《老子微旨例略》(见 998 册)

未题作者。《释文叙录》:"《老子指略》一卷,王弼撰。"唐、宋史志皆著录,宋后佚。实已收入历代《道藏》而未题王弼之名。初见于宋张君房之《云笈七签》。近人王维诚据之而复得,王弼之注《老》乃全。观王弼注《易》而有《周易略例》,注《老》亦当有《老子指略》,皆以论其要。如此书曰:"老子之书,其几乎可一言而蔽之。噫!崇本息末而已矣。"最后曰:"既知其子而必复守其母。寻斯理也,何往而不畅哉。"理亦未可谓非,与《周易略例》所谓"得象而忘言"、"得意而忘象"之旨全同。奈未知其子何以守母,贸然而忘言忘象,其何以以身、家、乡、国、天下以观身、家、乡、国、天下而知天下哉。

唐

九、《御注道德真经》四卷（见 255 册）

十、《御制道德真经疏》十卷（见 356—357 册）

十一、《御制道德真经疏外传》四卷（见 358 册）

以上三书，同为唐玄宗著。玄宗之好道，既承唐室以老子为始祖，亦有以发展道教以均衡武则天时佛教过分发展之势。且视道教可联系儒佛，故于开元十九年(731)，五岳各置老君庙。廿一年(733)制令士庶家藏《老子》一本，每年贡举人，量减《尚书》、《论语》两条策，加《老子》策。又于天宝七载(748)传写《三洞琼纲》，为第一部丛集道教文献之《道藏》。若自注《道德经》且自疏，亦确有心得。唯于《外传》已为后人所增补，如首载《道德经》之书目，有玄宗以后者，实即录自杜光庭之《广圣义》，然未可谓全书皆为后人所著。玄宗于《注》有自序，其言曰：

> 昔在元圣，强著玄言，权舆真宗，启迪来裔。遗文诚在，精义颇乖，撮其指归，虽蜀严而犹病；摘其章句，自河公而或略。其余浸微，固不足数。则我玄元妙旨，岂其将坠，朕诚寡薄，当感斯文。

于《疏》亦有释题，其言曰：

> 老子者，太上玄元皇帝之内号也。玄玄道宗，降生伊毫，肃肃皇祖，命氏我唐。垂裕之训，无疆之祉，长发远祥，系本瓜瓞。其出处之迹，方册备记，道家以为玉晨应号，马迁谓之隐君子。而仲尼师之，翻经中其大谩，问礼叹乎龙德，是孔丘无间然矣……其要在乎理身理国……

此能见及《道德经》为理身理国之书，实有以正魏晋以来之空谈玄理。故于先贤之注，仅数严君平、河上公两家而尚有所不满，此所以唐能继汉而犹有所发展。若玄宗之《注》《疏》，多取易理以明之，如曰：

> 无名天地之始，则《易》之"太极生两仪"也。
>
> 帝者，生物之主，《易》云"帝出乎震"。
>
> 三十辐共一毂，车中若不空无，则辕厢之类皆为弃物。故乾坤成列而易功著焉，万化流动而道用彰，是以借粗有之用无，明至无之利有尔。
>
> 观其复，《易》曰"雷在地中复"，复者反本之谓也。故静则归复，动则失本也。

此确可发展君平之仅借卜筮以明《易》。所谓汉易而为王弼所扫之象，玄宗盖能得之以注《老》。是时有蜀人李鼎祚正在辑《周易集解》，以保存并发展汉易，实有应于玄宗之象。至于分章之理，于《外传》曰：

> 开元十一年（723）躬为注解，开元二十一年（733）颁下。其所分别，上卷四九三十六章法春夏秋冬，下卷五九四十五章法金木水火土。则上卷从一至九章，以无形无名为宗明春道；从十至十八章，以无知恍惚为宗明夏道；从十九至二十七章，以有情有信为宗明秋道；从二十八至三十六章，以凝重清净为宗明冬道。其下卷自一尽九明仁德；次十尽十八明礼德；从十九尽二十七明义德；从二十八尽三十六明智德；从三十七尽四十五明信德也。

此或非原书之旨，然言外之象已成。唯准四时运行之道，五常周流之德，庶可入众妙之门以阅众甫。《外传》之内容，亦有至理。又论

夷、希、微三者及安久徐生之义,颇能总结唐代以前之道教情况,其言曰:

义曰:夷、希、微三者,假标以名道,亦皆无也。三者凝化为三境,次为三界,下为三才,明为三光,于身为三元,于内为三一,皆大道分精运化之所成也。三境者,三宝君之祖气,所凝之色青黄白,亦名玄元始,三气之作乃诸天之宗祖,万化之元本也。三界者,欲界六天以统九仙,色界十八天以统九真,无色界四天以统九圣也。三元者,人身之中脑为泥丸宫以主上元,心为绛宫以主中元,脐下为丹田以主下元。三一者,上元所主谓之元一,中元所主谓之真一,下元所主谓之正一。三一元神主混气,固精宝神,留形上清,有回风混合,修三一之道。

义曰:修炼门多,泛举大略,有吐纳元和,咽漱云液;茹松食柏,绝粒饵芝;或隐朝上清,密伺玄斗;或五金八石,或水玉流珠,阴鼎阳炉,五华九转;或素文丹篆,檄召鬼神,金钮青丝,质盟天地,则有正一、道德、升玄、洞神、灵宝,盟真、三清众法并革凡登道,证品升真。又有奔二景,朝五辰,据极攀魁,鹜网飞纪,吞日咽月,制魄拘魂;八道望云,九真受事,升玄卧斗,方诸洞房,左右灵飞,阴阳六甲;三部八景,二十四真,存服三元,注想三一,紫房黄阙,绛景朱婴;紫虚南岳之篇,青童东海之诀。内视五藏,下制六天,异引吞符,御风养气,腾举之道,溢于真经。

以上两节,是否玄宗之言,或可有疑,然必当为唐人之说。且以道教之法,皆合诸《道德经》之理,确为玄宗之旨。此于认识夷、希、微三者,又能深入一层。微观之景,古代未能见,不得不借宗教以明之。然知其为分精运化之所成,贵固精宝神以得之,实有其理,殊未可因其为宗教而忽之。又《外传》中,每以《春秋》事迹为喻,义通韩非子之《喻老》。况《道德经》之成文,实有深感于春秋战国之史事而抽象言之,宜其喻可合。

十二、《道德真经新注》四卷(375 册)

李约注,约为勉之子。李勉(717—788)历仕肃、代、德三宗,有政绩。约之成书,略当其父之卒年前后,则上距玄宗之书,已五十年左右。是时家藏《老子》书而读之,约自有其心得。自序曰:"道大、天大、地大、王亦大,是谓域中四大焉。盖王者法地、法天、法道之三自然,妙理而理天下也……故曰人法地地、法天天、法道道、法自然。"其义云:"法地地,如地之无私载;法天天,如天之无私覆;法道道,如道之无私生成而已矣。"此立本于三才之道以体自然,自然不在三才之道之外,可云有应乎老子。其结论曰:"源流既挠,支派遂昏。或宗之为神仙书,或语之以虚无学。论者非云:先黄老而后六经,乃浅俗之谈也。殊不知六经乃黄老之枝叶尔。余少得旨要,故辩而释之,盖清心养气、安家保国之术也。"此诚能善继玄宗之书。

十三、《道德经论兵要义述》四卷(见 417 册)

王真著。书成上于朝,时当元和四年(809)。考宪宗朝中央失制之衰象又甚于德宗,真上此书盖亦知微之士。表曰:

> 夫文者武之君也,武者文之备也。斯盖二柄兼行,两者同出,常居左右,孰可废坠。故曰:忘战则危,好战则亡。是知兵者可用也不可好也,可战也不可忘也。

或以为《道德经》为兵书者,此书盖已究其理。每章为论一篇,义皆平稳。末曰:"夫斗讼息于家,战阵息于国,征伐息于天下,此圣人之理也。故曰'圣人之道为而不争',其此之谓欤。"知兵而当论不争,其何可舍兵而论治国。惜中兴唐朝未得其主，此书徒留空言。而《道德经》实有论兵法处，决非真所附会。或必谓唯言兵法，则岂其然哉。若此书与李约之注，乃一文一武以究老子之旨，同属治国之要而无与于道教者。

十四、《道德真经传》四卷（见 368 册）

吴郡陆希声(827—897)著。其自序曰："盖仲尼之术兴于文，文以治情；老氏之术本于质，质以复性。性情之极，圣人所不能异；文质之变，万世不能一也。《易》曰'显诸仁'，以文为教之谓也。文之为教，其事彰，故坦然明白，坦然明白则雅言者详矣。《易》曰'藏诸用'，以质为教之谓也。质之为教，其理微，故深不可识，深不可识则妄作者众矣。"且以杨朱之贵身贱物，庄周之绝圣弃智，申、韩之苛缴刻急，王、何之虚无放诞，皆老氏之罪人也。因其时唐室将亡，一切文化，亟待更张。陆于黄巢起义前一年(874)，曾梦三古，盖有应于伏牺、文王、孔子三圣之易义，故其思想即以此为主，而于老氏书亦以此合之。其言曰：

> 昔伏牺画八卦，象万物，穷性命之理，顺道德之和；老氏亦先天地，本阴阳，推性命之极，原道德之奥；此与伏牺同其元也。文王观大易九六之动，贵刚尚变而要之以中；老氏亦察大易七八之正，至柔守静而统之以大；此与文王通其宗也。孔子祖述尧舜，宪章文武，导斯民以仁义之教；老氏亦拟议伏牺，弥纶黄帝，冒天下以道德之化，此与天子合其权也。此三君子者，圣人之极也。老氏皆变而通之，反而合之，研至变之机，探至精之赜，斯可谓至神者矣。

此更能深入以认识《易》老同源。若注释《老子》之每用《易》义，仍与玄宗书相似。如以"归根曰静，静曰复命"当《说卦》"穷理尽性以至于命"，以"得一"当《系辞下》"天下之动贞夫一"等，义皆精邃。故陆氏之思，对产生宋学有直接关系。

以上三家皆非羽士而受玄宗之影响，于老子之书各有所得。

十五、《道德真经注》四卷（见 430 册）

元天观道士任真子李荣注。书有文采，四卷后缺。杜光庭书目有著录，知其为唐人。其论混沌与希、微、夷有妙义：

> 希、微、夷三者也，俱非声色，并绝形名。有无不足诘，长短莫能议。混沌无分，寄名为一。一不自一，由三故一；三不自三，由一故三。由一故三，三是一三；由三故一，一是三一。一是三一，一不成一；三是一三，三不成三。三不成三则无三，一不成一则无一。无一无三，自叶忘言之理；执一执三，翻滞玄通之教也。

此合一三以破其分，殊有至理。若此三一之分合，正禅宗之绝妙机锋，可见参话头之渗入道教，唐代已有，而李荣之注，盖亦有所见，非徒恃其文采而已。

十六、《道德真经注疏》八卷（见 404—406 册）

此书题曰"吴郡征士顾欢述"，实未是，乃裒集前人之著作，内亦有顾欢之言。此外所引及者，有《节解》、"御曰"、张、罗、蔡、郭、松灵、吴、何晏等。亦有合数家之注，如"顾等曰"、"顾什等曰"，即其言已经集者综合。至于何代何人所集，据"御曰"为玄宗之书，且其所集者，皆在杜光庭书目中，故可肯定其为唐人。又唐有岷山道士张君相，曾作《集解》，阮元等即以此书为张所集。亦有属诸他人者，其详待考。而此书之价值能保存前人之注。下述二家以略见魏唐间注《老》之变化情况。

1. 《节解》。此书《隋志》已著录，未言作者。杜光庭书目曰尹喜，当然不可信。或认为葛玄,亦觉太早。今全书已佚,此《注疏》中尚保存一百一十一节。合而观之,能见其旨,盖承河上公之说而发展之。凡视老子之言,莫不合于身,全然不顾文辞之义,与罗什之注有相近处。所以产生此种思想,必有其历史背景。观杜光庭书目,著录有佛图澄(237?—348)、罗什(350—409)、僧肇(374—414)三家之注《老》。此三位名僧之思想,对东晋十六国实起大作用,此与是否曾注《老》无关。自罗什传入龙树般若之说,使王弼、郭象之《老》《庄》注,黯然失色,魏晋清谈已无立足地。僧肇本知老庄,要在能化入般若,其《肇论》可代表东晋末期之主要思潮。故晋宋之际,贵能以道教之理认识《老子》,不必为文辞所拘,此为产生《节解》之时代,所以完成宗教化之《道德经》。老子变成太上老君,可一切无碍。既已"化胡",何畏"龙树"。且三位名僧皆须注《老》,此皆羽士之所为。然杜光庭等确见其注,当属事实。至于反身养生之事,本属老子之旨,故此书亦未可贸然否定。

2.《老子义纲》一卷、《老子义疏》一卷。此二书《隋志》已著录为顾欢撰。若此《注疏》所引,仅曰"顾曰"而未详书名,不知取自何书,或已兼及二书。顾欢(422—435)字景怡,吴郡盐官人。好经书黄老阴阳数术,授徒于天台山,学者为之废蓼莪,其性可见。著《夷夏论》以通三教,又见其情。故欢之思想包括注《老》,乃理通佛教而行在儒道。《南史》载欢讲《老子》可捉狐以治病,儒经亦有此作用,其言曰:"善禳恶,正胜邪,此病者所以差也。"此已入宗教范畴,较《节解》作者之认识老子,宗教化程度又深入一层。

其他诸家,莫不可考核而见其迹,此不及详。

十七、《道德真经广圣义》五十卷(见 440—448 册)

广成先生杜光庭著。自序于天复元年(901),是时唐将亡,然道教之理,未必随唐而亡。且玄宗提倡道教,因安史之乱而至蜀。僖宗承之,又因黄巢起义而至蜀。蜀地之重道可喻。所存之《老子》注亦独

多,故广成能聚六十余家之说,以广玄宗注疏之义。所集诸家之书名或人名,简录于下:

《节解》《内解》《想尔》 河上公 严君平 王弼 何晏 郭象 钟会 孙登 羊祜 罗什 佛图澄 僧肇 陶弘景 卢裕 刘仁会 顾欢 松灵仙人 裴楚恩 杜弼 张凭 梁武帝 梁简文帝 张嗣 臧玄静 孟安排 孟智周 窦略 刘进喜 诸糅 李播 傅奕 魏徵 宋文明 胡超 安丘 尹文操 韦节 王玄辩 尹愔 徐邈 何思远 薛季昌 王鞮 赵坚 杨上善 贾至 车弼 李荣 黎元兴 王光庭 张惠超 龚法师 任太玄 申甫 张君相 成玄英 王真 符少明

全书体例皆分注、疏、义三节。末章曰:"夫上下二经论道叙德。首明可道常道为设教之宗源,次标有德无德述因时之浇朴。此陈愈多愈有,表圣泽之无穷。信可以垂表万天,程式千古。革漓败而复朴,涤邪弊而归真。贯天地而烛幽明,斯二经之大旨也。"则直入老子之旨,虽遵玄宗之注疏,已可免随唐室而同亡。若杜光庭之一生,能总结唐以前之道教,非徒总结《老子》而已。

十八、《道德真经玄德纂疏》二十卷(见 407—413 册)

濛阳强思齐著。杜光庭于乾德二年(920)为之序。谓强幼年入道,倬有声称,僖宗曾赐紫衣,后蜀高宗亦赐号玄德大师。以时核之,年纪与杜相近。此书亦本玄宗之注疏而益以河上公、严君平、李荣之注及西华法师成玄英之疏。与《广圣义》相比,犹由博反约。然于每章前,各加如佛教之科判,分析殊详。首曰:

此经是三教之冠冕,众经之领袖。大无不包,细无不入,穷理尽性,不可思议,所以题称道德。道是虚通之理境,德是志忘之妙智。境能发智,智能克境。境智相会故称道德,其委曲玄旨具在开题义中。

此以道德合诸理境妙智,已有得于《华严》之理。故杜仅总结道教,强有扩及三教之思。然书中无开题,乃遍观《道藏》中之注《老》,见陈景元《藏室纂征篇》之前有开题,而陈之书中未言有开题。详加考核,始知其即为强之开题,其义多可取,薛致玄已为之疏,然误强为陈,今宜正之。又强论"得一"及自述其志二节,宜录存之:

夫一炁初分,天地标二仪之大;三才肇位,王侯称万国之尊。既流清浊之源,又执陶钧之柄。迎不见首,汉文帝于是迷方;随不见终,河上公于焉发覆。冥窴善贷,具物咸资。谷得以盈,王得以贵。故知冲融妙本,混三界而难思,冥然真宗,贯九重而莫测。生妙之理,其在兹乎。

所愧黄卷学浅,溪清道贫。夙夜兢惶,无舍寐瘤,恨不得想像圣影,物色函关。疲骨残魂,劳叹何极。同志之者,无忘此心也。

此耿耿之心,虽似宗教之虔诚,实有以求微观世界之象,开题中有其义。此求生妙之理,固为道教之可贵处,亦确为老子《道德经》中早已提出之课题。二三千年以来,以生物进化论观之,其时间犹刹那,因相应于不同数量级之时间,此不可不知。

以上四象,为羽士而受玄宗之影响,既能保存古代文献,亦能承前以启后。尤要者,三教合一之理见于强思齐之书,此直接与宋学有关,非徒注《老子》而已。

北　宋

十九、《云笈七签》一百二十二卷(见 677—702 册)

宋张君房成于天禧三年(1019)。此书为《大宋天宫宝藏》之总纲。《藏》已佚,幸存此书,犹可考见宋初之道教,亦可见宋初对《老子》之认识。更明确而言,即张君房所认识之《老子》。

凡全《藏》依三洞四辅为次,然此书首起道德部,其重视《老子》可喻。总叙道德之引文,其次为《老君指归》、《老君指归略例》、《韩非子》、《淮南鸿烈》、《葛仙公五千文经序》、《混元皇帝圣记序》、《唐开元皇帝道德经序》、《唐吴筠玄纲论》、《唐陆希声道德经传序》。

以上诸文不可谓不重要,然其次大误。若《老君指归略例》即本王弼之言,可证张君房对《老子》之认识,仅止于魏而已不知有秦汉之黄老道。事实上经唐末五代之乱,对《老子》之认识又有发展,若张君房之拘见,殊难代表宋初之时代思潮。

二十、《道德真经论》四卷(见 373 册)

宋司马光(1019—1086)著。光于文化之贡献,在成巨著《资治通鉴》。唯其取编年体,故于时间有深入之认识,此所以上应扬雄之《太玄经》。且其哲理之著作,要在未完成之《潜虚》,能发挥《太玄》而立其体。唯其已有思想结构,且与邵雍之《皇极经世》相应,故对《易》老文辞之认识并不需要深入体味,然反能散及一切,以得其平稳正大之旨。以此书论,亦简而有味。如注"知者不博"为"一以贯之","博者不知"为"多岐亡羊",注"信言不美"为"质直","美言不信"为"华巧"等等皆是。若注"食母"为"受乳哺于元和",尤得其正,老子之独异于人,所以得元和之胎息云。

二十一、《道德真经藏室纂微篇》十卷（见 418—420 册）

宋碧虚子陈景元(1025—1094)著。陈为张无梦弟子,而张为陈抟弟子。考陈抟卒后三十六年而景元生,幼从张无梦学。据元刘惟永记载,乙未(1055)造解,则年仅三十岁。后于熙宁(1068—1073)中召见而进呈此书,殊可见唐宋继承之迹。陈于书末总结曰:

> 右老氏经二篇,统论空洞虚无、自然道德、神明太和、天地阴阳、圣人侯王、士庶动植之类,所谓广大而无不蕴、细微而无不袭也。约而语之,上之首章明可道常道为教之宗,叙体而合乎妙。上之末以无为不为陈教之旨,叙用而适乎道。故体用兼忘始末相贯也。下之首章明有德无德为教之应,因时之浇淳而次乎妙也。下之末章以信言不信言为教之用,任物之华实而施乎道也。是以因时任物而不逆不争。是有其无德而大顺于造化,复其常道而入于妙门者矣。

此论广大细微皆有其实,道德常变亦有所指,此所以贵于知一而不知二之陋见。然陈景元未言有"开题",南宋宝祐戊午(1258)瞻山灵应观杨仲庚为之刻于蜀,首增"开题"及文康公葛郯次仲之《老子论》,而"开题"实为强思齐所作。《老子论》之大义,所以同孔、老。其言曰:"盖孔子立道之常以经世变,老子明道之本以救时弊,其势不得不然也……苟通其道而不窒以时,会其心而不拘以迹,得其意而不泥以言,则诸圣之书相为终始,固未尝少戾也。"且不以司马迁、扬雄、韩愈之言为是,亦足成一家之言。作此论之时,约当唐宋之际欤。

二十二、《道德真经集注》十卷（见 395—398 册）

此书为玄宗、河上公、王弼、王雱四家之集注,集者太守张公深,刊行于元符元年(1098)。今前三家各有单行本,王雱注幸有此书而存。雱(1044—1076)为安石子。此书成于熙宁三年(1070),义多可取,足以见宋人对时间之思维较《肇论》又进一层。下录其原文:

> 窃尝论曰:圣人虽多,其道一也。生之相反,越宇宙而同时;居之相去,异天壤而共处。故其有言如首之有尾,外此道者皆邪说也。然而道一者言固不同,言同者道固不一。而世儒徒识其言,故以言同者为是,不知其道,故(固)以道一者为非……学道而不期于死之说,则亦何以学为哉。朝闻道,夕死可矣,则所谓道者,贵乎可以生死也。诚知道德之诚而溯其所归,则死生之说尽矣,故余尽心焉。

> 古之道谓古今常一之道,唯其古今常一,故可御世故之万变。推而上之至于无初之初,乃知物无所从来,则道之情得矣。道之纪要古今不变者,是则庄子所谓无端之纪也。

雱能尽心于死生之说,以得古今常一之道,殊可概观宋学所兴起的三教合一之理。此理久为程朱学派所抑,今宜为阐明之。

二十三、《道德真经传》四卷(见 369 册)

资政殿学士吕惠卿著,上奏于元丰元年(1078)。此书之义与王雱注略近,如曰"生者死之徒、死者生之始,则生死相为出入而已矣"是其义。取《庄子》南伯子綦以当"病病"尤妙,其言曰:

> 道之为体不知能知者也。知其不知而以不知知之,知之至者也,故曰"知不知上"。虽知其不知而以知知之,则其心庸讵而宁乎,故曰"不知知病"。夫唯知知之为病而病之,则反乎无知而知不足以病之矣,故曰"夫唯病病,是以不病"。圣人不病以此而已,

故曰"以其病病,是以不病"。南伯子綦曰:"我悲人之自丧者,吾又悲夫悲人者,吾又悲乎悲人之悲者,其后而日远矣。"若子綦者,可谓"病病"者乎。

当时禅宗之几,已遍及学术界。三教结合,于佛教实取其禅,而于道即此老庄之几。然不可不知与魏晋之老庄有不同之内容,因彼时尚未知佛学之究竟。宋代之学者对佛学已能知其旨,故如王雱、吕惠卿之注《老》,早已融合佛理,其后苏辙注始完成老子之三教合一。

二十四、《道德真经解》二卷(见 364 册)

承议郎陈象古解。自序于建中靖国元年(1101)。全书之旨在否定分章设名,以见其整体。其言曰:"今以太上老君五千言为标题,庶几完其旨意。理深义奥,要在发明。"可喻唐、宋学风之异。

二十五、《道德真经注》四卷(见 374 册)

眉山苏辙注。辙于大观二年(1108),自记著书时之情况曰:

予年四十有二(1080),谪居筠州。筠虽小州而多古禅刹,四方游僧聚焉。有道全者往黄檗山,南公之孙也。行高而心通,喜从予游……予曰六祖有言,不思善,不思恶,方是时也,孰是汝本来面目。自六祖以来,人以此言悟入者太半矣。所谓不思善,不思恶,则喜怒哀乐之未发也。盖中者佛性之异名,而和者六度万行之总目也。致中极和而天地万物生于其间,此非佛法何以当之……古之圣人中心行道而不毁世法,然后可耳。是时予方解《老子》,每出一章辄以示全,全辄叹曰皆佛说也。予居筠五年而北归,全不久亦化去,逮今二十余年矣。凡《老子解》亦时有所刊定,未有不与佛法合者,时人无可与语,思复见全而示之。

更录一段注,乃可喻全书合佛学之旨:

> 视之而见者色也,所以见色者不可见也;听之而闻者声也,所以闻声者不可闻也;抟之而得者触也,所以得触者不可得也。此三者虽有智者莫能诘也,要必混而归于一而后可尔。所谓一者性也,三者性之用也。人始有性而已,及其与物构,然后分裂四出,为视、为听、为触。日用而不知反其本,非复混而为一,则日远矣。若推而广之,则佛氏所谓六入皆然矣。《首楞严》有云:"反流全一,六用不行。"此之谓也。

凡一学说初创之时,必不能得众人之信。如三教合一之理反复酝酿,由来已久。若辙之书实得其蕴,惜时人无可与语,然尚能得其兄轼之赞叹。轼曰:"昨日子由寄《老子新解》,读之不尽卷,废卷而叹。使战国有此书,则无商鞅韩非;使汉初有此书,则孔老为一;使晋宋间有此书,则佛老不为二。不意老年见此奇特。"此诚知时之言。三教合一之理,实以蜀学为主。此书决难出于战国与晋宋,因唯有分庶有合。虽然奇特已见,仍不能为正统之理学所许可,歧视荆公新学与苏氏蜀学,犹承汉董氏之志。若王雱、吕惠卿、苏辙之注《老》,犹宋代之黄老道云。

二十六、《御解道德真经》四卷(见 359 册)

宋徽宗(1082—1135)著,以政和(1111—1118)称之,盖成书之时。书无序跋,未详其旨。然合玄宗注观之,有虚实之分。玄宗有理身理国之实,徽宗具玄思几微之虚,此与张君房所代表之宋代道教思想有关。以史事论,玄宗致安史之乱,徽宗致北宋之亡,然原因多端,未可徒责其信道。此仅以注《老》论,玄宗能发挥《老子》之旨,徽宗仅成一家之言。注内屡引易义,然无创见。故徽宗对道教有得,并不在注《老》。况所得之道教,尚未能合乎民间早已兴起本三教合一思想为主之道教思想,宜其注《老》未有新见。

二十七、《宋徽宗道德真经解义》十卷(见 360—362 册)

宋登仕郎章安撰义。此为徽宗注作解义,略为申述原义,殊未足观。

二十八、《道德真经疏义》十四卷(见 378—383 册)

太学生江澂疏。自序谓愿学杜光庭之《广圣义》,奈注既失实,疏何足观。况杜能博采众义,江未尝参考五代及当代之注《老》,以致注疏皆属空说义理之文。如言"孔子之作《易》,至《说卦》然后言妙,而老氏以此首篇,圣人之言相为终始"等等皆是。因相为终始之理显于"妙"字,有其所见;或不论孔老终始之理,"妙"即著空而决非孔、老之旨。故此书与章书相似,同为不足观,离徽宗之时或未远。若可与《广圣义》相比者,必隔若干年后,如李霖、赵秉文之《集注》,略见端倪。惟彭耜之书,庶可当之。

南宋、金、蒙古

二十九、《道德真经全解》二卷(385 册)

亳社时雍逍遥著。实则此《全解》未知作者,有故人却去华示于雍而雍为之序,时当正隆四年(1159)。或以为雍著者,雍能知其道,却去华之事寓言而已。此书盖明《道德》合诸《黄庭》之理。其言曰:

> 玄之又玄者,是谓大梵天中之天,下镇人身泥丸绛宫,中理五气,混合百神,众妙由之以出入,故曰众妙之门。若能清静抱一存

守玄都,则造乎常道矣。

《德经》首章故去彼人道之华,而取此仙道之实矣。

读此可见却去华确属寓言。以时核之,此年王重阳仅四十八岁,尚未入活死人墓而犹未悟道,而时雍之言亦属悟道者之言。金朝对老子之认识,内外丹已合一,此书可作为重要例证,实为创立全真教理论之基础。

三十、《道德真经直解》四卷(见372册)

本来子邵若愚解,清河居士张志新校。自述全书之大义:"今所为注,凡言德者,事涉孔氏之门,言其大道虚寂,理准佛乘之旨。以儒释二教为证,撮道德合为一家。"此实能发展苏辙之说,于老子道德之理,又能自成结构。其言曰:

> 道有二道,德有三德。一者虚无无为之道,二者一气有为之道。故道有二道而分浅深,一气之道又谓之至德。自至德已下皆属有为,故为三德以分内外,此皆正道法门。夫道德阴阳人事四者,融通合为一家,若不能和会,则触途成滞,学者宜审详之。

读其言而观其"道德阶梯图",三教合一之理,华严无碍之象,皆可纳入其中。凡零与一为道二,一二三为德三。由外德下德而内德上德,庶得至德之道。又有有为而无为,玄之而又玄,则即虚无之太易。所贵者不废道德阴阳人事四者,庶成整体之道,老子之理岂非又上一层。本来子成于绍兴己卯(1159),恰与时雍同时。一南一北,或以哲理,或以宗教,然以生灭心求常道之志,亦未尝不可同。故自宋兴三教合一之理论后,对《老子》之理解,尤见其不同。当绍兴庚辰(1160),有访本来子请镂板此书,而邵曰:"今贫居陋巷,发鬓苍白,货药于市,畜妻养子,与俗皆同,若以书示人,必招言谤。"观此如见其人,唯其不废人事,整体乃成,方足以语道德云。

三十一、《道德真经取善集》十二卷(见 424—427 册)

金饶阳居士李霖集,刘允升于大定壬辰(1172)为之序。此用大定年号,可知居于北方。而霖取善各家之注,颇取徽宗御注,其情可喻。此书兼及四十家左右,杜光庭引及者,与其后之注约各半,亦多仅存之资料。若此书之旨,仍取三教合一。序中有言:"通性者造全神之妙道,于命或有未至;达命者得养生之要诀,于性或有未尽。殊不知性命兼全道德一致尔。"最后有《道德一合论》,其文曰:"……夫道非德无以显,德非道无以明。道无为无形故居化物之先,德有用有为故在生化之后;道居先故处于上,德居后故处于下。道德合而为一,不可分而为二也。"此以道居上当性宫,德居下当命宫,道德性命合一而不可分二,斯有得于三教合一之理。外以言时,难免有憾于为金邦所统治而南北未能统一。以养生言,限于命宫而性命未能兼全,长生何所用。可知道德合一之理,亦所以扩充养生之范畴,此三教合一后之进步,宜全真之旨并不以白日飞升为贵。以霖之言言之,全真已得性命道德合一之象。考大定壬辰,王重阳已死二年,七真正分头修性。当时未必知有此书,以今观之,其旨略同。此或即南宋时处于北方金族统治下之基本思想。

三十二、《道德真经四子古道集解》十卷(见 365—367 册)

古襄寇才质集,自序于大定十九年(1179)。谓见诸家之注皆失其古道本真,故仅取文子《通玄经》、庚桑子《洞灵经》、列子《冲虚经》、庄子《南华经》之言以注之。然四子书如确属当时之书,则由之可证得老子本义。奈庄子已不纯,其他三子全属后人所纂,则寇书之价值不大。唯可反证集成此四子书者,确曾参考老子,宜其理可通。

三十三、《道德真经集解》四卷（见 384 册）

大学士赵秉文(1159—1232)著。秉文字周臣,号闲闲老人,滏阳人(河北磁县)。仕金五朝,官六卿,勖君以道,自奉如贫士,一生未尝废书。此书取徽宗注而兼及王雱、吕惠卿等,亦尊三教合一之理,乃能发展政和之义。有曰:

> 肇云:大患莫若于有身,故灭身以归无,此则二乘境界。谈道者以不惊宠辱,遗身灭智为极则,岂知圣人之旨哉。
>
> 此章谈归根复命以虚静为本,老氏所谓命佛氏所谓性也。唯性无死生为常,知性则容且公矣。流俗以益生为命,此庄子所谓心死奚益,妄作者也。

以上二节有极深之认识过程。越二乘而以不惊宠辱入大乘,思想有极可贵之体验,非贸然之言。命与性之辩,尤得"名可名非常名"之旨。

三十四、《道德真经集注》十八卷（见 398—402 册）
三十五、《道德真经集注释文一卷》（见 403 册）
三十六、《道德真经集注杂说二卷》（见 403 册）

以上三书同为鹤林真逸彭耜著。彭耜为白玉蟾之弟子,自序于绍定己丑(1229)。其言曰:

> 此经以自然为体无为为用,治世出世之法皆在焉。如"我无为而民自化,我无欲而民自朴",此治世之法也。如"生之徒十有三","死而不亡者寿",此出世之法也。若夫秦汉方术之士,所得丹灶奇技符箓小数,尽举而归之道家,此道之绪余土苴者耳。学

者当于此而有悟焉,则凿开混沌剖破藩篱,以之治世则反朴而还淳,以之出世则超凡而入圣。然后知孔老无异法,天生二圣人迭为宾主以道诏天下后世,其功至不浅也。唯我同志相与勉之。

此见南宗之旨,彭较其师尤平稳。此书凡集宋人注二十家,录其人名如下:

政和　陈景元　司马光　苏辙　王安石　王雱　陆佃

刘概　刘泾　曹道冲　达真子　李文㤙　陈象古　叶梦得

刘骥　朱熹　黄茂材　程大昌　林东　邵若愚等

故此书犹继杜光庭之《广圣义》,亦能保存不少文献。于《释文》可见老子文字之变化,犹继陆德明之《老子释文》。于《杂说》采录宋人对老子之见解及佚事,殊可参考。

三十七、《道德真经集解四卷》(见 393—394 册)

宋董思靖著,自序于淳祐丙午(1246)。此书之可贵处,能明辨《老子》与道术之关系。取《混元实录》之言:"老君先授尹真内外二丹之术,然后告以道德之旨。"此书未详所出,且授尹真以道德尚在有无之间,况授内外二丹之术。然有一史实必须深信,即内外二丹之术,实在有此五千文之先。凡外丹可以冶金术为例,内丹可以"上医医未病"之法为例。识此先后之次,庶可理解老子于内外丹未尝不知,然当时尚无内外丹之名。董又曰:"神农古文《龙虎上经》三十六字,西汉淮王演《金碧要旨经》,东汉魏伯阳《参同契》,唐元阳子《金碧潜通诀》等,是其法也。"由是凡言内外丹者,解老子时皆略之。其言曰:

有无为在二丹则神气水火也,虚心实腹则炼铅之旨;用兵善战则采铅之方；冲字从水从中，乃喻气中真一之水；三十辐共一毂，为取五脏各有六气之象，及准一月火符之数。如斯等义，今皆略之。

唯其知而不言，非不知而必以为附会而不言，此不可不辩。又解"不如守中"曰：

> 中者中宫，黄庭北极太渊也；谓存神中宫，所以养胎元袭气母之要也。此又就形器而言中，亦犹北极在天之中，居其所而为玄浑之枢纽。则所谓中者，于是乎有以寓而可见矣。然枢纽之所以处，而元化之所以不息者，又实赖乎中而后能也。若见得彻，则横说竖说皆在其中矣。

即此以联系老子与内外丹，可云见得其机，是否需要以辨道家与道教者，犹横说竖说而已。

三十八、《道德真经藏室纂微开题科文疏》五卷（见 420—421 册）

三十九、《道德真经藏室纂微手钞》二卷（见 421 册）

以上二书同为太霞老人薛致玄著。是时金已为蒙古所灭，有平凉元帅于丁未(1247)冬延薛至陕西讲《老子》，此书犹讲稿，有郭时中序于大蒙古国岁己酉(1249)秋。"开题"以二十门详释，颇有所见。然误认"开题"为陈景元作，而未知实为强思齐作。若分析各家注《老子》之同异，颇可参考，其疏有曰：

> 河上公、严君平等，皆明治国之道；松灵仙人、魏代孙登、梁朝陶隐居、南齐顾欢等，皆明治身之道；符坚时僧罗什、后赵时僧佛国澄、梁武帝时道士窦略等，皆明事理因果之道；梁朝道士孟智

周、臧玄静、陈朝道士朱糅、隋朝道士刘进喜，唐朝道士成玄英、蔡
子晃、黄玄颐、李荣、车玄弻、张慧超、黎元兴等，皆明重玄之道；何
晏、钟会、杜元凯、王辅嗣、羊祜、卢氏、刘仁会等，皆明虚极无为治
家治国之道。此明注解之人，意趣俱各不同。又诸家禀学立宗亦
各不同：严君平以玄虚为宗，顾欢以无为为宗，孟智周、臧玄静以
道德为宗，梁武帝以非有非无为宗，孙登以重玄为宗。

此以我相、法相两方面分析注《老子》之观点，分析或有未确，然方
法可取。由此以观《老子》之旨，虽历代有纵横交错之流，能逆流而上
犹可考见其源。源远流长，不愧为古之博大真人。

再者薛于陈景元极钦佩，于《纂微》全书皆为注疏。惜上卷已缺，
然大旨犹见，薛诚陈之功臣。以时间观之，相距已二百年，仍能归陕西
以发扬陈抟、张无梦、陈景元之老子微旨，可见彼处有信道之根源。自
全真教大兴后，其他道教常被忽视。若薛之弘扬《老子》，实为道教之
本，未可与全真并论。与大道教、太一教亦未必同。

四十、《老子大传、大道正统》一卷（见 370 册）

此卷收入《道德真经三解》中作为卷首，实自为一书，宋萧廷芝著，
自序于庚申(1260)。萧为彭耜之弟子，此书犹足成彭之《集注》。彭之
书全准老子之理论，然老子之理论早已为道教所利用，故此书乃述道
教中的老子形象。此一形象为历代道教徒增饰而成，故其现象殊不足
信，而其实质为全面研究老子者所未可忽视。归诸《大道正统》所以完
成老子在道教信仰中之地位，太上道德以当三清之一。"正统"流传之
可注意者，即由海蟾刘玄英分成南北宗，以注《老子》论当南宋时，自然
有南方与北方之不同。此"正统表"以南宗及玉蟾之弟子彭耜为六祖，
实则萧廷芝即彭耜之弟子，有自承七祖之意。自序于庚申，宋尚未亡，
然恰当忽必烈即位。十年后元统一，南宗即属北宗。而萧此书由其弟

子邓锜传之而置于《道德真经三解》之首,可见邓有自承八祖之意,则南宗于元仍有存在。以易道内丹讲老子,确亦继承张紫阳《悟真篇》之理,必分道家与道教为二,即彭耜与萧廷芝,亦即邓锜之解经与解道德。今先述萧书于此,以见南宗流传之迹。

四十一、《道德真经口义》四卷(见 389 册)

宋鬳斋林希逸著。希逸字肃翁,号竹溪,福清人,端平(1234—1236)进士。此书作于景定辛酉(1261)。序谓各种分章及分上下篇皆不取,而曰:"独颍滨起而明之,可谓得其近似,而文义语脉未能尽通,其间窒碍亦不少……故其自序以生与死为主,具见《天下篇》,所以多合于佛书,老子所谓无为而自化,不争而善胜,皆不畔于吾书,其所异者,特矫世愤俗之辞,时有太过耳。"则又欲合诸儒。于第一章曰:"众妙即《易》所谓妙万物者也,门言其所自出也。此章人多只就天地上说,不知老子之意,正要就心上理会,如此兼看,方得此书之全意。"此义政和注与江澂疏早已言及,贵能得其实。参人于天地,本属《易》老之整体理论,故此书之旨未可谓非,乃成回流之象,殊乏新见。

四十二、《道德篇章玄颂》(见 614—615 册)

宋御史宋鸾作。自序曰:"强味道经,辄编巴唱,随其篇目,咏其指归。或一句以分吟,或全章而纪事,虽非骚雅,但慕玄虚。唯剖丹心,上尘洞鉴。"下录两首以见一斑:

> 上善无如水性柔,难将夷崄碍清流。
> 偶穿积霭离幽壑,岂为垂杨向御沟。
> 利济既能均万物,环回终不滞孤舟。
> 方圆用智修行处,全胜秦皇驾海求。

了悟玄机不下堂,须知心是白云乡。

烧金炼药世皆惑,涉水登山人自忙。

五善若能韬密用,三天必得见虚皇。

枉教汉武劳宸辰,风入茂陵摇夕阳。

以上两首一吟上善若水,一吟善行辙迹,殊有南宗之气象。

四十三、《道德真经颂》(见 615 册)

茅山蒋融庵作。事无独有偶,既有宋鸾之吟,又有融庵之作。亦录三首以见其旨:

经总序颂　紫雾光中信息通,聊将黄叶玩儿童。

若拘语句明宗旨,辜负当年白发翁。

第　一　章　绵绵密密绝胚胎,动着尘埃拨不开。

今日为君通一线,一齐欠向此门来。

第二十章　大圆镜里无差别,百尺竿头要转身。

消息断时方活路,依前不离本来人。

此见宋代之茅山道,亦为禅宗所化,然孜孜于老子之象,固亦未必全同于佛教。

四十四、《道德真经疏义》六卷(见 428 册)

宋赵志坚著。赵氏始末待考,彭耜书中亦未引及。书已佚前三卷,后三卷中亦有缺章。于下经第一章曰:"道是微妙之本,本尊故称上;德是慈济之迹,迹卑故言下。今此卷中合有四十四章,大分三别:

初一章立宗;次四十二章广谈义理;后一章结会归宗。"于末章曰:"四科结释:初结一切言教简别真伪;次结诸学人甄明得失;三结上德圣人财法无积;四结天圣二道通明人法诸义。"故知赵氏此书亦法佛教之科判法,又对历代注《老》者,亦能加以明辨而知其旨,故可与薛致玄之书并观,皆属信道者之言。

四十五、《道德真经义解》四卷(见 429—430 册)

宋李嘉谋号息斋道人著。无序跋,未知其原委,颇取儒者言,依文解释,平稳而乏心得。

元

四十六、《道德会元》二卷(见 387 册)

元都梁清庵莹蟾子李道纯元素著。李著述甚多,此书自序于至元庚寅(1290)。谓已先成《三天易髓》,所以通三教,其言曰:"儒曰太极,道曰金丹,释曰圆觉,引儒释之理证道,使学者知三教本一,不生二见。"此于《老子》取河上公《紫清道德宝章》。又曰:"窃谓伏牺画《易》剖露先天,老子著书全彰道德,此二者其诸经之祖乎……立极于天地之先,运化于阴阳之表,至于覆载之间,一事一理无有不备,安可执一端而言之哉。"此又密合《易》老。于解《老子》每章首各有偈言,与禅宗同旨。如曰:

> 昆仑山顶上,元始黍珠中。父母所生口,终不为君通。
>
> 不识谁之子,焉知象帝先。为君明说破,太极未分前。
>
> 这个话靶,难摸难画,八面玲珑,全无缝罅。恍惚窈冥中有象,这些消息共谁论。

此可喻李道纯于易老实有所得,其象易老作者早已了然于心,奈不易喻于人,故必本象数。东晋葛巢甫(葛洪之从孙)创黍珠,其象已明确。李又深入言之,此八面玲珑全无缝罅之象,既难摸又难画,今可说破,其实就是时间,就是多维空间之形象。这些消息共谁论,今尚有神秘感,则已属酒不醉人人自醉,殊不必自为束缚,何可再不了解七百年前的思想。

四十七、《道德真经三解》四卷(见 370—371 册)

元王宾子邓锜著,自序于大德二年戊戌(1298)。"三解"者,"一解经曰,惟以正经句读增损一二虚字,使人先见一章正义,混然天成,无有瑕谪。二解道曰,直述天地大道,终始原反,其数与理,若合符节。三解德曰,交索乾坤,颠倒水火,东金西木,结汞凝铅,一动一静,俱合大道……其经与大《易》准,中间有不得容心者矣。"此分道、德、经为三,其理可取。于经曰极简,于道曰合诸易理,于德曰合诸内丹。颇用《悟真篇》,以时间核之,可证其为萧廷芝之弟子,由是而言邓为南宗八祖。因元已统一,如李道纯已不分南北宗,而邓为南宗。重性重命,于德有辨,于道实通。

四十八、《道德真经集义》十七卷(见 432—439 册)
四十九、《道德真经集义大旨》三卷(见 431 册)

以上二书刘惟永编集,石潭丁易东校正。刘跋曰:"今得石潭丁编修以其家藏名贤之注与惟永所藏之书合而为一……经一十余年……今已告成……大德三年(1299)。"凡集有七十八家之说,"大旨"中又采十六图,基本属内丹之象数。于义理之可贵者,仅有邵若愚之《道德阶梯图》。又录各家之序跋等,亦能保存大量资料,于究《老子》者有参考价值。刘为常德路玄妙观提点,当至元壬午(1282)大量道经被焚,唯《道德经》独存,故成此《集义》,犹使之保存道教。石潭丁编修易东,善易老,入元不仕,宜能与羽士合作,今尚存《周易象数》、《大衍索隐》二书,重象数。然于老子仅重辞义,不以玉蟾辈好高而辞意不明为是,则仍属儒生本色。

五十、《道德玄经原旨》四卷(见 390 册)
五十一、《玄经原旨发挥》二卷(见 391 册)

以上二书同为当涂杜道坚(1237—1318)著。杜为武康计筹山升元观道士。《原旨》有天师张与材为之序于大德乙巳(1305)。为之序者尚有黎立武、牟巘等。杜书亦取三教合一,其言曰:

> 老圣作玄经,所以明皇道帝德也……谷神太极也,太极中虚,谷神在焉……《易》无而极有,知《易》无而极有,则知《易》无极也。《易》有太极,得不谓无极而太极乎。太极乃物初混沦之一气,无极即太极未形之太虚。释氏有谓万法归一,一归何处,亦即有生于无而复归于无也。唯刚柔相济而成既未之功,则长生久视之道在,故养生家专取法焉。

此论三教合一之理,乃进一步圆通,且由是而作《发挥》,更有心得。自序于大德十年(1306),亦有庐山道士黄石翁等为之序。可见当时曾公于世,而世人未必能识其旨。"发挥"者,盖以老子之理,合诸邵雍之《皇极经世》。其言曰:

> 尝观康节以《老子》阐《皇极》,故愚以《皇极》疏《老子》,同一道也……《皇极经世》所以系皇帝王伯道德功力亦不出理气象数之四端。《老子》曰域中有四大,道大天大地大王亦大。愚著《原旨发挥》十有二章,前六章述皇帝王伯道德功力之叙,后六章述老子降生授经西游之略,又岂能外理气象数而有言耶。皆所以明大

道也,言先天理也,言无始气也。开物非象乎,数其在矣,象数具而人道兴焉。其始太上,其次三皇,其次王伯。喻以岁则太上春也,三皇夏也,王伯秋也,冬则闭物之后开物之前乎。喻以日,则旦而昼,昼而暮;喻以身,则幼而壮,壮而老也。惟其会运有不同,故其世代有修短,观者当自考之。

《发挥》之作,通贯孔老于《皇极经世》,且深知世代修短之理,又以人身合之,即自然界之时间合诸人之生物钟,其见实合乎自然科学之理。惜此书迄今近七百年,尚未引起学者注意,殊觉可惜。世传《皇极经世》,尚多忽其主旨,况此书其实已深识时间数量级之不同。其何可对孔老妄加是非而不以时间同之乎。

五十二、《道德真经注》四卷(见 392—393 册)

临川吴澄(1249—1333)著。澄一生好学,有自任总结宋代理学之志,然于老子亦重之,此与程朱理学不同。注第一章分辨"道德"曰:"其妙之妙,道也,众妙之妙,德也。"又解"要妙"曰:"善不善之名俱泯,一概玄同,无可分别。虽有智者亦大迷而不知其孰为善孰为不善,斯乃妙不可测之至极曰要妙。"是犹道德合一之玄象。其后王阳明所谓"无善无恶心之体",或亦与此有关。若澄重为核定老子,字数为五千二百九十二,则较王弼本尤少,殊非古本。

五十三、《道德真经章句训颂》二卷(见 387 册)

三十九代天师太玄子张嗣成作,自序于至治壬戌(1322)。是时禅机早已深入学者,羽士亦受影响,然一切机锋归诸《老子》又合诸一身,仍不得不视为禅宗深入道教后之变化。此书训谷神章曰:"此是朝元路。伏雌化作木鸡,土釜何劳封固。"又有曰:"更于何处著虚空,元来不出吾身外。"序中亦曰:"非敢自谓得老君之旨,然使吾门弟子与夫遵德乐道之士得而玩之，倘有悟入，则金丹不在他求，至道吾所固有，功成行满，法身不坏，亦分内事耳。"此亦可见元代天师道之旨。

五十四、《道德真经注》二卷（见429册）

广陵仁斋林至坚注，自序于至正甲午（1354）。取以经解经之例，使全书通贯，注则引及司马光、朱熹等，可见其重视儒道合一。且论时之先后，序次分明。其言曰：

> 道者生万物之宗祖，判天地之根元。道在天地之先，生天生地，自古长存之道，故道之尊为序之首。道生一，一生二，阴阳既判，轻清为天，重浊为地，故天道次之。二生三，阴阳升降，中间成人，故圣人之道次之。三才备矣，是以修身为本，故盖闻善摄生者次之。修身以至于治国平天下，故治国若烹小鲜次之。用之则充乎天地之间，卷之则藏乎六合之内，事有终始物有本末以正经，故为序之而已矣。

此言犹《道德阶梯图》之浅注，《原旨发挥》之实例。三教合一之理及元始完成通俗化，此中国宗教之特色。以理论言早已脱离迷信，然未解三教之形成及其合一之过程，决难了解宋元理学之背后，尚有三教合一之至理。凡天地人属自然科学，人及修齐治平属社会科学。亦即于人本身，已理解宜分成生物学之人与社会学之人，而此两者凡人莫不统一，惜未觉者众。故自宋元后而尚未及三教合一之理者，皆落后于发展之时代思潮。

五十五、《道德真经衍义手钞》二十卷（见422—424册）

元五峰清安逸士王守正著。此书缺一二两卷，无序跋，其详待考。全书分"衍义"及"钞"两部分。"衍义"者录其他经书与老子之义相应者，"钞"者释其衍义。所引之经，包括六经《庄》《列》等；亦及史传，如有魏徵之疏，且及宋人事。实欲充实《老子》之旨。

五十六、《道德真经解》三卷(见 388 册)

无名氏著。虽有序而不题名不记时，解如《淮南子》之言道，有可取者。如曰"来之者，吾有灵以迎其前；去之者，吾有神以随其后；惚兮，惚则无物而有物；恍兮，恍则不状而有状。此非与经固有反，盖老氏之言，微而显矣。"盖作者以禅机而言，或系羽士，时或在元。

五十七、《道德真经次解》二卷(见 386 册)

无名氏著。自谓经过遂州见龙兴观石碑上镌道德二经，字多异，为之次解。又曰："不继他人之作，自成一家之文，孰是孰非，世多鉴裁。聊示同好，希毋忽焉。"于不同之字，有古今字，有借字，皆无关宏旨。又如"小鲜"作"小腥"，亦自异于人。重要者如改"使夫知者不敢为也"作"不敢不为"，不意今所得之马王堆乙本，亦作"使夫知不敢弗为而已"。可见由"弗为"而作"为"，早已反其意而明其理。且古书辗转抄写，脱字增字，误字借字，本不一而足，贵能得其全书之旨。或徒执若干字义而不知其他，何能得古人之意。其时可视为元代。

明

五十八、《御注道德真经》二卷(见 354 册)

明太祖注，自序于洪武七年(1374)。其言曰：

朕本寒微，遭胡运之天，更值群雄之并起，不得自安于乡里，遂从军而保命，几丧其身而免。于是乎受制，不数年，脱他人之所制,获帅诸雄固守江左,十有三年而即帝位。奉天以代元,统育黔黎。自即位以来,罔知前代哲王之道……一日试览群书,检间有《道德经》一册,因便但观,见数章中尽皆明理,其文浅而意奥,莫知可通……

此言颇能道其实。亦知唐玄宗、宋徽宗、明太祖之注《老》,截然不同。玄宗实有所得,徽宗空探其理,太祖旨在利用。序中又谓有感于"民不畏死奈何以死惧之",故曰:"朕虽菲材,惟知斯经乃万物之至根,王者之上师,臣民之极宝,非金丹之术也。"欲由之以治国,所以巩固其统治而已,未能究老子之旨。于书中颇引吴澄之言。然本此而大力利用道教,如亲撰《周颠仙传》,洪武二十四年(1391)遣使觅张三丰等等,皆是。历代子孙继承之,由谓老子非金丹之术而变成信道教之外丹,朱氏子孙竟有死于金丹者,欲以愚民而反愚子孙,此或非朱元璋始料所及。然明代编成《道藏》及《续道藏》,以保存黄老道发展之迹,足以与儒家之经学发展并立。以文化史角度观之,朱元璋与子孙仍有贡献。明之后道教即失此整体概念,由是老子之道家与宗教之道教截然判而为二。虽曰恢复先秦之老子,然历代所发挥的"众妙之门"及"先天地生"等等概念皆为《老子》本有,学者不沿流以溯源,而必欲截流以观源,其源亦何足观。故《道藏》诸书之存,对全面理解《老子》极为重要。然则朱元璋以开国皇帝注《老》及提倡道教,仍宜重视之。

五十九、《道德真经集义》十卷(见414—416册)

明盱江危大有集,自序于洪武丁卯(1387)。主张"以无为自然为体,以谦退慈俭为用,以致修齐治平之道"。此书能补足朱元璋注所未备,全书集十二家之说,中有当代之著作,颇采何心山之注。何氏重易老相合,其言曰:"体乾圣人,备道全美,博施济众,大有为而靡有争,一乾元之妙用也。《老子》末章先去言,中及人,后同天。圣人功用至此,岂不大备哉,知《易》则知老。"此见从汉初及明,合《易》老而其旨仍同。

书前有张宇初序于昭阳作噩(1393)。张为四十三代天师,所以受命编辑《道藏》者。今观注释《老子》之各家中,此书为最后一家,或为宇初之意。

六十、《老子翼》六卷(见 1115—1116 册)

明焦竑(1540—1620)著。竑亦主张三教合一者。此书除注《老》外,有《附录》、《考异》,又全录苏辙注及自著之《笔乘》。《考异》以正字之异同,本诸薛君采氏之《考异》而充实之。《附录》有保存史迹文献之作用,殊可参考。全书之理则发展子由之说。其言曰:"教而无教,何必杜口于毗耶。言乃忘言,自可了心于柱下。"于《笔乘》中尤有妙义。如曰:"释氏多以观门示人,悟入《老子》之言岂复异此。故阅众始则前际空;观其微则后际空;万物并作观其复则当处空;一念归根,上际永断,而要以能观得之。学者诚有意乎知常也,则必自此始矣。"此谓知常必须永断时间,正可代表明代主要思潮的一个重要方向。考《续道藏》刻板于万历三十五年(1607)。时焦氏尚在而刻其书,可见编辑者张国祥之重视其人。

总上介绍正续《道藏》中收录的六十种《老子》注释,殊可由流知源以了解《老子》之旨。由时代思潮之变,以见其应变之道,是之谓独与神明居乎?凡一可不得乎?厚实与薄华可不辨乎?其道可道乎?其名可名乎?先天地所生之物,其有乎?无乎?玄牝之门果为鼻口乎?《易》之广大,以言天地人三才之道,果为老子之一二三乎?域中四大,非三才之道之同属于自然乎?扩而言之,易老之合与《易》为六经之原,其同乎异乎?佛法西来,中土之思想,岂无有相应者。客观的思想既在,三教之同异,其可不辨乎?若明末迄今已三四百年,欧美之风东渐,中土固有之文化与之周旋,其迹究为何如?清代之朴学,不可不重视之。奈朴学格局甚促,忽视《道藏》中易老之合,即为一例,其何以理解中土固有之自然科学思维。今特介绍《道藏》中收录的各种《老子》注释,殊非徒观陈迹,或有其现实意义。此文旨在观其巨流之势,其间尚多淤塞待浚之处,深望有志于研究《老子》者,有以教之为幸。

论《德道经》的"执今之道"

1973 年于长沙马王堆汉墓中，发现了两种帛书《老子》，出土后以甲、乙本名之。在今日所存的各种《老子》版本中，这两种抄本时间最早，故成为研究《老子》的重要文献。此墓下葬时，在汉文帝十二年(前168)，抄成甲、乙本，当然在其前。曾以避讳考其抄写的年份，乙本不避惠帝名"盈"，文帝名"恒"，而避高祖名"邦"。可见抄写时在高祖称帝(前206)后，惠帝接位(前194)前。甲本更不避"邦"字，且乙本作隶书，甲本书法在篆隶之间，则很可能在乙本前。然当时避讳尚不严格，书体正在篆隶兼用，故亦可能同在高祖称帝时。概而言之，皆在秦汉之际。今能见 2 100 余年前的古文献，虽多残阙，仍可卒读，确属珍贵的资料。

以甲、乙本互校，基本相似，可见当时所临抄的先秦本，虽有出入而变化不大。又以甲、乙本校诸今存的各种版本，则于唐初太史令傅奕所校定的《道德经古本》较接近[1]。考傅本的来源，本于北齐武平五年(574)掘得的项羽妾冢中本。然已与寇谦之所传安丘望之本、仇

〔1〕《道德经古本》有《道藏》本。见《道藏》幕上，涵芬楼影印本第346册。

岳所传河上丈人本参校而此成古本。唯参校当时的世传本,故已非项羽妾冢中抄本的原貌。不期一千四百年后,又得此甲、乙本,以意推之,甲、乙本与项羽妾冢本时代既近,文当相似,惜傅奕未能一变世传本的传误,有关《老子》的微言大义,基本仍与世传本同,惟字句详略稍有不同而已。幸今复得甲、乙本,乃可进一步以正世传本之误,而更见《老子》之精微处。

先论其道德两篇的编次。甲、乙本同为《德篇》在前,《道篇》在后。此与世传本的道德编次不同,似未影响内容,然有影响于对道德概念的认识。曰道德者,由本而言,曰德道者,可见入手处,谓当以德而归于道。不然,由德而仁义礼则失道,如能由德而得一即道。更见道之消息而弗居,即上德不德,则道与德犹妙与所徼。然未知以德入手,难免认道为玄虚而不可捉摸,是即世传本称道德之失。若能识二者之同出,则道德以穷理为主,德道以尽性为主,固可相通。然空谈义理,非《老子》之旨,当以实践为本,能由实践,方可证其理,此德道之次所以优于道德之次。

更证诸古籍,如《庄子·缮性篇》曰:"夫德和也,道理也。德无不容,仁也,道无不理,义也。"此文含义,与《老子》不甚同,其序德道之次,则同甲、乙本。又《韩非子》中《解老》、《喻老》所论述之次,亦德在道前。唯二千年来道德之次,已深入人心,由此而改名德道,似觉不习惯,然俗名体道有得为得道,正合当时德道编次的意义。

又于甲本中,有分章的符号,惜什九残阙,已未能复见其章次,以今本的分章校之,不同处示如下:

今本德篇 38—81 章　道篇 1—37 章

甲、乙本　38—39, 41, 40, 42—66, 80—81, 67—79

1—21, 24, 22—23, 25—37

于《德篇》的 38—81 章中,不同处有二。其一,40 与 41 章互易;其二,80—81 两章在 66 与 67 章之间。于《道篇》的 1—37 章中,仅一处不同,即 24 章在 21 与 22 章之间。此见全文的章次,两千余年来,变化尚不大。主要研究《老子》的哲理,宜深入以观一章一句一字的大义。此文仅论《道篇·第十四章》中的一字之差。

傅奕本于《道篇·第十四章》最后数句为:"执古之道,可以御今之有,以知古始,是谓道纪。"而甲、乙本皆为:"执今之道,以御今之有,以知古始,是谓道纪。"

考甲、乙本非同时所抄,所临抄者亦非同一本《老子》。虽亦有误抄,然二本同一误抄的可能性不大,似可不加考虑,宜从甲、乙本为准。校以傅奕本多"可"字,"以"作"能",未影响大义。而"执今之道"作"执古之道",且两千余年来的各种版本,莫不如此。此对《老子》之主旨,有极大的误解。以理推之,"今"字改成"古"字似在武帝时,由尚黄老而尊儒术,乃有趋时者,改此以适应当时的儒家思想。

观《老子》的思想,非常明朗,于古今的时间概念,更有正确的理解,故必须"执今之道,以御今之有",此之谓"现在"。有此"现在"的概念,乃能理解"古代的现在"。古代更有古代时时上推以知古始。以知古始者,所以知"古始的现在"。由"古始的现在"发展成"古代的现在",由"古代的现在"发展成"近代的现在",由"近代的现在"发展成"今日的现在"。此"现在"的发展,是谓道纪。其后有儒家的道统,佛教的传灯,皆此道纪之象。

又于乙本《老子》前,同处出土的尚有《黄帝四经》。其一名《经法》凡九篇,于《四度》一篇中,有说明道纪的意义,其文曰:"极而反,盛而衰,天地之道也,人之理也。逆顺同道而异理,审知逆顺,是谓道纪。"此所谓"极而反",犹《老子》之"逝曰反"。"盛而衰",犹《老子》之"祸,福之所倚,福,祸之所伏"。由阴阳消息而弗居,乃天地之道人之理。能弗居而弗去,即为"现在"。故顺逆者,就是由今日的现在,知过去的现在为顺。由今日的现在,知未来的现在为逆。而道纪者,就在审知逆顺的现在。故唯知道纪者,方可与语古今之变。《周易·说卦》有曰:"数往者顺,知来者逆。是故《易》,逆数也。"此顺逆之理,与道纪之义相同,故不知数往之顺,《易》何能逆数知来。凡能知来,必已数往,此审知逆顺的道纪,犹知史鉴之作用。故不知古今,何以知逆顺的道纪;不知现在,又何以知古今;不知执今御今,又何以知现在。而现在何可得自执古御今。故唯得执今以御今的现在,始可与语执古以御古的史迹。知史迹之现在,然后以知古始。古始与执古,其何可混同之。此黄老之言,所以不同于董仲舒所尊之儒。

至于何谓"今之道"?则曰能御今之所有者,是谓今之道。故唯得今之道者,乃能御今之有。且永远有不同的"今之有",则"今之道"亦永远不同。执永不相同的"今之道",庶可御永不相同的"今之有"。然则所执者何?曰时间。以知古始者何?所以划时代。

曰唯物论者,所以划时代于生命起源之前。然不可不知机械唯物论与辩证唯物论的不同。唯执机械唯物论者,乃不知分辨有生命的自然界与无生命的自然界。由是等视生物与无生物,以致人同机器,是犹执古之失。至于辩证唯物论,则既知无生命时代的物质第一性,亦知有生命后的物质第一性,于有生命后,已不可不知物质与生物的相互作用。且生物进化至人,各有其相对的现在,是犹以知古始。于人类社会的进化,更有相对的古始。故由辩证唯物论的观点,方能掌握发展的唯物史观。即执先秦之道以御先秦之有,执秦汉之道以御秦汉之有,执唐宋之道以御唐宋之有,执近代之道以御近代之有。凡读先秦古籍中,每有所托始,是犹划时代。据《论语·尧曰》,知孔子划时代于尧舜,亦即删《书》起于《尧典》。孟子继之,故"言必称尧舜"。其时"今之有"发展,御之的"今之道"亦发展,乃所知的古始,不可不上推。故天文医理的古始,上推至黄帝;农业商业的古始,上推至神农;以致人类理解整体知识的古始,上推至伏羲。实即东周时的生产力大发展,其知已可由人类社会的研究,逐步扩大到对自然界以及生物界的研究。惜对古始的概念,每混同于执古的概念。凡执古与古始的不同,就在能否执"现在"以御今之有。能则审知逆顺而知道纪,虽穷远古而未失现在,是谓古始。不能则虽凝昨日而已非今日,仍属执古而失现在。《中庸章句》第二十八章有曰:"生乎今之世反古之道,如此者灾及其身者也。"亦以执古为非。今从甲、乙本《老子》中,以一字之差,能重见认识现在的精微处,此实为《老子》的基本概念之一。

进而更宜略论历代对现在的认识,因《老子》之旨虽晦,其理早已世世相传。《山海经》有夸父逐日的寓言,理犹追现在。孔子有感于逝水之不舍昼夜,庄子赞叹于坐驰而坐忘。此现在的形象,就是"注焉而不满,酌焉而不竭,而不知其所由来"的"葆光","葆光"与俗名光阴之义相似。晋王羲之言"后之视今,亦犹今之视昔"与唐杜牧言"后人哀之而不鉴之,亦使后人而复哀后人也",其象全同。而唐陈子昂《登幽州台歌》曰:"前不见古人,后不见来者,念天地之悠悠,独怆然而涕下。"尤能吟出体味现在后的感情。若由达磨以开禅宗,迫六祖而一花五叶,于茂盛的花枝中参其本,莫不贵当下之悟,是犹现在。且哲理虽达其境,妙能御今之有,此《华严》"四无碍",宜始于"理无碍"而以"事事无碍"为终。然则"欲穷千里目,更上一层楼"与"夕阳无限好,只是近黄昏",是否有碍于现在之情。碍则仍同夸父,故李白《将进酒》之"以消万古愁",可拭子昂之涕,何必于凝眸处添愁。此文人情思的实质,仍在格现在之物而有以御今之有。朱熹曰:"是以大学始教,必使学者即凡天下之物,莫不因其已知之理而益穷之,以求至乎其极。"朱之格物而及王阳明之格竹,正徘徊于社会科学与自然科学之际。知行合一者,理当合认识与实践为一,方能无碍于现在。以时代言,王阳明(1472—1528)在西方哥白尼(1473—1543)之时,伽利略(1564—1642)且未生,遑论牛顿(1642—1727),故西方其时亦未全面认识自然科学。可见格竹的意义,未可等闲视之,惜继之者乏人。

再者,划时代的古始,其时间间隔有巨大差别,今日的自然科学,从宏观微观以见其两端。《中庸章句》十二章曰:"君子语大,天下莫能载焉,语小,天下莫能破焉。"唯有大小之异,故贯通时间间隔的单位,尤难一致。然既有大小,已属"今之有",何可不执"今之道"以御之。此又当详究董仲舒之执。当董既尊儒,即准孔子"行夏之时"之古始,司马迁于太初元年(前104)五月改历,以正月建寅为岁首。其不从汉初承秦之建亥,未可谓非。若夏时之仍可行者,尚合执太初元年之"今之道",以御太初元年之"今之有",以知夏禹建寅之古始。且建寅的岁首,迄今仍在"欢度春节",可见吾国对宏观的日月星辰,当时已得现在之旨。且历代的改历,就在加密岁实与朔策,以利御"今之有",凡经颁用者,自秦颛顼历起至雍正历共有48历,成而未经颁用或虽用不久即废者,自魏黄初历起至顺治历共有46历。历代学者所以致力于治历而不倦者,莫不欲明现在之时。所求的历元,即有以定划时代的古始。《周易·革彖》曰:"天地革而四时成,汤武革命,顺乎天而应乎人,革之时大矣哉。"而《革·大象》又曰:"泽中有火革,君子以治历明时。"以今而言,生产力发展以见时代的不同,而旧制度有碍于生产力发展,乃必须革命以正其生产关系。吾国之重视治历,就有促进生产力的作用,然仅从宏观考虑。而《老子》之言,已在说明对微观的认识,故此章之言为:"视之而弗见名之曰鬶(从甲本,乙本作微,傅本作夷),听之而弗闻名之曰希,捪(甲、乙本同,傅本作搏)之而弗得名之曰夷(甲、乙本同,傅本作微)。三者不可至计(甲、乙本同,傅本作致诘),故圉(从甲本,乙本作绲,傅本作混)而为一。一者,其上不做(从甲本,乙本作谬,傅本作皦),其下不物(甲、乙本同,傅本作昧),寻寻呵(甲、乙本同,傅作绳绳兮),不可名也,复归于无物,是谓无状之状,无物之象(乙本傅本同,甲本阙),是谓沕望(乙本、傅本作芴芒,甲本阙)。随而不见其后,迎而不见其首(甲、乙本同,傅本作迎之不见其首,随之不见其后)。"以下即为"执今之道"云云。此即《老子》所理解的微观的现在,必当达此沕望之象,庶能"执今之道以御今之有"。可见黄老之旨,本以天文宏观的时间,究及物质微观的时间,而合成今之道。若董仲舒所尊的儒术，合以方士之说，此微观的认识，即以占星术的天人感应当之。其视天象之变，必应于某一人事现象，当然是迷信。唯其间所观察到的各种天文现象，及人与人之间，人与自然界之间的各种客观存在的微观关系，决不可忽视。且宜执汉武帝时代的“今之道”，以御汉武帝时代的“今之有”，方能明辨汉武帝时代的利弊得失。

至于宏观微观的彻底统一，非但董仲舒时代不可能，即爱因斯坦（1879—1955）一生所致力的统一场论，亦未成功。其后于微观感应的电磁相互作用外，又发现了强相互作用与弱相互作用，且两端又有发现超引力、超强弱相互作用的趋势，故建立统一场论，更觉困难重重。然总结今日所得，已达原子时代，且于 1972 年 1 月 1 日起，国际上采用原子时变率，作为所有计时之用，乃宏观的日月运行，须相应于微观的原子铯(CS)。其比率如下：

$$原子秒＝9192631770\ 铯周期$$

此当原子层次的时间，执之以为“今之道”，方可以御人类足迹已达月球的“今之有”。此属今日人类的基本知识，生产力已跨入原子时代的标识。观计时的标准，自人类有知识起，莫不本诸天文，今初次变成微观计时于 1972 年，而《老子》以微观角度认识现在的理论又重明于 1973 年。合而论之，恰可根本澄清董仲舒时代的迷信成分，且可逐步展开，以顺逆的道纪，阐明吾国历代早有累积，惜尚郁而未发的现在思想。亦即以辩证唯物论的观点，实事求是地深入认识每一时代，乃可整理研究吾国浩如烟海的十万种古籍，以发挥其继往开来的作用。有关宗教的古籍，主要在“道藏”、“佛藏”中，尤多当下的妙悟，莫不有与于“执今之道”，殊可进一步加以重视。

《史记·老子列传》疏释

《史记·老庄申韩列传》:

> 老子者,楚苦县厉乡曲仁里人也。姓李氏,名耳,字聃。周守
> 藏室之史也。

按:老子为苦县人,今当河南鹿邑。其地本属陈国。陈为楚灭,
恰当孔子之卒年(前479),故老子出生于苦县时,尚属陈国所有,故当
为陈人,非楚人。陈人为舜之后,非楚民族之后裔,此《史记》之误,宜
加纠正。至于老子之学术思想,与其职守有关。任周守藏室之史,犹
时时记录天下各诸侯状况及管理周室之史料,且必上及夏商等古史,
则于百千年之史事,已能得其变化之理,今所谓"史学学"。唯其以掌
握史学名于诸侯,始有孔子问礼于老子之事。其事《史记》记载甚详:

> 孔子适周,将问礼于老子。老子曰:"子所言者,其人与骨皆
> 已朽矣,独其言在耳。且君子得其时则驾,不得其时则蓬累而行。
> 吾闻之,良贾深藏若虚,君子盛德,容貌若愚。去子之骄气与多

欲，态色与淫志，是皆无益于子之身。吾所以告子若是而已。"孔子去，谓弟子曰："鸟吾知其能飞，鱼吾知其能游，兽吾知其能走，走者可以为网，游者可以为纶，飞者可以为矰。至于龙吾不能知，其乘风云而上天。吾今日见老子，其犹龙邪？"

此段记述老子与孔子见面时之情况，当然未可全信，而其关键已触及儒道之分界线，则不可不信。究夫儒术所言，确为"其人与骨皆已朽矣，独其言在耳"。或反问之，老子为周守藏室之史，亦在守其言。然则其不同点何在？仅在化与不化而已。如食古不化者，食古愈多，愈能增其骄气与多欲，态色与淫志。而或能化，则所食之古，随时化为盛德而容貌若愚，此老子作风，乃有益于其身。

此化古于身之理，犹孔子有得于老子之教。且贵其若愚，安能知其为鸟为鱼为兽，不辨于陆海空，吾虽有网有纶有矰，何能获之。凡潜龙之游，见龙之走，飞龙之飞，莫不可乘风云而上天。孔子视老子犹龙，此不知之知，实已得老子之旨而能终身受益。"子在川上曰：逝者如斯夫，不舍昼夜。"（《论语·子罕》）"子曰：礼云礼云，玉帛云乎哉；乐云乐云，钟鼓云乎哉。"（《论语·阳货》）"子曰：予欲无言。子贡曰：子如不言，则小子何述焉？子曰：天何言哉，四时行焉，百物生焉，天何言哉。"（《论语·阳货》）读此三节之言，孔子得益于老子之"道法自然"，可以喻之。《史记·仲尼弟子列传》有言"孔子之所严事，于周则老子"，信然。尤见道之与儒，其归于自然当有所同。

《史记》继之又曰：

老子修道德，其学以自隐无名为务。居周久之，见周之衰，乃遂去。至关，关令尹喜曰："子将隐矣，强为我著书！"于是老子乃著书上下篇，言道德之意五千余言而去，莫知其所终。

　　于此段记录中,由"居周久之,见周之衰"二句,可考证老子之时代。所谓"见周之衰"当有事实,合诸孔子之时代背景,可深信其"衰"指周景王之死(前520)。因景王爱子朝,未及立而死。国人立长子猛,为子朝攻杀,是谓悼王。晋人为立句,是谓敬王,尚不得入而居于狄泉。于敬王四年(前516)晋率诸侯入敬王于周。王子朝及召氏之族、毛伯得、尹氏固、南宫嚣奉周之典籍以奔楚。此兄弟争立事,似不必介意,然有关周之典籍,由王子朝奉以奔楚,此典籍本当为老子所掌管,经此变乱而不在周。东周自敬王起,的确进一步衰落,老子"乃遂去至关"。由是考核孔子之见老子,必当在景王晚年,年三十岁左右。三十二岁而景王死,周室即乱,其后老子亦去周至秦,故孔子不可能再见老子。老子之年纪,亦可与孔子相比而知其大概。老子在景王时已"居周久之",又知其弟子老莱子与孔子同时,则老子较孔子长一辈无疑,年纪似当长三十至四十岁,约于七十岁左右"遂去至关",亦合"居周久之"之情况。今假定王子朝奔楚之年老子为七十岁,乃生于周简王元年(前585),较孔子长三十四岁。

　　研究中国之宗教理论,每与哲学思想混为一谈。如老子与孔子之思想结构,是否属于宗教问题,二千年来之学者本有不同见界。此乃对"宗教"、"哲学"之名实,有不同认识所致。据老庄名实必变之思想观之,将永远有争辩,以正名而争辩,庶可增进人类之智慧。或以老子、孔子本人之思想结构论,在当时时代背景下,中国贵有整体之理论而未尝严划宗教与哲学为二,故本文不讨论儒家是否宗教及道家与道教是否相同等问题。今仅以老子与孔子本人论,老子生在孔子前,当其去周时,已完成其复杂之思想结构。孔子问礼于老子后,自"三十而立"至"七十而从心所欲不逾矩"之四十年中,正在开创其对六艺之认识。由致学于"述而不作,信而好古"之原则,于治史方面已具有"自隐无名"之理。迨七十后欲无言,更深入体验"道法自然"之旨。故儒成六艺之象,老子之道已渗入其中,此虽仅一代人之差别,未可小视其对中国后世思想之巨大影响。观老子之道所以有神秘感，就在不同地域之学者，所继承者有所不同，这一问题须加较细致之分析。当其时直接继承老子之道者，主要有四方面：

其一，孔子有得于老子之旨，此一方面继续影响孔子之弟子，数传后能否重视化古于身之道，亦为造成"儒分为八"原因之一。

其二，老子久居在周，必有若干弟子不因老子去周而全部离周。自敬王起仍当有周守藏史，继此职者，尚多保存化古于身之思想结构，且能世世相传。若太史儋似属老子在周之数传弟子。

其三，老子去周之秦，遇关尹其人。据《庄子·天下篇》所谓"以本为精，以物为粗，以有积为不足，澹然独与神明居，古之道术有在于是者，关尹、老聃闻其风而悦之。建之以常无有，主之以太一，以濡弱谦下为表，以空虚不毁万物为实。"则知关令尹喜与老聃学有所同，庄子且置关尹在老聃前，故决非老聃之弟子，不妨视之为师兄弟。而老子之著作，全部由关尹传出，或亦未必，在离周前似当有所传于在周之弟子。然同门相见而畅谈，尹喜传其要旨与警句殊有可能，属老子将自隐时之遗言。庄子记录关尹老聃之言有代表性，不妨录于此："关尹曰：'在己无居，形物自著。其动若水，其静若镜，其应若响。芴乎若亡，寂乎若清，同焉者和，得焉者失。未尝先人而常随人。'老聃曰：'知其雄，守其雌，为天下溪；知其白，守其辱，为天下谷。'人皆取先，己独取后，曰：'受天下之垢。'人皆取实，己独取虚，无藏也故有余，岿然而有余。其行身也，徐而不费，无为也而笑巧。人皆求福，己独曲全，曰：'苟免于咎。'以深为根，以约为纪，曰：'坚则毁矣，锐则挫矣。'常宽容于物，不削于人，可谓至极。关尹、老聃乎！古之博大真人哉！"今研究关尹老聃之旨，决不可忽视庄子之此段记录，即此而尊之为"古之博大真人"，有其精深之认识。

其四，老子弟子老莱子在老子去周前之楚，基本重视养身修道，与守藏史之职守逐步无关。故老子之道有楚风，当属于老莱子所传出，包括庄子之部分思想亦有得自老莱子者。老莱子虽之楚,尚可与关尹有联系。

综上所述,可见老子之道有同门关尹传之,当向西之秦;弟子老莱子传之,当向南之楚;弟子孔子传之,当向东之鲁;弟子继守藏史职位者传之,仍在洛阳。四方面各因其所得而继之,自然有不同之形象。至于老子本人当隐于秦,完成其"无为自化,清静自正",而莫知其所终,此何足为奇。唯四方所理解之老子不同,宜《史记》记及种种传说。以下为之疏解,庶可深入对老子之认识。

《史记》:

> 或曰老莱子,亦楚人也。著书十五篇,言道家之用,与孔子同时云。盖老子百有六十余岁,或言二百余岁,以其修道而养寿也。

按修道而养寿有可能性,得百余岁、二百余岁亦何足贵。庄子贵知"小知大知,小年大年",而仅知求寿于八百岁之彭祖为足悲之事。故记老子长寿未得老庄其旨,亦与长生不死之道未合,所以有此误解,即误认老子与其弟子老莱子为一人。如此则长孔子三四十岁之老子,至孔子七十三岁死后仍在,岂非其寿百余岁,或讹言二百余岁。今知老子陈人,老莱子楚人,更见其非一人。

《史记》又曰:

> 自孔子死之后百二十九年,而史记周太史儋见秦献公曰:"始秦与周合,合五百岁而离,离七十岁而霸王者出焉。"或曰儋即老子,或曰非也,世莫知其然否。

此节极重要,实即老子数传弟子,仍在洛阳以继守藏史之职者。此太史儋之思想结构,基本能继承老子之思想而有所发展。由思想相同而行动亦相同者,周太史儋与老子同为去周之秦。有所发展者,老子至秦为隐君子,而不知其所终;太史儋尚有用世之心而告天命于秦献公。更重要者世传之《老子》一书,似非关尹一人或老莱子所传出,当太史儋据老子之遗言辑成,清汪中考得,殊可吻合具体之史迹。时当秦献公十一年(前374),上距孔子之卒为百有五年,非百二十九年。唯其成书于周秦地区,故庄子传老子之道而不详其书。百余年后,韩非(前280—前233)能详读之而作《解老》、《喻老》。韩非子理解《老子》之书,有可取处,惜已不解其化古于身之道。

《史记》最后曰:

> 老子隐君子也。老子之子名宗,宗为魏将,封于段干;宗子注,注子官;官玄孙假,假仕于汉孝文帝;而假之子解为胶西王卬太傅,因家于齐焉。世之学老子者则绌儒学,儒学亦绌老子,道不同不相为谋,岂谓是邪。李耳无为自化,清静自正。

此述老子之后裔,当有所据。至于与儒学之互绌,实起于数传后之弟子。以整体论道与儒之原则,儒以“道法自然”为极致,故孔子有“朝闻道夕死可矣”(《论语·里仁》)之言论。而道则以法自然为起点,宜重视自身及自身与自然界的关系。此促使医药与认识自然之发展,乃与以社会组织为主要研究对象之儒,有互绌之现象,及汉武帝正当互绌激化之时。《论语·卫灵公》记有“道不同不相为谋”之言,然极难肯定是否指道与儒之不同。司马迁既加引用,即造成道与儒之道自老子、孔子起已不同,故特为点明李耳之道为“无为自化,清静自正”。事实上已完全加以抽象,隔截了老子思想结构来源于守藏史之基础。

论《黄帝内经》与《老》《庄》

　　吾国的文化,因秦统一而有质的变化。故研究先秦的哲学思想与秦汉的哲学思想,虽相连续,而认识时空的概念与思维阴阳的方法,已截然不同。此文仅论医家的《黄帝内经》及道家的《老》《庄》。此三部文献,或有秦后学者的补充,然大纲主旨,已可肯定确属先秦思想。

　　以《内经》论,吾国的中医理论什九在其中,于秦汉以来流传迄今的中医有莫大关系。《老》《庄》二书,又为道家的主要文献,对吾国人民的思想有深刻影响。然先秦人著之读之,与秦汉后人读之,对其认识可谓有意想不到的差别。今试以先秦旷达的思想观之。

　　考《内经》之说,为后人记录黄帝咨询岐伯等以医理的详细问答。全经的纲领,旨在说明人身当结合自然界以成一整体。内具各科知识,另文详之,此文仅述与《老》《庄》的关系。第一篇名《上古天真论》,下录原文以见作者的思想。

　　昔在黄帝,生而神灵,弱而能言,幼而徇齐,长而敦敏,成而登天。乃问于天师曰:余闻上古之人,春秋皆度百岁而动作不衰。今时之人,年半百而动作皆衰者,时世异邪? 人将失之邪?

论《黄帝内经》与《老》《庄》

岐伯对曰：上古之人，其知道者，法于阴阳，和于术数，食饮有节，起居有常，不妄作劳。故能形与神俱，而尽终其天年，度百岁乃去。今时之人不然也，以酒为浆，以妄为常，醉以入房，以欲竭其精，以耗散其真。不知持满，不时御神，务快其心，逆于生乐，起居无节，故半百而衰也。夫上古圣人之教下也，皆谓之虚邪贼风，避之有时，恬惔虚无，真气从之，精神内守，病安从来？是以志闲而少欲，心安而不惧，形劳而不倦，气从以顺，各从其欲，皆得所愿，故美其食，任其服，乐其俗，高下不相慕，其民故曰朴。是以嗜欲不能劳其目，淫邪不能惑其心，愚智贤不肖，不惧于物，故合于道。所以能年皆度百岁，而动作不衰者，以其德全不危也。

《内经》的作者，非黄帝时人，故首句即曰"昔在黄帝"。然虽非黄帝时人，又能身处黄帝之时，如亲闻黄帝与岐伯等问答医理而详加记录。此在今人视之，无非《内经》作者的伪托岐黄，一如《庄子》之寓言。然进而究其医理，确有治病之效，则何可以寓言视之。故托名者实有所见，一如孟子之言必称尧舜。盖先秦之时，口传的古史，必百千倍于秦后，乃于黄帝问医而善医之事，久为大众熟知。由是《内经》之作者，汇集之，编辑之，益以当时之自然科学知识而总成此书。盖医道来源于巫术，古医字作毉可证。以巫医言，今发掘已得新石器时代之人，亦未尝无巫，针砭之来源逆推至黄帝，何足怪哉。故《内经》作者可神游于黄帝朝廷而著此，既不自以为托名，先秦读者亦决不视为寓言，乃能历代相传而为道家黄帝的主要经典。

又曰"成而登天"，盖指黄帝之神灵，故自弱幼而长成，即登天子之位而为帝。岐伯等乃帝廷之臣，黄帝师之以问医，故名曰"天师"。后代注《内经》者，皆以"登天"作升仙解，此神仙家之说，似非《内经》作者的原意。究夫《内经》作者的哲学思想，全部发展老子的思想，且有意于轻视尧舜。盖孔子始古史于《尧典》，禅让命官，久为儒家所称道。

奈礼教亦由是而不可废,足以戕贼性命之真,此早为老子所卑视。故《内经》作者即以具体医理纳入老子的思想,借黄帝朝廷的问答,以破虞廷的咨询。老子曰:"修之于身,其德乃真。"因于春秋战国时代,役于物者多而役物者少,此所以疾病大作。反言之,亦为科学进步而医学发展。然循本而言,确宜视修身为治病防病的基础,人当对应于自然界,何必拘束于名教礼法。《内经》作者的旷达思想,于此可见一斑。此篇结论,分四类人品,既为道家思想的具体化,亦为道家转化成道教的必经步骤。原文见下:

> 黄帝曰:余闻上古有真人者,提挈天地,把握阴阳,呼吸精气,独立守神,肌肉若一,故能寿敝天地,无有终时,此其道生。中古之时,有至人者,淳德全道,和于阴阳,调于四时,去世离俗,积精全神,游行天地之间,视听八达之外,此盖益其寿命而强者也,亦归于真人。其次有圣人者,处天地之和,从八风之理,适嗜欲于世俗之间,无恚嗔之心,行不欲离于世,被服章,举不欲观于俗。外不劳形于事,内无思想之患,以恬愉为务,以自得为功,形体不敝,精神不散,亦可以百数。其次有贤人者,法则天地,象似日月,辩列星辰,逆从阴阳,分别四时,将从上古,合同于道,亦可使益寿,而有极时。

此以真人至人驾于圣人贤人之上,犹以黄帝驾于尧舜之上,以道家驾于儒家之上。由医理而归诸寿敝天地的真人,乃黄帝幻想的长生。须知《内经》作者视黄帝为人间的帝王,与当时之人无大异,故老子所谓"长生久视之道",尚未可以黄帝当之,乃以当黄帝所幻想的上古真人。若《庄子》有黄帝问道于广成子(《在宥》篇)等寓言,其理同。盖以道家视之,黄帝唯愈于尧舜而尚未闻至道云。故道家的基本思想,全本于老子的《道德经》,其主要思想,有以破当世之礼文,以返质朴而法自然,所以纠周代尚文之弊。若其流弊竟因忘情而产生刻薄寡恩的法家,读《韩非子》之《解老》、《喻老》,庶见阴阳生生之几,此非关尹强为留五千余言之过耶!盖至极之道,其何以言之。更言老聃之传,于后代较有影响者即为《内经》与《庄子》二书。《内经》的作者,犹传形而下的器,大器晚成,非道而何?《庄子》者,犹传形而上的道,道裂而方,非器而何?道器变通,其《易》乎,其非常道非常名之道名乎。

更以秦汉后之思想观之,汉初尚黄老者,欲以破秦之苛法而救时弊。奈苛法略破,其可更破汉承秦统一之政局乎?由是孔子梦寐以求的周礼,以另一面貌出现于汉武帝之时。窦太后既死,尚黄老以息,道家不得不在野。唯以黄老并称,故知汉代之视老,以医学修养为主,如马王堆中既有《道德经》又有导引图等可证。又如河上公注《老》,亦以身体言。且修养之理,易合于方士神仙家之说,此黄帝与老子所以于汉朝起已全属神仙人物,与先秦人之视黄老根本不同。乃后汉光武帝子楚王英已祀黄老浮屠,其后日甚一日,终以老子为教主而形成道教。虽然张道陵的五斗米教,尚是初创的道教,可谓仅受黄老的影响,其后于哲理的加深,尚须益以老庄的影响。当魏初王弼注《老子》,一反汉人对老子的认识,初步恢复以《庄子》之观点注老,而不以《内经》的观点注老。故王弼的扫象,不止扫《周易》之卦象,并扫《老子》修养之象。于魏能盛行者,所以破汉代的礼法。然有由无出,宜郭象注庄子以有,出于西晋。阴阳有无之易理生生,此处又得一证明。总而观之,此先秦的三部文献,既可变其内容,又可二分以影响汉与魏晋思想之变化,岂可执一端以观之。其后更宜合佛教思想以言,另文详之。

体老观门

体老子之道,不可不知门。门者,道所出入焉。观夫老子之门,凡一门三名: 曰众妙之门;曰玄牝之门;曰天门。出入三名之门,其道乎! 其道乎!

曰众妙之门者,玄之又玄也。玄者同也,同谓之玄,玄同也。玄同者,塞兑、闭门,挫锐、解纷,和光、同尘也。玄之又玄者,玄玄而牝也。无有异名,非美恶、善不善之相生相成,相形相倾,相和相随乎。祸兮福之所倚,福兮祸之所伏,其孰知玄玄之极耶。然则众妙者何? 玄牝也。未分玄牝,是谓众妙;众妙二分,是谓玄牝。玄牝者何? 谷神不死也。不死之门,天地之根。其根谓何? 谷神也。谷神何谓也? 正言若反也,上善若水也,知荣守辱,常德乃足。得一以灵将恐歇,得一以盈将恐竭,不歇不灵,不竭不盈,不死之谷神也。吾不知谁之子,象帝之先。帝先者,出震帝之先,艮门之成终成始也。乾元终始,是谓天门。天门开,是谓玄;天门合,是谓牝。天门开合,玄牝之门也。不出户,不窥牖;知天下,见天道。能无雌乎,知雄守雌,知白守黑,婴儿无极也。至精峻作,知和复命,常明容公,王天道久,无名之常道,其在此乎! 其在此乎! 其可道可名乎哉。

此混成之物,寂寥不改,出生入死,多言数穷,门非橐籥乎。冲而用之,蔽不新成,虚心实腹,弱志强骨,抱一绵绵,不勤之用也。抱一者何?三十辐之一毂也。绵绵者何?夷希微三者不可致诘之混一也。忽兮恍兮,恍兮忽兮,有象有物,天下至赜也。损兮益兮,益兮损兮,为学为道,有为无为也。周行不殆,非天门开合以观玄牝乎?以阅众甫,非众妙之出入于天门乎?入以食母,出以教父,食母独顽,教父得死。玄德习常,大逝远反,道法自然也;修身德真,余长丰普,道生万物也。万物自然,负阴抱阳,袭明要妙,不亦善行乎!相望相闻,出犹不出也;不相往来,不出犹出也。不出非入,不入非出。有三去,持三宝,烹小鲜,重积德。出入无疾,病病不病之谓也。天道利而不害,圣道为而不争。门乎门乎!天圣之门乎!众妙乎!玄牝乎!开合乎!三乎一乎!一乎三乎!其可忽乎!其可执乎!

《庄子》析文

自　序

　　郭象以注《庄子》名后世,名在郭之注《庄》,实乃《庄》之注郭;或谓郭注窃自秀,然则《庄》在注向。或向或郭,何碍于《庄》。能上友古人者,势将似有古人之在侧。友之者,友其象也。"祭如在,祭神如神在",其果有祖宗神仙之幽灵乎? 然则迷之友之,不可不辨。郭或窃向,即属迷之。迷者,迷其名实也。名者,实之宾。名实未亏而喜怒为用,虽载之末年,奚益哉。能令注吾而自喻适志,非友之而何? 至若友之之道,不可不知时。因时而友之,向郭之注,自然不同于玄英之注。玄英之注,亦未尝与《方壶外史》同。后生可畏,皆畏友也。然知之濠上,鱼乐无穷。乐之友之,其有穷乎。奈有得君如彼其专者出,忌其多友而防损友之杂入,则于谬悠荒唐不觭之见,能不伤其连谀,厌其诚诡乎。且分也成也,成也毁也。有此三十三篇之集,自然有散之者。唐宋以来德明、东坡辈,早已开其端。流风所扇,于内、外、杂篇之详加考核,用心不亦善乎! 可叹者,庄子之时尚未有录音录像以传其真,后之人何由见庄子之全而友之耶?

206

夫昭氏不鼓琴之声,固可勿论乎?兀者之行,其何不亲乎?而或尽指穷薪传之火,其孰见庖丁四顾踌躇之志,以免有涯随无涯之殆哉!文以载道,文非糟魄,道以文显,文非无质。疴偻丈人虽未遇,善为弄丸之技者仍多。惟有上下悬之钟,方克奏咸池之乐。惧怠惑愚而道,化人人化之履,非礼乐之旨乎。盖十九十七之中,莫非和天倪之卮言。时命大谬,何能见庄子之庄语。必尽于未之尽者之文,河伯未有淹商蚷之心,奈螳螂之自奋其臂何。时代巨轮,何能有情,安得不悲形影之竞走。

今逐篇析之,愿为周之诤友耳。析其文而曼衍之,莫非举烛,忘其坐而妙九首,倏忽焉在。出入于机,能无疾乎!材不材之间,已似木鸡乎!独往独来,徐无鬼之相狗相马也。无有一无有,壶子不期而季咸灭矣。嗟夫!道术裂而为方术,能袭方术以成道术乎?何之何适,莫足以归,以庄周之上友古人也。

公元一九七八年岁次戊午潘雨廷自序于櫜籥轩

卷一　内篇析文(凡七)

《逍遥游》析文第一

《逍遥游》之文,全篇二义而一气呵成。其理上遂,其辞宛转。析之可分二段:自"北冥有鱼"至"圣人无名"为前段,自"尧让天下"至"安所困苦哉"为后段。前段明"逍遥游"之道,后段明"逍遥游"之事。以事喻道,图南有法焉。

若前段中分三节:自"北冥有鱼"至"南冥者天池也"为第一节。自"齐谐者"至"不亦悲乎"为第二节。自"汤之问棘也是已"至"圣人无名"为第三节。第一节为全篇之主,庄子述"逍遥游"之寓言。所谓"逍遥游"者,北冥之大鲲化为大鹏而徙于南冥也。第二节以《齐谐》证其寓言,第三节以汤问证其寓言,皆属重言云。于引《齐谐》、汤问时,间加议论。以文理观之,第三节易明。"汤之问棘也是已"句为提笔,义与第二节《齐谐》者,志怪者也"句同。谓汤之问棘亦及鲲鹏之事,非徒志怪之《齐谐》记其事。以下"穷发之北"至"此小大之辨也",盖引汤问之辞。自"故夫知效一官"至"圣人无名",乃庄子之议论。唯"此小大之辨也"一句,似为汤问之原文,似为庄子所点明,已不可知。若《列子》中《汤问》篇,其辞曰:"终北之北,有溟海者,天池也。有鱼焉,其广数千里,其长称焉,其名为鲲。有鸟焉,其名为鹏,翼若垂天之云,其体称焉。"盖记其略,尚未及《庄子》之详。或《庄子》另有所据,或为自增,此不必辩,原文已佚,阙疑为是。以文气论,"此小大之辩也"一句,乃结束引文而起以下之议论者也。反观第二节,引文与议论更相杂焉,未可以《谐》之言曰"以下至"不亦悲乎"皆为《齐谐》之原文。凡《谐》之言曰"以下至"去以六月息者也",又"背负青天而莫之夭阏者"至"奚以之九万里而南为",似为《齐谐》之说,余皆庄子之言。"而后乃今培风","而后乃今将图南",句法平行。明系前句为庄子之释《齐谐》,后句则录自《齐谐》。且以"背负青天"句接于"去以六月息者也",其义亦顺,乃《谐》之言,与《汤问》之说相合。唯《庄子》行文之恣纵,故忽而设喻,忽而引证,忽而论断,忽而感叹。若天马行空,云霞簇聚,其象芒忽,其文奇突而肆矣。合前段之三节,盖以重言证其寓言。由《齐谐》之证,以得"小知不及大知,小年不及大年"之义,为小知小年悲,能不慨然乎。由《汤问》之证,以辨小大之实。知效一官,行比一乡,德合一君,而徵一国者,其与斥鷃之小知小年相似。宋荣子者,明其小而去之,惜尚未树于大也。列子者,大而犹有待者也,达大而无待,斯已矣。是之谓"至人无己,神人无功,圣人无名"。

至于后段中宜分四节:自"尧让天下于许由"至"尸祝不越樽俎而代之矣"为第一节。自"肩吾问于连叔曰"至"孰肯以物为事"为第二节。自"宋人资章甫而适诸越"至"窅然丧其天下焉"为第三节。自"惠子谓庄子曰"至"安所困苦哉"为第四节。凡此四节,第一节喻圣人无名,第二节喻神人无功,第三节喻至人无己,第四节喻小大之见,皆卮言也。

夫"逍遥游"之寓言,以辨小大为本。大之之道,当培风而图南。惜斥鷃辈,必以培风为无用。飞枪榆枋,翱翔蓬蒿,为数仞所束,尚能逍遥游乎。如惠子之种得大瓠而拙于用,宜庄子以不龟手之药喻之,以有蓬之心斥之。奈惠子之未悟,反以庄子之言如樗木之大而无用。乃庄子更喻以狸狌跳梁之用,孰若斄牛之无执鼠之用,幸樗木无用而成其大,培风足焉。逍遥乎寝卧其下,图南之游也。

再者,逍遥之游,大而无待,其辨有三:曰至人无己者,庄子以尧之丧其天下喻之。曰神人无功者,以藐姑射山之神人喻之。曰圣人无名者,以许由不受尧之天下喻之。夫以藐姑射山之四子,视尧之治天下,犹断发文身之越人何所用于章甫,故尧之往见为师所化,窅然丧其天下焉。天下既丧,无待而其游无穷,吾丧我民与政,至人无己也。曰四子者,许由、啮缺、王倪、被衣当之,《天地》篇云"尧之师曰许由,许由之师曰啮缺,啮缺之师曰王倪,王倪之师曰被衣"是也。故藐姑射山之神人,即此四子而以被衣为主。其神凝,使物不疵疠而年谷熟,尚肯以物为事乎。是之谓神人无功。初,尧让天下于许由,许由无所用,盖代子之名,何与于实。如鹪鹩之巢于深林,乃一枝耳;偃鼠之饮河,不过满腹。占深林之高枝,大河之多水,其名何用,圣人何必有其名哉。舍名归实,栖则一枝,饮则满腹,为腹不为目。然鹪鹩偃鼠,小乎大乎,以至大复于至小,三千大千世界之入于一芥子也。故其游逍遥,其游无穷,庄子之喻,何其妙耶。

若后段四喻之次,与前段议论之次盖相反,此之谓倒卷珠帘法。顺逆相称,事理显矣。

《齐物论》析文第二

《齐物论》之名,释之有二义:一曰此论盖以齐万物;一曰百家之物论不一,此篇所以齐之。读全文中,既有齐儒墨之是非,亦有以化生死万物而齐之。况百家之物论,仍为齐万物。且庄子此篇,非徒齐百家之说,乃直窥宇宙之真以齐之,故第一义可兼第二义而其义长。

全文分二大段:自"南郭子綦隐机而坐"至"此之谓葆光"为第一段。自"故昔者尧问于舜曰"至"此之谓物化"为第二段。前段设南郭子綦吾丧我之境以论人籁地籁天籁,凡《齐物论》之理,层层深之,反复而显焉。后段更设五喻,其境精微不竭,以应前段之理。

夫前段之理,绝妙无伦。其言曲折多姿,其意肆荡逍遥。所谓"乐出虚,蒸成菌",文中自见,自无适有之象成矣。又其气洸洋不羁,其文可分七节以观:自"南郭子綦隐机而坐"至"怒者其谁邪"为第一节。自"大知闲闲"至"吾独且奈何哉"为第二节。自"夫言非吹也"至"故曰莫若以明"为第三节。自"以指喻指之非指"至"是之谓两行"为第四节。自"古之人其知有所至矣"至"此之谓以明"为第五节。自"今且有言于此"至"无适焉因是已"为第六节。自"夫道未始有封"至"此之谓葆光"为第七节。以下逐节论之。

第一节犹全文之缘起,几在"吾丧我"。凡吾我相合曰人,吾我相对曰地,吾既丧我曰天,故曰:"汝闻人籁而未闻地籁,女闻地籁而未闻天籁夫。"必达"吾丧我"之境,庶足以闻天籁。闻天籁者,庶足以齐万物云。然天籁之吹,仍以众窍而显。且与比竹之吹,一而二二而一者也。故以下诸节,皆兼及天地人三籁以明之。

自第二节至七节,皆论天籁之吹万不同。然文章之妙,妙在特提出"知""言"二义,绝不再提天籁。读其文者,当悟所谓知者知此天籁,言者言此天籁。是曰大知大言,不然小知小言耳,其何以以明,其何以两行,其何以因是,其何以葆光。况就文气读之,仍当视为子綦对子游以言天籁也。

于第二节,论天人之知。首明大知小知,大言小言。其知大,其言亦大。其知小,其言亦小。犹斥鷃之笑鲲鹏,此天人之辨也。魂交曰天,形开曰地,接构曰人。心斗者,人地相斗而不知天,惜哉。若小恐大恐之情,五十步笑百步耳。然是非出焉,日夜代焉,辗转于形骸之内,尚能见真宰乎。驰而莫止,役而无归,悲哉哀哉。夫言本乎知,知成于心,近死无阳之心,有不芒者哉。虽然芒与不芒,无益损乎其真,咸其自取耳。

第三节论道与言。夫知至曰道,道隐于小成,知未至也。言隐于荣华,言失实也。道言隐,乃有儒墨之是非。是非者,各一无穷,若连环然。于上节曰"日夜相代乎前,而莫知其所萌",此节已推得所萌在隐。道隐小成,即小知。言隐荣华,即小言。治之者莫若以明,明者,吾丧我之天籁也。若儒墨之未丧我,孰能明其是非。

第四节论两行。两行者,既行于是之无穷,亦行于非之无穷。既行于成之无穷,亦行于毁之无穷。且非徒行之而已,又能和是非一成毁,得连环之中,曰天钧者休焉。上节所谓以明,明此两行耳,非吹万不同之天籁乎。至于天钧之象,或以神明,或以知通。惜未达者之用知,不知神明,与达者之知,其得盖同。乃劳其神明而一之,虽一而未知神明不用之大用,故持其知舍其神,或喜怒于神知间,非狙公之朝三乎。人而朝三,如惠施公孙龙辈,知知不知神,不亦悲乎。惟知之可一,此庄子之所以以惠施为质也。

第五节论滑疑之耀。凡知以未始有物为至,是天也。以为有物者,曰大块,天将地焉。以为有物而有封,是地也。有封而又有是非,是人也。是非之知以亏道成爱,是之谓滑疑之耀。若昭文、师旷、惠施之知几焉,惜载之以知,则于道既亏,于爱亦将无成。其人之知,犹爝火耳。日月已出,滑疑之耀,难乎其为光也。昭氏之不鼓琴,无声之声,天籁奏矣。此两行以明,岂知者之知所能知邪。

第六节论自无适有,此庄子之言。夫言非吹也,有道焉。道大成而言无荣华则一,一者何,天地与我并生,万物与我为一。且天地万物者,我也,吾既丧我,安知一之有乎,无乎,有始乎,无始乎。然既言此一,此一与言已为二,闻之者二与一为三,其变将无穷。此为庄子不得已之合,"自无适有以至于三"之谓也。若未丧我之言,是谓自有适有,尚可齐乎。故自有而适无,自无而无适,此《庄子》之书,虽言而未尝言也。

第七节论葆光,此庄子之知。夫葆光犹两行,曰天府者犹天钧。然两行之天钧,间有达者之知,此葆光之天府,已知止其所不知。故葆光之象,注焉不满,酌焉不竭,非器之谓也。所以行之者三,曰:"六合之外圣人存而不论,六合之内圣人论而不议,《春秋》经世先王之志,圣人议而不辩。"悟有不论不议不辩之境者,可与同登天府以观此葆光矣,其于天地间之万物,尚有不齐者哉。

至于后段之文,五喻为五节:自"故昔者尧问舜曰"至"而况德之进乎日者乎"为第一节。自"啮缺问乎王倪曰"至"而况利害之端乎"为第二节。自"瞿鹊子问乎长梧子曰"至"故寓诸无竟"为第三节。自"罔两问景曰"至"恶识其所以不然"为第四节。自"昔者庄周梦为蝴蝶"至"此之谓物化"为第五节。

由第一节之喻,以见人籁利害之端,小恐大恐之情生焉。庚桑子闻有俎豆之者,亦南面而不释然,其理同。由第二节之喻,明心斗之无正,与利害相刃相靡,有不芒者乎。第三节之喻,述与接为构之情状。寓诸无竟者,天钧也,两行也。第四节之喻,谓其觉形开。第五节之喻,谓其寐魂交。开为地,阴阳对待,恶识所以然,恶识所以不然。交为天,周与蝴蝶,不得不分,不得不化。物化无穷,天府之葆光也。

《养生主》析文第三

《养生主》一篇,其文短而精,其义奇而邃。得之者死生一,非养生之至道乎。理承《齐物论》之物化而为火传。彼梦也,此薪焚指穷,非梦也。然恶知梦之非梦乎,非梦之为梦乎。今距庄子,已二千余年。人之知,已知乎物质之不灭,又知乎能量之不灭,则火传可求。然与县解,一乎二乎,有辨乎,无辨乎。一言以蔽之,或以知,或不以知,殆不殆存焉。故养生者,死不为近名之善,生不为近刑之恶,缘督为经而行,恢恢乎其游刃有余。善刀而藏之,宗而主之,"可以保身,可以全生,可以养亲,可以尽年",性命之理至矣。

文分二段。自"吾生也有涯"至"可以尽年"为第一段。养生之理,悉在其中。夫以有涯之生,养成无涯之生,此通乎死生之谓也。以无涯之知,养成有涯之知,此辨乎死生之谓也。生与知交相养,变化焉,消息焉,以无涯随有涯,不穷不殆,斯可论养生之道矣。

或因名为善,非善也,名也。因刑去恶,未去也,惧也。况名之所善者,固善乎,刑之所加者,固恶乎,犹未可必者也。故近名之善,近刑之恶,养生者所忌。为刑名之善恶所拘,尚足缘吾之督,以养吾之经乎。曰督者,督脉也,位于背脊。气缘督而上,北冥徙于南冥之象。以此保身,非保吾一人之身,天下人之身,莫不保焉。以此全生,非全吾一人之生,天下人之生,莫不全焉。以此养亲,非养吾一人之亲,天下之为人子者,莫不养其亲焉,是之谓上遂。以此尽年,非尽吾一人之年,天下之人皆然,指穷为薪,莫不火传,不知其尽也。不尽而尽,尽其不尽之年耳。曰保身,曰全生者,宇也。曰养亲,曰尽年者,宙也。《庚桑楚》篇有曰"有实而无乎处者,宇也。有长而无本剽者,宙也"是其义。藐姑射山之神人,非养生以贯宇宙者乎。

自"庖丁为文惠君解牛"至"不知其尽也"为第二段,皆设喻以喻养生。其间分三节。自"庖丁为文惠君解牛"至"得养生焉"为第一节,明缘督以为经。自"公文轩见右师而惊曰"至"神虽王不善也"为第二节,明为恶无近刑。自"老聃死"至"不知其尽也"为第三节,明为善无近名。

闻庖丁解牛之言,惠文君得养生焉。读《庄子》之书者,亦能得养生者乎。夫解牛者,杀生也。杀牛之生,以养吾生,其仁乎。况杀之也多,其道乃明,今见于科学实验,仁者为之乎。虽然岁更刀,月更刀者,何用之用,增其杀心耳。究释迦之未成佛也,为歌利王节节支解,能无嗔恨者,或遇庖丁乎。盖大郤大窍间,支解之,批导之,神之所由行,乐之所由出。以天下之至柔,驰骋天下之至坚,此杀之非所以生之乎,解之非所以脱其物累乎。犁牛之子骍且角,虽欲勿用,山川其舍诸。惜仁术未大,每多以羊易牛。熙熙子子,其何以甲坼天下而复其乾元耶。善财之参王者,似不仁而非不仁,亦此意乎。能循此而进,蜕脱其质,生理在矣。

若泽雉之畜乎樊中,刑乎,未刑乎。右师之介,未刑乎,刑乎。且右师与泽雉为恶乎,未恶乎。其于缘督为经,何涉之有。唯樊中之泽雉,不如右师之介,乃知解牛之非不仁也。

至于县解与遁天之刑,同乎异乎。三号之于痛哭者,是乎非乎。夫老聃之一生,有为善近名之失乎,秦失三号可谓善补其过也。盖指虽穷薪,其实未穷,此大年之生理也。火传不尽,其理有穷,此大知之变化也。彼小知小年之养生,能不殆哉。

《人间世》析文第四

《人间世》一篇,庄子入世之旨。无用之用,其用莫大,无为之为,始无不为。为者何为乎,自绝于世耳。

全文两大段。自"颜回见仲尼"至"可不慎邪"为前段,自"匠石之齐"至"无用之用也"为后段。前段述人间之大事,后段明处世之妙道。庄子之崇尚自然情见乎辞,唯其入世也深,乃有此荒唐之辞。寄身于社,寄德于支离,其然乎,否乎。人世间果如是者乎,庄子未知人世之乐者乎,其过甚其事乎,抑尚有所未见乎。色斯举矣,翔而后集,何凤德之不如雌雉乎。

前段分三节:自"颜回见仲尼"至"而况散焉者乎"为第一节。自"叶公子高将使于齐"至"此其难者"为第二节。自"颜阖将傅卫灵公大子"至"可不慎邪"为第三节。第一节论君道,第二节论臣道,第三节论师道,此三者,入世之大事备矣。

以君道论。若颜回之"端而虚,勉而一","内直而外曲,成而上比",皆师心者也。能有济乎,无济也,菑人反菑,往而刑耳。唯心斋而虚者,始能入游其樊而无感其名,无翼不飞,无知不知,是之谓止止。止其所止,有不止存焉,此无翼之飞,无知之知,是之谓坐驰。驰骛于耳目而外于心知,谓境之无动于心知也,则鬼神将来舍,而况人乎。君者亦人也,君心舍焉,始可纽焉。格君心之非感人心而天下和平,万物之化也。

以臣道论。始于父子之命,终于君道之义,遇命义之事,其唯安之乎。安心行事,身其忘乎,忘身以传两国之言,其可溢美溢恶乎。故能乘物以游心,托不得已以养中,阴阳人道之患,庶可免乎。

以师道论。形莫若就,心莫若和,就不欲入,和不欲出。就而入之,为颠为灭,为崩为蹶,此入消之弊也。和而出之,为声为名,为妖为孽,此出息之弊也。去其怒心,戒其不时,以待其自入自出而已,此非包蒙之吉乎。

夫"集虚也","养中也","无疵也",合而言之,无为也。君而无为,君道无不为;臣而无为,臣道无不为;师而无为,师道无不为。奈君、臣、师之好为也,人间世能无惑乱乎!

后段分四节:自"匠石之齐"至"不亦远乎"为第一节。自"南伯子綦游乎商之丘"至"此乃神人之所以为大祥也"为第二节。自"支离疏者"至"又况支离其德者乎"为第三节。自"孔子适楚"至"而莫知无用之用也"为第四节。

第一节匠石论栎社树,以散木而寄,不亦妙哉。盖栎树者,散木也,隐于散木,不已可乎。更且为社木以寄之,非大隐隐于市之理欤。故散而不见其散,用而不见其用,散乎,非散乎,有用乎,无用乎,无容心焉。夫散木,犹心斋集虚之止止乎,寄社犹不止之坐驰乎。鬼神来舍何况于人,能终天年于人间世,有以也。

第二节南伯子綦论木之材不材,南伯子綦即南郭子綦,伯长也,谓南郭之长者。隐机而吾丧我,亦心斋之象,出游而见不材之用,其坐驰乎。大义与上节同。推及巫祝以为不祥者,神人以为大祥。间有人有痔病者,不可以适河,则是时固有若河伯取妇之事乎。以人为牺牲,何其不仁,处人间世何其难耶。百世之下于西门豹之治邺,尚思之敬之云。

第三节记支离疏。幸疏之支离其形,犹可养其身终其天年,是之谓散人。前段中,栎社树梦讥匠石为几死之散人,若疏者,方可配散木而无愧矣夫。

第四节记接舆对孔子之言,较《论语》中所记者为详。若接舆者,支离其德者也。末曰:"山木自寇也,膏火自煎也。桂可食,故伐之,漆可用,故割之。人皆知有用之用,而莫知无用之用也。"此数语既可视为接舆之言,亦可视为庄子总论四喻之旨。凡前二喻明散木,后二喻明散人。散人若疏者,支离其形而已矣,若接舆者,始支离其德而为庄子所贵。所谓闻其风而悦之,其闻接舆之风乎。

《德充符》析文第五

《德充符》者,内德充沛而外形可遗,心止于符,气虚待物,集之道之,何情之有。全篇记兀者四人而归诸道貌天形,人奇文奇,文奇理奇。常人之笔,俗人之思,安能望其项背。宜《庄子》之书,百读不厌者也。

文分二段。自"鲁有兀者王骀"至"德友而已矣"为前段,自"闉跂支离无脤"至"子以坚白鸣"为后段。前段凡四节,自"鲁有兀者王骀"至"彼且何肯以物为事乎"为第一节,明兀者王骀。自"申徒嘉兀者也"至"子无乃称"为第二节,明兀者申徒嘉。自"鲁有兀者叔山无趾"至"天刑之安可解"为第三节,明兀者叔山无趾。自"鲁哀公问于仲尼曰"至"德友而已矣"为第四节,明恶人哀骀它。此王骀、申徒嘉、叔山无趾、哀骀它四人，皆能德充心符而忘其形，庄子贵而述之，以为《德充符》之例。

后段凡二节。自"阚跂支离无脤"至"独成其天"为第一节，明内德外形有天人大小之异。以总结前段之四人，皆当警乎大哉，独成其天。自"惠子谓庄子曰"至"子以坚白鸣"为第二节，以惠子与庄子论情为全篇之终。其有未知道貌天形之人，有若惠子者乎，鸣坚白者，非诚忘，而何余韵袅袅，行云可遏，于无情之符，圣人所游焉。

读前段四节，其文笔各不相同。王骀者，仲尼所已知者，借常季之问而论之。凡四问四答，步步为营，层层进逼，诚能引人入胜。初则极誉之以出常季之意表(答第一问)。继则明其能守宗，王骀之所以为王骀者，守宗而已矣(答第二问)。唯其守宗不失，故视丧其足，犹遗土也(答第三问)。况似为丧一人之足以守一人之宗，安知其守其丧，可为天下之正，万物所取则，彼尚肯以万物为事乎(答第四问)。然则引天下而与从之，固其宜也。以上第一节王骀之事，未见王骀，孔子间接明之耳。

第二节申徒嘉者，记子产与申徒嘉之对言。凡二问二答而子产服，乃申徒嘉自明其道也。所妙者，以"自状其过，以不当亡者众，不状其过，以不当存者寡"答子产自反之问，令人感慨，皋陶能无愧乎。末曰："今子与我游于形骸之内，而子索我于形骸之外，不亦过乎。"盖形骸内之自反，不亦难乎，若形骸外之穷上反下，有命焉，安之者有德。德充而符，形骸之内，岂足以游，此伯昏无人所以不知申徒嘉为兀者也。

曰叔山无趾者，兼从孔老，亡形内之足，存形外之尊足。文于"请讲以所闻"下，当有孔子之说，庄子略而不言，非其所重，亦行文之善于取舍也。夫无趾者，有得乎老聃之道乎，以尊足行于死生一条，可不可一贯之境。乃反以孔子，已遭天刑而亡其尊足焉。此阴阳消息之两端，庄子诚深通易道者也。

至于哀骀它者,恶人也。恶之为言,谓形之丑恶,未识与支离疏孰愈。其人亦未见,由鲁哀公述之以问孔子,孔子知其为才全而德不形者也。才全者,犹出入无疾乎,德不形者,犹消息之几,处于潜龙勿用之渊者乎。唯孔子知哀骀它,非德充心符能之乎,故哀公以德友视孔子矣。

上述四人,各以二字概之曰"守宗"、"安命"、"真足"、"才德"。更究其实,王骀所守之宗,非申徒嘉所安之命乎。其宗其命,犹无趾之真足,真足之象,哀骀它之才德也。守之安之,存之全之,其见天地之心乎。见心而符之,有德而不形,接而生时,以绝外物之离,其《德充符》之精粹乎。

又后段第一节,论灵公桓公之视全人,其脰肩肩,是谓诚忘。真足未存,与无趾以孔子为天刑,可同日而语耶。其间之辨,天人也,大小也。故圣人所游,不谋不斫,无丧不贷,天鬻天食,与物为春,小而大,人而天,是非云乎哉。

若第二节,其余波也。有情无情,属人属天,道貌天形者,伤身益生者,万世常存,咸其自取耳。天刑之,其可解乎,其不可解乎,唯庄子知之,盖有待乎惠子而以之为质者也。

《大宗师》析文第六

《大宗师》一篇,论真人真知。道不可道之道,名不可名之名,理在言表,意在象外,安得忘言者共读其文,忘象者同观其象。闻之疑始,于心莫逆,坐忘以究寥天一,义仁老巧云乎哉。大宗师之师,其师此乎,其师此乎。

全篇凡二段。自"知天之所为"至"而比于列星"为前段,"南伯子葵问乎女偊曰"至"命也夫"为后段。前段明道,后段述例,道以例显,例以喻道。道不可学,例不可执,不学不执,真知存焉。

若前段中,宜分八节。自"知天之所为"至"且有真人而后有真知"

为第一节。自"何谓真人"至"知之能登假于道也若此"为第二节。自"古之真人其寝不梦"至"其嗜欲深者其天机浅"为第三节。自"古之真人不知说生"至"不以人助天，是之谓真人"为第四节。自"若然者其心志"至"而不自适其适者也"为第五节。自"古之真人其状义而不朋"至"天与人不相胜也是之谓真人"为第六节。自"死生命也"至"而一化之所待乎"为第七节。自"夫道有情有信"至"而比于列星"为第八节。

第一节论天人之知，惟真人有真知，始能明辨天人。第二节首句"何谓真人"，盖设问以起其义，直贯前段。凡二、三、四、六四节皆明真人，五、七二节皆明真人之真知。第八节明道，真人真知之本也。

若夫真人之象，不逆寡者，不以消而悲；不雄成者，不以息而喜；不谟士者，谢君子小人之浸长。故虽与于消，过而弗悔，虽与于息，当而不自得也。曰登高不栗者，免艮限列夤之属；曰入水不濡者，未陷坎窞之险；曰入火不热者，不取突如之来。其知若此，始能跻于九陵，而登假于一阴一阳之道矣(以上为第二节)。又其寝不梦，箕子之明夷利贞；其觉无忧，受兹介福于其王母；其食不甘，得金矢以去毒；其息深深，潜于确乎不拔之渊。息以踵者，震之春生，天机也。息以喉者，兑之秋杀，嗜欲也。深彼则浅此，深此则浅彼，真人者，深其天机而已矣(以上为第三节)。又不知说生，观求颐养之正；不知恶死，大过利往之亨。出不䜣，复刚反，动而以顺行；入不距，姤相遇，品物其咸章。倏然往来，出入无疾之谓；不忘其所始而复之，复其见天地之心乎。不求其所终，受而喜之，咸亨咸宁而咸章，天下大行也。故真人者，不以欲心捐道心，不以人情助天行。任其剥复夬姤，达其家人睽蹇解。原始反终，故知死生之说(以上为第四节)。若然者，其心志于道而不捐。其容寂，至日闭关以长阳，煖然似春也。其颡頯，巽为寡发为广颡，小亨以长阴，凄然似秋也。煖然喜，凄然怒，通乎四时之运，与物生克之宜而莫知其极，不以人助天之谓也。故时既为秋，亡国而不失人心。春时而以利泽施于万物，岂为爱人。反则乐通物非圣人，有亲非仁，失时非贤,利害不通非君子,行名失己非士,亡身不真非役人,是皆以人助天之谓。若狐不偕辈,皆役于人,适于人,而不自适其适,憧憧往来之知,岂真人之真知耶(以上为第五节)。由是更进而论真人之状,义而不朋者,泰中行而朋亡也。不足而不承者,谦卑而不可逾也。觚而不坚者,黄离之甲胄也。虚而华者,直方大之不习也。邴乎似喜者,豫乐而不冥也。崔乎不得已者,夬决而仍和也。滀乎进色者,贲而白贲也。与乎止德者,艮之时止也。厉乎似世者,震雷虩虩也。謷乎未可制者,冥升以消不富也。连乎好闭者,知止而往蹇来连也。悗乎忘言者,兑乃无言之说也。合而论之,以刑为体曰利,绰乎其杀也。以礼为翼曰亨,所以行世也。以知为时曰贞,不得已于事也。以德为循曰元,与有足者至于丘也。或循或知,或翼或刑,真人勤行之,其真勤行乎。好之一而天,不好之不一而人,一而不一,不一而一,天人、人天、达不相胜之象,尚有天人之辨乎。知有所待而无所待,不谓之真人可乎(以上为第六节)。既明真人之状,乃合而论真人之真知。夫真人视死生,犹夜旦之消息,其常天之变,因命而处之。以人事言,君父而已矣。父生而爱之,身体发肤受之父母不敢毁伤也;君愈己而死之,杀身成仁舍生取义也。一生一死,一消一息,可不知尚有卓与真乎。卓者,不生之生;真者,死而不死。下女偊曰"杀生者不死,生生者不生"是也。故宜志乎死生夜旦,儵然往来,如鱼之相忘于江湖,何必相响相濡。然则誉尧非桀者,非囿于治乱之消息乎。当两忘而化其道,以归出入无疾之复也。载形劳生,佚老息死,其常天之命乎。善生以善死,真人何容心之有,归其心而藏之,有其道焉。如舟为巽象,壑为震象,藏舟于壑,恒也。山为艮象,泽为兑象,藏山于泽,咸也。当山形于壑则显,颐曰生;舟行于泽亦显,中孚曰信。失其信者,舟没于泽,大过曰死;山隐于壑,见壑而不见山,小过曰情。小过过恭过哀过俭,其情之慎者乎。此有藏、有显、有隐、有灭,人自未觉耳。况否泰大小往来之藏,临已知八月之凶而遯。若夫体乾坤而乾坤,藏天下于天下,定位于先天,水火不相射于后天。彼山泽通气,雷风不相薄,皆恒物之大情乎,藏乎遁乎,负之而走乎,昧者不知乎,阴阳物尚有所遁乎,其无所遁乎。圣人之游,其于此乎,其逍遥游乎,其梦蝶乎,其观鱼乎,鲲鹏之化乎,鹏之图南乎,丧我乎,火传乎,止止乎,支离乎,忘其诚忘乎,不凿其浑沌乎。达观六十四卦之象,天下其藏焉夫。或效于天老始终之一端者,犹列子御风,尚有所待,可不知一化之所待乎。然则生死之待,可不化之。特犯人之形而喜之,将不胜其乐。奈执此而拒彼,知生而不知死,其何以任自然而化鲲鹏哉。任之化之,待而一之,非真人之真乎(以上为第七节)。得此一化之所待,非道而何。有情者,隐而见也,有信者,见而不失也。无为者,任自然而两忘也。无形者,地而天也。道无所不在可传也,犯人之形不可受也,藏天下于天下可得也,形而象不可见也。天一而地二,若天地鬼帝皆二也,有不生于一者乎。宜道为神鬼神帝,生天生地。尚不知有二,在太极之先也。三才阴阳而根之,在六极之下也。不为高深,破大小之位也。天地所本,先天地而生也。自古固存,长于上古也。不为久老,破古今之时也。驾时位而上之,御宇宙而化之,真人之真知,其此道乎?其至矣乎!故狶韦氏得之以挈天地,挈之者,犹絜矩之道乎。伏羲氏得之以袭气母,其消息之谓乎。挈而一之,消息而显之,一犹维斗,消息犹日月乎。由是山川天地鸢飞鱼跃,自然人事莫非此道,结于骑龙尾之傅说,其忘而复之之谓乎(以上第八节)。总上而论,乃知人知天,有待无待,道之名之,其可道乎可名乎,师之而已矣。

至于后段,可分七节。自"南伯子葵问乎女偊曰"至"参寥闻之疑始"为第一节。自"子祀子舆子犁子来"至"成然寐蘧然觉"为第二节。自"子桑户孟子反子琴张"至"天之小人也"为第三节。自"颜回问仲尼曰"至"乃入于寥天一"为第四节。自"意而子见许由"至"此所游已"为第五节。自"颜回曰"至"丘也请从而后也"为第六节。自"子舆与子桑友"至"然而至此极者命也夫"为第七节。

第一节女偊论道,分圣人之才与圣人之道。才犹业,道犹德,进德以修业,其可舍德以执业乎。又才犹人,道犹天,不以心捐道,不以人助天,其可恃才废道乎。天人不相胜,其至矣乎。虽然,卜梁倚当受教于女偊,岂女偊学于卜梁倚者。非我求童蒙,童蒙来求我,其可颠乎。女偊以天一,卜梁倚得地二。若三日外天下天三东也,七日外物天七南也,九日外生天九西也,而后朝彻复归于天一北也。见独者外天下所致,无古今者外物所致,入于不死不生者外生所致。杀生者不死,生生者不生,生死一也,知日夜相代之所萌,其真宰之朕乎。由是将其自将,无不将也。迎其自迎,无不迎也。毁其自毁,无不毁也。成其自成,无不成也。女偊以告卜梁倚者,非河图乎:一三五七九者道也,二四六八十者才也。将于四九西而根于三八东,迎于三八东而根于四九西,毁于一六北而根于二七南,成于二七南而根于一六北。撄宁也者,其五十乎。撄犹赜,其五乎,周流四方而一之,不亦赜乎,是之谓撄也。见赜而宁之,拟象之,议动之,各有所当,各得其宜,其十之成乎。天人不相胜,五位相得而各有合也。若图、书者,互为表里,道载于河图,其传在洛书。故由副墨之子以至疑始凡九传,非洛书之九数乎。曰副墨之子者,谓得自典籍。曰洛诵之孙者,典籍本诸口传也。洛诵者其诵洛书乎,《天运篇》云"九洛之事"是也。所传者,天乃锡禹洪范九畴之谓乎。庄子寓名于女偊,其闻道于禹者乎。禹曰神禹,此女之人之耳。凡副墨之子与洛诵之孙,道赖以传,山泽通气之谓也。前者为山,其象艮,其数六,其位西北。后者为泽,其象兑,其数四,其位东南。艮止犹典籍,兑口为诵也。诵而知之曰瞻明,其本曰聂许,经此而知道,水火不相射之谓也。前者为水,其象为坎,其数七,其位西。后者为火,其象为离,其数三,其位东。瞻离明者坎,许坎聂者离,是之谓不相射。知道者,知此之谓乎。知而行之曰需役,其本曰于讴,道由是而行,雷风相薄之谓也。前者为雷,其象为震,其数八,其位东北。后者为风,其象为巽,其数二,其位西南。震行其为需役乎,巽风以鸣万籁,于讴之谓也。出入无疾，不诉不距，道其行矣。合知行而一之，曰玄冥，其本曰参寥。参其玄而寥其冥也，是谓天地定位。天象为乾，其数九，其位南。地象为坤，其数一，其位北。乾玄坤冥，乾参坤寥，交而一之，一而极之，乃入于寥天一，非此参寥之谓乎。参寥闻之疑始者，其数五，其位中，其大者乾元之资始乎。疑之者，始生未萌，太极之先、皇极之无偏乎，浑沌之象也，《天运篇》云"天下戴之，此谓上皇"，是也。

第二节论子祀、子舆、子犁、子来四人为莫逆之交。第三节论子桑户、孟子反、子琴张三人为莫逆之交。第七节又明子舆与子桑友。子桑非子桑户乎，故此七人皆为莫逆之交，犹一人也。或贫或病，或生或死，何间于心。子舆之县解，物不结也，子祀恶之之问，有以启之乎。子来之善为祥金，以造化为大冶也，子犁之叱避，有以成之乎。子桑之若歌若哭安命也，孟子反、子琴张之编曲鼓琴，有以羡之乎。其境不同，其知死生存亡之一体，登天游雾以挠挑无极，非七人之所同乎。所妙者，孔子使子贡往吊以显方内方外之象。夫畸人之畸人，畸于人而侔于天，亦有畸于天而侔于人之畸人乎，非终身未闻有庄子者乎。

第四节者，因上节子贡之往吊，而及颜回问孟孙才居母丧之事。孔子之答，与答子贡者大义相似。彼斥礼，此绝知，归于"安排而去化，乃入于寥天一"。安排者，死生命也。去化者，忘而化其道也。入于寥天一者，玄冥而参寥，入于天一之冥也。第六节继此，回盖坐忘，参寥而疑始，同则无好也。鲲而鹏，化则无常也。其游逍遥，回亦挠挑无极焉。反观第五节，许由息意而子之黥，补意而子之劓，所以复既凿之浑沌。鳌万物者，阴阳物之发挥，其卦变爻变乎。泽及万世者，阴阳合德而刚柔有体，乾元其定于既济乎。长于上古者，一阖一辟，形上形下，或乾或坤，或神或知，其易简之理乎。覆载天地刻雕众形者，至赜至动，进退之，升降之，究变之，周流之，消息之，出入之，各指其所之之谓乎。不为义有情也，不为仁有信也，不为老无为也，不为巧无形也。有形而无形，有为而无为，信其所信，情其所情。之乎理乎，定乎性乎，此所游乎其遥荡恣睢转徙之途乎,其犹离形去知同于大通之坐忘乎。许由与颜回,易地则皆然,其然乎否乎。

上述七节可分可合,皆明真人真知之道也。若许由、意而子、女偊、南伯子葵、孔子、颜回及子祀等七人,皆有所同乎,其皆为真人乎,其知皆为真知乎。夫天下物生,因时可外。副墨洛诵,因次可进。黮可息,劓可补,寥天一可入,益可坐忘。命乎命乎,任自然乎,人能弘道乎。盖天人不相胜,任自然者未尝废弘道,待乎无待乎,此之谓命乎。读《庄子》者,宜三致意焉。

《应帝王》析文第七

《应帝王》者,所以觉人。凡《庄子》内七篇,以上六篇,皆属自觉,犹儒家之内圣,结以此篇,其外王欤。若壶子之道,庶几于浑沌,应于帝王者,以此乎。奈凿破浑沌,每在觉人,道家善藏,盖惜此耳。其唯若镜之不将不迎,则应而不藏矣。故内圣以成镜,外王者,以镜照物之谓乎。

全篇两段。自"啮缺问于王倪"至"一以是终"为前段,自"无为名尸"至"七日而浑沌死"为后段。前段述五事,以明外王之道。后段以理统事,归于凿破浑沌,犹《易》终未济之义。息黮补劓,终则有始,以复鲲鹏之化、图南之游也。

前段中凡五事分五节:自"啮缺问于王倪"至"而未始入于非人"为第一节。自"肩吾见狂接舆"至"而曾二虫之无知"为第二节。自"天根游于殷阳"至"而天下治矣"为第三节。自"阳子居见老聃曰"至"而游于无有者也"为第四节。自"郑有神巫曰季咸"至"一以是终"为第五节。

第一节者,蒲衣子语啮缺以应帝王之道。蒲衣子即被衣,王倪之师。啮缺者,师于王倪者也。四问四不知,未详所问。《齐物论》中,载有啮缺三问王倪而三不知,后尝试言之,未识即是事乎,或另有所指乎。盖不重所问,重在不知之答。唯不知而自反所问,再三再四,然后有悟,因大喜以告蒲衣子,上遂之意也。蒲衣子亦上遂之,由有虞氏以及泰氏。有虞氏者,未始出于非人。泰氏者,未始入于非人。夫出入者,消息也。是息而非消,是出而非入,息为人,消为非人,此有虞氏之藏仁也。故出则得人,以非非人。其出入不交犹否也,奚若泰氏。泰氏者,泰象也,反否之谓,入则其卧徐徐,出则其觉于于。乾马坤牛,保合大和,不诉不距,翛然往来,有情有信,无为无形。其出为人,不知非人,故虽入,未始入于非人。一化所待,其德甚真,此出入无疾,天人不相胜之谓。未见天地之心者,其何以应帝王哉,此节重在不知。

第二节者,狂接舆斥日中始之说,以悟肩吾。夫君人者,以己出经式义度。其所出是乎,非乎,得乎,失乎。己之所是者,人能是乎。己之所得者,人能得乎。不之是能无非之乎,不之得能无失之乎。虽有非之失之,必强人以化之,非欺德而何。则高飞深穴之遁人,曾二虫之无知,应帝王云乎哉。故君人者正而后行,不贵所出,确乎能其事而事之,人亦各事其事,自然而化焉。盖治内即以治外,出而治外,能治外乎。此节重不出。

第三节者,无名人不得已而语天根为天下之道。心淡气漠者,不以心捐道也,顺物自然者,不以人助天也。如是者,心犹道,人犹天,私无所容焉,本诸无私。其入而凝,将与造物者为人,陶铸尧舜之谓也。其出而游,乘夫莽眇之鸟者,乘天地之正也;出六极之外者,御六气之辨也。图南无穷,彼且恶乎待哉。此节重在无私。

第四节者,老聃正阳子居之所谓明王,戒其有为也。不自己而民弗恃,有莫举名,立乎不测,犹许由所谓不为义仁老巧。游于无有者,明王之治无为而无不为也。此节重在无有。老聃与阳子居,其六祖与神秀之谓乎。

第五节者,壶子因季咸以悟列子。夫列子御风而行,犹有所待。待文王而兴者,凡民也,岂豪杰之士哉。幸有壶子以悟之,反身以求之，纷而封哉，一以是终。或已能有待而无待，二而一矣。至于壶子之逃季咸，能变象而已矣。象由吾出，人孰得而相诸。此洛书之大用，参天两地，七蓍八卦，顺逆周流，因时而化。季咸似神，尚未及咸祒之知本，安得不逃。观其四次相壶子，第一次见湿灰者，坎象其数一，其位北。以九渊论之，当止水之审。夫坎水宜流，不幸陷入坎窞，凝于一穴而止，死象也。第二次见杜权者，艮象其数八，其位东北。以九渊论之，当流水之审。盖艮象成终成始，止而将流，故有瘳矣，全然有生矣。第三次见不齐者，乾象其数六，其位东北。以九渊论之，当鲵桓之审。有鲵般桓于渊，波涛起伏，其水尚可相乎。实即乾之自强不息，为圜者，其可以规矩限之哉。凡渊有九名，即洛书之九畴，此处三者，当乾艮坎六八一之位也。此外六渊之名，见于《列子》曰滥水、沃水、氿水、雍水、汧水、肥水，然壶子未言，略之可也。第四次者，立未定，自失而走，盖见太极之象，其数五，其位中是也。以上为季咸所见后天洛书之象，惜知其象，而未知所本，安得不穷。且以壶子观之，又当先天洛书之象。第一次所示之地文，坤象也，乾元死于坤，是谓杜德机。不震不正(正或作止)，其旁震艮之位，先天之坤，后天之坎也。第二次所示之天壤，震象也，乾元复出震，是谓善者机。机发于踵，踵为震象，先天之震，后天之艮也。第三次所示之太冲莫胜，艮象也，乾元成终成始，混然一之，终始莫胜，何相之有，是谓衡气机。先天之艮，后天之乾也。第四次所示未始出吾宗，太极也，阴阳不测，故能虚而委蛇。因以为弟靡，静之不穷。因以为波流，动之不穷。动静各一无穷，更进于衡气机之无思无为，是诚无相之相。知相而不知无相之相之季咸，尚能相之乎，尚能安之而不逃乎。此节重在因机而见机，机在吾，役物而不役于物之谓也。

合上五节，谓不知不出，无私无有，乃能得机，机以时显，帝王其应焉。

后段凡二节，自“无为名尸”至“故能胜物而不伤”为第一节。自

"南海之帝为倏"至"七日而浑沌死"为第二节。

或以第一节接于前段第五节之"一以是终"下,仍以此节为指列子言。若然者,全篇凡六节,以述六事。奈此节中所谓"亦虚而已""至人之用心若镜"等,皆为明理之言,何可属诸列子之自修自证。故当视为后段之第一节,所以总摄前段中之五事云。此节虽短,应帝王之主文也。曰无为名尸,无名人之无私也。无为谋府,泰氏之徐徐于于也。无为事任,确乎能其事者而已矣。无为知主者,明主之游于无有也。体尽无穷而游无朕者,壶子之示机无穷,未始出吾宗其游无朕。凡此五事,皆尽其所受于天而无见得,始足以应帝王。应帝王者,亦虚而已矣。其虚若镜,不应则不将不迎,藏也;应则莫不照,不藏也。藏与不藏,无与于镜,况镜大莫不照,镜圆莫不及,物无遁形,明镜依旧,故能胜物而不伤。曰镜者,其大圆镜智之谓乎。或更破镜而观之,则无有一无有,藏天下于天下之谓也。

第二节更设浑沌倏忽之喻,实应于《逍遥游》鲲鹏之化。南海之帝为倏,鹏也。北海之帝为忽,鲲也。鲲之化鹏,赖于中央之帝浑沌者也。若鲲既化鹏而不知图南,合未化之鲲,曰凿浑沌。其理曰消,其象曰姤,倏忽之报德,女壮之遇也。浑沌其死,有鱼无鱼,象雌无雄,又奚卵焉,尚有知逍遥游者乎。夫读《逍遥游》之文,首曰北冥者,冬至也,息也。此节首曰南海者,夏至也,消也。立乎不测,何辨之有,消则复之,一以是终,浑沌其有死生乎哉。

卷二　外篇析文（凡十五）

《骈拇》析文第八

《骈拇》篇第八,外篇之一。全篇一义,郁然成章。盖推崇道德,以上斥仁义之操,而下拒淫僻之行也。全篇凡五段:自"骈拇枝指"至

"非天下之至正也"为第一段。自"彼正正者"至"天下何其嚣嚣也"为第二段。自"且夫待钩绳规矩而正者"至"是非以仁义易其性与"为第三段。自"故尝试论之"至"又恶取君子小人于其间哉"为第四段。自"且夫属其性乎仁义者"至"而下不敢为淫僻之行也"为第五段。

第一段总论，以骈拇、枝指、附赘、县疣喻仁义，乃侈于德侈于性而非道德之正者也。分斥骈于明之离朱，多于聪之师旷，枝于仁之曾史，骈于辨之杨墨。第二段明正正者当不失其性命之情，若仁人之多忧，意非人情。第三段推论第二段之义，明仁义之失其常然而易人之性，使天下惑。第四段又推论第三段之义，明天下尽殉。所殉仁义，俗谓之君子，即上段所谓大惑易性。所殉货财，俗谓之小人，即上段所谓小惑易方。且以仁义易性而推至以物易性，则易方犹易性也。归于"又恶取君子小人于其间哉"，即《大宗师》中"与其誉尧而非桀也，不如两忘而化其道"之义。第五段总结，谓当臧于德，以任性命之情而自闻自见而已矣。不然大惑小惑，同为淫僻也。

《马蹄》析文第九

《马蹄》篇第九，外篇之二。以副内篇《应帝王》之义，伯乐善治马，陶匠善治埴木，工匠残朴为器，圣人毁道德为仁义，皆凿窍之谓也。全篇凡四段：自"马蹄可以践霜雪"至"此亦治天下者之过也"为第一段。自"吾意善治天下者不然"至"素朴而民性得矣"为第二段。自"及至圣人"至"圣人之过也"为第三段。自"夫马陆居则食草饮水"至"此亦圣人之过也"为第四段。

第一段以伯乐治马为主，陪以陶者治埴，匠人治木，以喻治物而失物之性，皆治天下之过也。第二段正言善治天下之道。谓民有常性，是谓同德。一而不党，名曰天放。同乎无欲，是谓素朴。素朴而民性得，得其常性则同德而一，天放之谓也。故以素朴为基而成于天放，犹《在宥》之义。第三段并论圣人毁道德为仁义之过，工匠残朴为器之罪。然以前者为主，所以失人之性，朴残而其德始疑始分，尚能天放乎。第四段更合一、三两段之主，以伯乐、圣人并论而明其罪过。然仍以圣人为主，其屈折礼乐以匡天下之形，县跂仁义以慰天下之心，果能匡乎慰乎，孰若舍哺而熙，鼓腹而游乎。

《胠箧》析文第十

《胠箧》篇第十，外篇之三。此篇气势独盛，为全书中仅见者。设喻奇突，以圣盗并视，犹阴阳也。有阳必有阴，有圣必有盗，故曰"圣人生而大盗起"，"圣人已死则大盗不起"，大义仍同"与其誉尧而非桀，不如两忘而化其道"。归两仪于太极，至德之世，无为而无不为也。理承《应帝王》中，狂接舆斥日中始之以己出经式义度，盖欺德也。全篇凡三段：自"将为胠箧探囊发匮之盗而为守备"至"而天下始治矣"为第一段。自"夫川竭而谷虚"至"法之所无用也"为第二段。自"子独不知至德之世乎"至"嘷嘷已乱天下矣"为第三段。

第一段起笔，直入肯綮。大义谓世俗之至知为大盗积，至圣为大盗守。二用"何以知其然邪"，前明田成子以臣盗君，后明四贤之戮为以君盗臣，盖盗亦有道也。后以"由是观之"作结，必"掊击圣人纵舍盗贼而天下始治矣"。第二段反复明圣盗之相因，其言曰"彼窃钩者诛，窃国者为诸侯，诸侯之门而仁义存焉"，又曰"彼曾史杨墨师旷工倕离朱皆外立其德而以爚乱天下者也"等等，其畅快之言乎？沉痛之言乎？正言乎？反言乎？乃在读者之善味也。第三节以至治之世明好知之过，历举容成氏至神农氏，共十二氏之名，庄子奋笔之情可见矣，非以当十二地支之象乎。末曰"嘷嘷已乱天下矣"，盖尚不言之教。与孔子之"予欲无言"同乎？亦在读者之善思也。

《在宥》析文第十一

《在宥》篇第十一，外篇之四。此篇盖明《应帝王》之旨，在宥天下，其可治天下乎？全篇三段：自"闻在宥天下"至"吾又何暇治天下哉"为第一段。自"崔瞿问于老聃曰"至"起辞而行"为第二段。自"世俗之人"至"不可不察也"为第三段。于前后二段，论在宥之理。中段述三事以喻之。无撄人心，物将自壮，物故自生。浑沌不凿，性德乃全，帝王其应矣夫。

第一段以"在宥天下"与"治天下"对言，在而其性不淫，犹复象，宥而其德不迁，犹无妄象。尸居而龙见，朋来无咎之义，复而临，仍主复象言。在渊而默，唯闻震雷之声，刚反来复，乾元之神动焉。动而天随，上卦坤变乾曰无妄，复则不妄，从容无为，天下雷行，物与无妄，而万物炊累焉。至日闭关，不远之复，是之谓在，无妄何之，不迁之德，是之谓宥。在之宥之，何必欣欣瘁瘁，不恬不愉，解五藏擢聪明以治天下为哉。况阴阳相错，性德相应，内曰明聪仁义礼乐圣知，外曰色声德理技淫艺疵，此内外八者可存可亡，不亦善乎。而或毗阳毗阴，甚则并毗而喜怒无常，乔诘卓鸷，弇卷犵囊，天下尚能不乱乎。

第二段述三事，凡三节：自"崔瞿问于老聃曰"至"故曰绝圣弃知而天下大治"为第一节。自"黄帝立为天下"至"而我独存乎"为第二节。自"云将东游"至"起解而行"为第三节。此三节三事，稠适而上遂，由崔瞿而黄帝，由黄帝而云将，由老聃而广成子，由广成子而鸿蒙。若鸿蒙者，庶几于宗乎。

第一节老聃明无撄人心。首述人心之不可系，继论撄之则不胜撄，其弊无穷，末归于绝圣弃知而天下大治，在宥之谓也。究其述人心之偾骄，当咸四憧憧之象。或跃在渊，其动乎，静乎，抑下乎，进上乎，囚杀乎，淖约乎，雕琢乎，寒热乎。俯仰之间而抚四海之外，必较光速尤疾，其可撄之乎哉。第二节承第一节之黄帝言，唯黄帝始以仁义撄人心，此节乃述黄帝见广成子以宁其撄。撄宁也者，撄而后成者也，故名广成欤。若黄帝初闻之言，与闲居三月后之闻大异，盖见心斋之功，孟子曰"求放心"其义同。至此广成子始语以至道，有以也。《大学》

曰:"自天子以至于庶人,壹是皆以修身为本。"宜黄帝问治身而广成子
善之。夫静神正形,去知守身。慎内以入窈冥之门,其内无穷。闭外
以遂大明之上,其游无极。达彼至阴至阳之原,其太极乾元之谓乎。
一之和之,无穷无测。有体无体,得失咸宜。形上形下,道器何辨。故
皇王光土,无入而不自得。长生独存,岂虚言哉。千二百岁者,谓乾坤
十二爻,以百岁当一爻云。形不劳,精不摇,周流消息,反复无已,未尝
或衰。人各如是,尚有佐五谷,养民人,官阴阳,遂群生之事乎。云行
雨施物与无妄,何必不待其自然,有当我远我之缗昏乎。第三节又承
第二节之云气言,唯下有黄帝之攫人心治天下,故其上云气亦将不待
族而雨。云将初问于鸿蒙即此义。鸿蒙告以治人之过,即草木不待黄
而落,乱天逆物,尚能成玄天乎哉。仙仙乎归,天作孽可免,大同乎涬
溟,其根各复。不知不离,万物云云,自化自生,以观无妄。云将而鸿
蒙以成玄天,在宥之道显矣。凡此三节,其理层层深入,及鸿蒙而浑浑
沌沌,终身不离,即应帝王之浑沌也。知之而离之,问名而窥情,即倏
忽之日凿浑沌也。究云将之德,默而成之,非退藏于密之谓乎。不离
不凿,藏密之大用也。

　　第一节详论治天下为国而不能物物之足悲。观世俗之人,贵贱不
在己,是以喜人同己,恶人异己。然因象以宁所闻,曷尝出乎众哉,且
不知集众技之众,揆诸易象,"众允"云乎哉,其能晋乎。揽乎利而不见
其意,侥幸而已,有土者不可不知。果能明物物者之非物,则出入无
疾,独有至贵,犹广成子之独存也。第二节推论大同乎涬溟之旨,复根
不离,由形影声响问应而达无响无方无端之境,合乎大同焉。睹有睹
无而归于无,无名天地之始,其鸿蒙之谓乎。夫广成属有,鸿蒙属无,
观徼观妙,同谓之玄。大同乎涬溟者,玄之又玄之玄天成矣。第三节
明在宥天下之道,以安性命之情,义应于第一段。以内典喻,彼明八者
之可存可亡,犹六色六尘,此明物民事法义仁礼德道天十者之当有而
各不可执,犹十二处十八界。既入法界,尚何碍于色尘耶。若此十者

以道为辨,物至德八者属有为而累之人道,其相宗乎,天者无为而尊之天道,其性宗乎。《易》曰"一阴一阳之谓道",阴阳之相去远矣,不可不察也。噫嘻。唯其远,此大同乎淬溟之在宥所以可贵也,治天下之弊,近而已矣。

《天地》析文第十二

《天地》篇第十二,外篇之五,次承《在宥》篇,义亦相承,以观《应帝王》之失得。是篇中凡寓言九,前四则后五则,首中末各加议论。一言以蔽之,谓君当成于天,无为而治,以复泰初之性也。读其文,宜分三段。自"天地虽大"至"大小长短修远"为第一段,以论君天下之道。自"黄帝游乎赤水之北"至"同乎大顺"为第二段,以泰初大顺之理,明前四则寓言之旨。自"夫子问于老聃曰"至"赤可以为得矣"为第三段,以惑不惑与失性之理,明后五则寓言之旨。

第一段分三节。自"天地虽大"至"无心得而鬼神服"为第一节,义谓无欲无为而渊静,始能通一而无心。君德成于天德,则君臣百官万物,有不治乎。枝事义德道天,有不兼乎。帝王其应矣。全篇之要,盖在此节云。自"夫子曰夫道覆载万物者也"至"死生同状"为第二节。自"夫子曰夫道渊乎其居也"至"大小长短修远"为第三节。此二节皆以夫子之说,证第一节之理,是之谓重言。至于夫子之名,泛称也。或以老子实之,或以孔子实之,或以庄子实之,皆无确证。以下文"夫子问于老聃"之夫子为丘论之,似指孔子为长。然彼节为寓言,以孔子之问,显老子之说。与此二节,义有正反,故亦未可必以为孔子,仍以泛称视之为是。若第二节论道,明天德仁大宽富纪力备完十者,当应帝王之大事。藏金于山者,乾金富于艮山,大畜也。藏珠于渊者,乾圜为珠,坎水为渊,乾下坎上需也。畜聚之,需待之,王天下而显比,何异于藏密。明万物一府,资始资生也。死生同大过颐,通于剥复夬姤之消息也。此皆刳心之功,刳心者,犹洗心也,盖证第一节之无欲无为。若

第三节之论道,推及本原而舍其事。于冥冥无声之中而晓焉和焉,达深深神神之境而物焉精焉。有生于无,至无而供其求,动本于静,时聘而要其宿,所以证第一节渊静之理。

第二段分五节。自"黄帝游乎赤水之北"至"乃可以得乎"为第一节。谓黄帝遗玄珠,使知、离朱、喫诟索之,皆不得而象罔得之。知坎象属北,离朱离象属南,喫诟震兑象属东西,散于四方,孰若蕴中之象罔。夫南北往来,两仪也,玄珠已失,况四象以下。象罔者,非太极之谓乎。自"尧之师曰许由"至"南面之贼也"为第二节。夫许由、齧缺、王倪、被衣,四人四传,即姑射山之四子。盖尧让天下于许由,而许由不受,乃又欲让于许由之师齧缺,且欲藉齧缺之师王倪以要之。宜许由为师辞之,又可免扰及太老师王倪也。若辞之之理,谓齧缺为以人受天而未化为天,则与之配天,将乘人无天,其可乎哉。可以为众父者,刚柔有体也。不可以为众父父者,未及《易》无体之境也。唯其本身尊知,势成北面之祸,南面之贼。免为祸贼,其可囿以君臣之道处。究许由之言,似揭其师之过,实则非也。幸有此非过之过,庶避配天,此许由所以师之者欤。若庚桑楚之不释然,其德未及齧缺多矣。自"尧观乎华"至"退已"为第三节。述尧辞华封人之三祝,以喻尧之行,尚未合乎道。惧、事、辱皆自取者也,不使之来,何及任其来而化之乎。自"尧自天下"至"偊偊乎耕而不顾"为第四节,旨与《缮性》篇同。惟此以尧舜禹为喻,禹德下衰始用赏罚,失仁而后义之谓也。自"泰初有无无"至"同乎大顺"为第五节。无无者,无有一无有义。无名者,天地之始也。圣人藏于无无而为天地之始,是之谓玄德。即黄帝所遗之玄珠,象罔得之,一之所起。夫一阴一阳之谓道,当天一所起,犹未有地二之形。阴物阳物资始资生谓之德,然未形者之分,其德流行无间,谓之命。留动于阴阳,则得阴得阳而生物,物生有形地二也。形体保神二不失一,阴阳各有仪则谓之性,两仪之象也。乾大坤顺,天地生矣,性修反德,德至同于初,谓由二而一,以复于无名无无之泰初,是之谓同乎大顺。虚大而合，言与縠音，何辨之有。当我缗乎，远我昏乎，无缗无昏，其愚故道，非无为之天德乎。若此节之旨，明无而一，一而二，二而一，一而无。文奇理达，思精义醇，太极两仪之道，发挥殆尽，神妙之言也。应于以上寓言，乃象罔为无，黄帝为一，知、离朱、喫诟皆二也。又许由华封人一而尧二，若尧舜与禹，则尧舜一而禹二也。《记》曰："通于一而万事毕"，其二而一乎，"无心得而鬼神服"，其一而无乎。

第三段分七节。自"夫子问于老聃曰"至"是之谓入于天"为第一节。此节与《应帝王》第一段第四节之大义同。彼为阳子居问老聃，此易为孔子问老聃。阳子居欲以学道不倦比明王，孔子欲以辩者当圣人，是皆有为者也，安能舍有形无状之两端而忘物忘天乎。两者皆忘，然后忘己而入于天，犹游于无有也。自"将闾葂见季彻曰"至"而心居矣"为第二节。此节又与《应帝王》第一段第二节之大义同。彼谓狂接舆以肩吾之语为欺德，此述季彻以将闾葂告鲁君之言为必不胜任矣。夫治天下者，皆进其独志，若性之自为，其可出经式义度乎哉。自"子贡南游于楚"至"予与女何足以识之哉"为第三节。此节承《应帝王》第二段第二节之义。彼谓儵忽之凿破浑沌，此述汉阴丈人抱瓮以修之。识其一者，浑沌也，不知其二者，儵忽也。夫汉阴丈人方将为圃畦，凿隧而入井，抱瓮而出灌，是犹入北冥以化鲲为鹏而图南之象。自"谆芒将东之大壑"至"此之谓混冥"为第四节。此节记谆芒答苑风圣治德人神人之问。圣治者，不失其官，不失其能，行其所为，行其自为，犹季彻所谓欲同乎德而心居矣。德人者，物得以生谓之德，二而一者也。神人者，昭旷混冥，一而无者也。乘光亡形，其德至同于初之谓乎。然未知有大壑天府者，其何以识之哉。自"门无鬼与赤张满稽"至"事而无传"为第五节。此节含二义，其一，以有虞氏与武王相比，则武王不及有虞氏。其二，究其本天下均治，皆秃而施髢病而求医之象，奚若相忘于江湖之为愈。形而无迹，事而无传，在宥天下而已矣。自"孝子不谀其亲"至"谁其比忧"为第六节。此节论世俗之威力，竟至严于亲而尊于君。地势坤，其迷乎，不迷乎，惑乎，不惑乎，仁者何其多忧耶。大惑大愚，不解不灵，惑故愚，愚故道，其浑沌之谓乎。自"厉之人夜半生其子"至"亦可以为得矣"为第七节。此节论失性，理与法相宗极相似。五者生之害，即前五识，杨墨之离跂，犹后三识。困而非得，尚未转识成智云。观此段之七节，前五节为寓言五，后二节总论其理，性修反德，犹归诸浑沌也。然曰"莫若释之而不推，不推谁其比忧"，又曰"则是罪人交臂历指而虎豹在于囊槛，亦可以为得矣"。其气平乎，未平乎，其浑沌凿乎，未凿乎。乃在读《庄子》者于书外神而明之，何可执其糟魄哉。

《天道》析文第十三

《天道》篇第十三，外篇之六。是篇论道，主在天乐，一散一切而归诸不言，至人之心有所定矣，亦《应帝王》之旨。全篇宜分二段，自"天道运而无所积"至"天地而已矣"为第一段。自"孔子西藏书于周室"至"古人之糟魄已夫"为第二段。前段明阴阳大道，后段明传道以神。

第一段分四节。自"天道运而无所积"至"以育天下也"为第一节。盖明天乐，此谓子曰"不为庚仁寿巧"，同乎《大宗师》中许由曰"不为义仁老巧"。游此天乐，死生乃一，生也天行，图南之健也，死也物化，梦蝶之分也。同德同波，一心有定，静而内圣，动而外王，推天地，通万物，君臣之位，上下之处，进退之行，莫非此道，即天乐云。圣人以之为心以畜天下，天为而无不为也。自"夫帝王之德"至"而用人群之道也"为第二节。此节承上节之君道言，谓当无为，则用天下而有余。而或有为，则为天下用而不足。故帝王之乘天地，驰万物，用人群，道在无为耳。自"本在于上"至"非上之所以畜下也"为第三节。此节承第一节之臣道言，德教治乐哀之五末，其可先乎哉。天、道德、仁义、分守、形名、因任、原省、是非、赏罚之九序，其可紊乎哉。五变形名，九变赏罚，其可骤乎哉。君而不君，臣而不臣，一曲之辩士也。以方术裂道术足悲,然方术未尝非,知白守黑,庄子亦自居于方术者也。自"昔者舜问于尧曰"至"天地而已矣"为第四节。述尧舜之对言为喻,明用心虽美犹有为,胶胶扰扰,未大也,非无为之君道。天合为第二节之旨,人合为第三节之旨,一于天地,美而且大,王天下之天乐也。

第二段分五节。自"孔子西藏书于周室"至"夫子乱人之性也"为第一节。自"士成绮见老子而问曰"至"其名为窃"为第二节。自"夫子曰"至"有所定矣"为第三节。自"世之所贵道者"至"而世岂识之哉"为第四节。自"桓公读书于堂上"至"古人之糟魄已夫"为第五节。第一节记孔子欲因老聃以藏书于周室,所以传道耳。老聃不许者,其书大谩,况其要仁义,又非人之性。兼爱为迂,无私乃私,偈偈乎以揭之,奚若放德而行,循道而趋乎。若第二节老子不应士成绮之问,有道存焉。明日而其心正却,岂偶然哉。名之曰窃,犹孟子所谓"热中"欤。修身以去之,其可以言语传之乎。第三节记夫子论道,若至人之补天地、遗万物,通道、合德,退仁义、宾礼乐,舍神之末而其神不困,心始有定,岂尚言语者哉。第四节进而论语之所遗者意也,意之所随,何可言传。知者不言,言者不知,奈世人未识何。第五节更举轮扁对桓公之说以实之。读其糟魄,何用之有。若斫轮之道,得手应心,有数存焉,而不能喻人,则孜孜于语言文字者,其可已乎。虽然,文以载道,此不言之言,仍必以书载之,宜《老》《庄》亦有书焉。唯书者迹也,迹岂履耶,其可取其糟魄而忽其神乎。

《天运》析文第十四

《天运》篇第十四,外篇之七。全篇记四事。其一,巫咸祒明洛书。其二,庄子答问仁。其三,黄帝张咸池之乐。其四,以老氏之说论孔。故宜分四段。自"天其途乎"至"此谓上皇"为第一段。自"商太宰荡问仁于庄子"至"是以道不渝"为第二段。自"北门成问于黄帝曰"至"道可载而与之俱也"为第三段。自"孔子西游于卫"至"丘得之矣"为第四段。此当四事云。

第一段中，记天地日月之变，云雨之隆施，风之嘘吸，巫咸祒以洛书明之。凡天运地处日月争所之事，于九洛当"次四曰协用五纪"。凡云雨与风，于九洛当"次八曰念用庶征"。巫咸祒曰"天有六极五常"，于九洛当"次九曰飨用五福，威用六极"。且五常之五福，即"初一曰五行"，顺之则治，逆之则凶。顺与逆，阴阳也。合五行与阴阳，即"次七曰明用稽疑"。又曰"九洛之事，治成德备"，其事既可广指九洛之九事，亦可视为单指"次二曰敬用五事"。治成者，犹"次三曰农用八政"。德备者，犹"次六曰乂用三德"。夫以《洪范》九畴，监照下土而天下戴之，此谓上皇。上皇者，九畴主于"次五曰建用皇极"也。

第二段庄子答商太宰荡之问仁。荡以仁合于孝，庄子难之，使天下兼忘我。道不渝，阴阳一之之谓也。

第三段黄帝详释其所张之咸池之乐，满纸乐声，如临洞庭之野。惧怠惑，崇遁愚。惧者，一不可待，穷理之谓乎。怠者，形充空虚而委蛇，尽性之谓乎。惑者，听之而无接，至命之谓乎。翕如始作而失理，能无崇乎。纯如皦如而有穷无止，能无遁思乎。性哉性哉，其已尽乎。绎如之成，自然之命也。天乐之不闻不见，亦有闻之见之者乎。愚者果愚乎，惑者果惑乎，其唯果愚果惑者，始可载而与之俱乎。夫大音希声，大巧若拙，道乎道乎，其可道乎，乐乎乐乎，其可乐乎。三月不知肉味，非愚为何。

第四段论孔老，间分五节。自"孔子西游于卫"至"惜乎而夫子其穷哉"为第一节。自"孔子行年五十有一"至"天门弗开矣"为第二节。自"孔子见老聃而语仁义"至"不若相忘于江湖"为第三节。自"孔子见老聃归"至"子贡蹴蹴然立不安"为第四节。自"孔子谓老聃曰"至"丘得之矣"为第五节。见此五节其事同，宜合于一段云。

第一节者，师金因颜渊之问而论孔子。师金盖老子之徒，与第五节老聃告孔子之言，大义相同。取先王已陈之刍狗，以迹为履，其能不

237

穷乎。目击道存,不运而风化,其可效瞚乎哉。不与化为人,安能化人,是之谓山泽通气以虚受人欤。第二节老聃告孔子以采真之游。第三节因孔子语仁义而老聃告以无失其朴。第四节老聃服子贡之盛气。凡不安其性命之情者,而犹自以为圣人,治天下适足以乱天下,不亦可耻乎。至于安其性命之情,莫若复朴,朴非采真之游乎。逍遥无为,苟简易养,不贷无出。以逍遥为主为止,内有中也。物格而出,外正奚可贷哉。外受而出,主中而隐,出入无疾,易简而得天下之理。以开天门,以采其真,鹏之图南,乾元之上出也。

《刻意》析文第十五

《刻意》篇第十五,外篇之八。此篇文义与《天道》篇第一段之第一节(自"天道运而无所积"至"以畜天下也")相似。然彼以虚静恬淡寂漠无为之道散于一切世事而归于天乐,此则斥一切世上之见,合于恬淡寂漠虚无无为而贵乎纯粹精。夫纯粹精者,乾元之象,贵而一之,非天乐而何。故读此篇者,当与彼节并读,庶见庄子缀文之思。

此篇凡三段。自"刻意尚行"至"圣人之德也"为第一段。自"故曰恬淡寂漠"至"此养神之道也"为第二段。自"夫有干越之剑者"至"谓之真人"为第三段。

第一段者,并列"山谷之士"、"平世之士"、"朝廷之士"、"江海之士"、"道引之士"五者而从于澹然无极之道德,老子曰"为天下式,常德不忒,复归于无极"是其义。若五士者,言虽平列亦有取乎先后之序。曰"山谷之士",犹未忘乎尘世。曰"平世之士",本以世事为主。曰"朝廷之士",有执乎世事。曰"江海之士",有意以避世。此与"山谷之士"行同实异,或先于"平世之士"或次于"朝廷之士"之后,有以也。最后为"道引之士",已反乎身,与澹然无极为近。虽然,仍一士耳,其见殊卓,或即以为寿,视庄子陋矣。

第二段者,并列"故曰"六,盖分述澹然无极之象。其一曰"恬淡虚无无为寂漠",其二论"德全而神不亏",其三明圣人之"合天德",其四正"悲乐"、"喜怒"、"好恶"之情以免忧患,其五述"天德之象"以去弊劳之邪气,其六曰"养神之道"养其纯粹耳。

第三段者,明第二段之神德,亦总结全文之义。其德贵精,是谓精神。精神同帝,犹浩然之气乎。其神纯粹而一之,精神而合于天伦,非纯粹精之乾乎。然体之曰纯素,名之曰真人,以至而生,知白守黑之义也。

《缮性》析文第十六

《缮性》篇第十六,属外篇之九。夫读《庄子》三十三篇,唯外篇中之《骈拇》、《马蹄》、《胠箧》、《刻意》、《缮性》五篇为纯粹一文。味前四篇之取喻固妙,而文章之妙莫妙于此篇《缮性》,为全书中仅见者。非先读百遍,无从得其神。析之者,辨其迹而已矣。

全文可分七段。自"缮性于俗"至"谓之蔽蒙之民"为第一段。自"古之治道者"至"冒则物必失其性"为第二段。自"古之人"至"隐故不自隐"为第三段。自"古之所谓隐士者"至"此存身之道也"为第四段。自"古之存身者"至"乐全之谓得志"为第五段。自"古之所谓得志者"至"虽乐未尝不荒也"为第六段。自"故曰"至"谓之倒置之民"为第七段。

其始、末二段相对,仅数句。而全文之旨,即在正此蔽蒙与倒置之民。二、六二段亦相对,各分二节。二段中自"古之治道者"至"而和理出其性"为第一节,义谓和理出其性,则不蔽蒙,故知与恬交相养,缮性之成也。自"夫德和也"至"冒则物必失其性也"为第二节,明出于性之和理,将由德道仁义忠而变化为礼乐,唯礼乐遍行,天下乱矣。盖在彼虽正,在己未必正,必以彼正蒙己德,其能和乎。出其性者不和,蔽蒙生焉,是犹老子所谓"失道而后德,失德而后仁,失仁而后义,失义而后礼,夫礼者,忠信之薄而乱之首"也。

又六段中自"古之所谓得志者"至"无以益其乐而已矣"为第一节,谓古之得志由己,不以轩冕而变,所以存其性。自"今之所谓得志者"至"虽乐未尝不荒也"为第二节,谓今以轩冕为得志,轩冕去而不乐,则出乎性之乐荒焉,性安得不失,乐以外物,其性颠倒矣。

故第二段者,承第一段明蔽蒙之所由生。第六段者,启第七段述倒置之丧于物。至于蔽蒙,非倒置。以理言,蔽蒙者,失在形上之道;倒置者,误于形下之器。文于中间三段,盖述自上而下之变通。于第三段以史征实蔽蒙之渐,即由和理至礼乐之变化。归于文灭质,博溺心,而世道相丧。以隐字作结,形上隐矣。隐故不自隐,明阴阳之消息,当隐而隐,非自隐也。第四段论时命。当时命者上也,乾元上出,反一无迹之象。不当时命者下也,深根宁极而待,潜龙勿用之用,确乎不拔也。以存身作结者,时命为下,龙蛇之蛰也。第五段论存身。存身以正己,岂为小行小识乎。己正而乐全,乐全为得志,然则存身于下,其志仍上。故"不以辩饰知,不以知穷天下,不以知穷德"三句,缮性之法莫善焉。不然,得志于轩冕,小行小识耳,由蔽蒙而倒置,下而不上,缮性云乎哉。

《秋水》析文第十七

《秋水》篇第十七,外篇之十。此文读诵者众多,每以为庄子之代表作。盖其行文畅达,推论精微,妙义叠出不穷,诚能引人入胜,于《逍遥游》之理,阐发无余。小知小年者,读此可以无憾。凡已读《逍遥游》者,当读此篇以和其小大。然既读此篇者,仍不可不知《逍遥游》之图南也。

全篇凡三段。自"秋水时至"至"是谓反其真"为第一段。自"夔怜蚿"至"乃逸而走"为第二段。自"庄子钓于濮水"至"我知之濠上也"为第三段。三段各自取义,不相连贯。第一段论反真,第二段论胜不胜,第三段散记庄子之出处云。

　　第一段中,河伯与北海若七问七答为七节。自"秋水时至"至"不似尔向之自多于水乎"为第一节。自"河伯曰然则吾大天地而小毫末"至"又何以知天地之足以穷至大之域"为第二节。自"河伯曰世之议者"至"约分之至也"为第三节。自"河伯曰若物之外"至"小大之家"为第四节。自"河伯曰然则我何为乎"至"夫固将自化"为第五节。自"河伯曰然则何贵于道邪"至"反要而语极"为第六节。自"曰何谓夫"至"是谓反其真"为第七节。

　　第一节,首明河伯见大,则蜩与学鸠辈,不笑九万里而图南焉。北海若之答,谓不当自多,惜五帝三王之世事,皆自多于中国所致。第二节明小大之无穷。又何以知毫末之足以定至细之倪,又何以知天地之足以穷至大之域,则何可以天地为大毫末为小,鲲鹏与斥鷃,亦岂有大小哉。《逍遥游》与《齐物论》通焉。第三节进而论大小。大小者,因势而有,准于《易》,其象属坤。有形而无形,言论而意致,由粗而精,庶达乾象焉。或未悟约分之至,宋荣子其犹然笑之者乎。以下第四节,河伯问物之内外恶至而倪贵贱小大,即欲定内外之分,辨荣辱之境也。北海若答以道物俗差功趣六观,则人情物理古今世事之变,有外于此者乎。神而明之,默而成之,贵贱大小云乎哉。然河伯尚为趣观所迷,宜第五节有吾终奈何之问,北海若答以道观固将自化矣。反衍者,其反诸大衍之数乎。谢施者,由亨复元,以谢云雨之象乎。无一而《易》无体,参差而神无方,无体之体,其消息乎。消息终始,以语大义之方,以论万物之理,非无方之方乎。无动不变,无时不移,因时而动,有不自化者乎。六位时成,时乘六龙,尚有何为何不为之奈何。凡第四节六观并论,第五节特言道观,故第六节河伯又有何贵于道之问。夫由知道而达理,由达理而明权,由明权而不以物害己,则尚有贵于道者乎。天在内者,不役于物也。人在外者,役物也。蹢躅者,妧初之巽权。屈伸消息,出入无疾,刚反而复,要终语极,其人而天之谓乎。末节辨天人犹明自然人事，"无以人灭天，无以故灭命，无以得殉名"三句，全段之旨也。谨守勿失，反真以知天知人，是谓真人之真知，义又与《大宗师》相应矣。

第二段记三事为三节。自"夔怜蚿"至"唯圣人能也"为第一节。述夔蚿蛇风目心之怜，皆失性之言也。夔一足，蚿万足，蛇无足，风似无有，各有其神。《骈拇》篇所谓"凫胫虽短，续之则忧，鹤胫虽长，断之则悲"是其义，何必怜之哉。文止于风而未及目与心，以存不可言之性也。风取其小不胜为大胜，圣人养气之初阶云。自"孔子游于匡"至"请辞而退"为第二节。记孔子围于匡而弦歌不辍，唯知时命，何往而不可，犹谓以不胜胜之。自"公孙龙问于魏牟曰"至"乃逸而走"为第三节。由魏牟答公孙龙之问，以明同异坚白之论何可与庄子相比，极妙之言，岂自适一时之利者乎。若龙之说犹小胜而大不胜，井蛙之诮，似矣。盖计人之所知，孰若其所不知，其可忽乎哉。

第三段亦分三节以记三事。自"庄子钓于濮水"至"吾将曳尾于涂中"为第一节。记庄子不受楚王之聘，喻以神龟自居，若使"宁生而曳尾涂中"句，出诸二大夫之口，缀文之妙也。自"惠子相梁"至"今子欲以子之梁国而吓我耶"为第二节。夫庄子与惠子，友也。庄子之友之者，以之为质，惠子之友之者，以之为文。总观《庄子》全书可喻。若此节所记，记其趣事耳，恐其不来而未能同游于濠上也。吓之者，匠石可运斤焉。自"庄子与惠子游于濠梁之上"至"我知之濠上也"为第三节。此节理殊精微，"我非子""子非鱼"两端皆为惠子所执，常人能不困乎。庄子乃循本而化之，不亦神乎。究此濠上观鱼，其犹《齐物论》之梦蝶。睡以化蝶，醒以乐鱼，不以人灭天，于斯见矣。

《至乐》析文第十八

《至乐》篇第十八，外篇之十一。共分六段，自"天下有至乐无有哉"至"人也孰能得无为哉"为第一段。自"庄子妻死"至"故止也"为第二段。自"支离叔与滑介叔"至"我又何恶焉"为第三段。自"庄子之楚"至"而复为人间之劳乎"为第四段。自"颜渊东之齐"至"是之谓条达而福持"为第五段。自"列子行食于道"至"皆入于机"为第六段。

第一段论至乐,归于无为。其于俗之所谓乐,未之乐,亦未之不乐,此实大妙。或必以世俗之乐为不乐者,尚有为于其间,易其乐不乐而已,岂无为之乐耶。唯俗之不知无为之乐,故以为大苦,此可辨无为之乐与俗之所谓苦乐焉。夫至乐无乐,已出苦乐而上之。囿于世俗之境者,孰能得从无而出,从无为殖之象哉。

第二段记庄子妻死,犹鼓盆而歌,理同《养生主》中秦失之吊老聃,可不通县解之命乎。虽然,其始死也,何能无慨然,宜秦失亦三号而出也。

第三段记支离叔与滑介叔之观化,事同《大宗师》中子祀与子舆,亦为县解之命。

第四段主述髑髅之梦言,以明《大宗师》中所谓"特犯人之形而犹喜之,若人之形者,万化而未始有极也,其为乐可胜计邪"之义。执生而不知死者,宜三致意焉,岂寓言而已哉。

第五段孔子忧颜渊之之齐,犹《人间世》中孔子告颜渊以心斋坐驰,盖之齐必在之卫之前,孔子尚未之告,乃忧焉。此曰"名止于实",彼曰"无感其名";此曰"义设于适",彼曰"一宅而寓于不得已"。然则能条达而福持者,白已生于虚室矣夫。

第六段记列子因见髑髅而论未尝死未尝生之理。夫得指穷火传之道,髑髅未尝死,列子未尝生。出入于机,犹旦夜耳。种有几非元乎。始生亨通因境而异,宜得水为䁘,得水土之际为蛙蟆之衣,生于陵屯为陵舄焉。生物之进化,果由水而陆,非此义乎。其间动植相杂,禽兽相因,末结于人,人为主也。《大宗师》中之以左臂为鸡,右臂为弹,尻为轮,神为马,又曰为鼠肝,为虫臂,盖明入于机。此由䁘而及人,是谓出于机。出入无已,不知其尽,然则六道轮回之说,固存于《庄子》之书,奚待贝经耶。得此理者尚有不出三界者乎。况三界之出入,其犹此机乎,已非此机乎。此何可言,何可知。不言之言,不知之知,其养生之主乎,逍遥之游乎,至乐无为之象,其庶几乎。

《达生》析文第十九

《达生》篇第十九,外篇之十二。义承内篇之《养生主》。全篇二段,自"达生之情者"至"反以相天"为第一段。自"子列子问关尹曰"至"彼又恶能无惊乎哉"为第二段。前段明理,后段举十三例以喻其理云。

第一段论达生、达命之情。吾生也有涯,故达生者,不务生之所无以为。而知也无涯,故达命者,不务知之所无奈何。夫以物养形,以形存生,不其然乎。惜有物而未能养形,或养形而未能存生者,夥焉。则物与形,虽为养形存生所不可不为,然养生之主,岂在物与形哉,故贵于由弃世而得更生。更生者,其形全精复,与天为一之谓乎。合成体,散成始,成始者,用之谓乎。或体或用,是谓能移。能移以相天,犹泰《象》之"裁成天地之道,辅相天地之宜"。人能弘道,非道弘人,养生之主,其在此乎,达生达命之情者,亦在此乎。

第二段凡十三例当十三节,皆明养生之理,足以补解牛所未备之象。自"子列子问关尹曰"至"民几乎以其真"为第一节。关尹明纯气之守,守以开天即《天运》篇老聃所谓开天门,关尹子直承老聃之道,于斯见矣。若不厌其天而不忍于人,德生者已兼贼生者,庶免出而不入之弊,岂吹呴吐纳道引之士哉。自"仲尼适楚"至"其痀偻丈人之谓乎"为第二节。述痀偻丈人之承蜩,其用志不分而凝于神,亦守其纯气之谓也。自"颜渊问仲尼曰"至"凡外重者内拙"为第三节。谓没人虽未尝见舟而便能操舟者,不以覆舟为惧耳。盖外重则内拙,以喻内守纯气以养生者当舍外物也。自"田开之见周威公"至"皆不鞭其后者也"

为第四节。田开之述其师祝肾养生之理,谓养有内外,当鞭其后者。如单豹养内而忽其外,张毅养外而忽其内,皆偏于一端而未合养生之理也。自"仲尼曰"至"而不知为之戒者过也"为第五节。孔子论入、出、中三者,犹谓阴阳两仪与太极。然出而阳易戒,入而阴不易戒,君子于衽席之上饮食之间,可不慎乎。自"祝宗人玄端"至"所异彘者何也"为第六节。以彘为喻,谓人之以轩冕丧生,何其不知存生乃尔。夫此节明外之不知戒,上节明内之不知戒,合而言之,又当第四节不鞭后者之义。自"桓公田于泽"至"不终日而不知病之去也"为第七节。记齐士皇子告敖以愈桓公之疾。盖桓公之见鬼,起于气散于外而不反,皇子以霸象治之。霸者桓公守气之穴,最易引外以归内,宜不终日而不知病之去也。自"纪渻子为王养斗鸡"至"反走矣"为第八节。此明鸡之守气,与痀偻丈人同。似木鸡者,丈人之臂若槁木之枝也。自"孔子观于吕梁"至"不知吾所以然而然命也"为第九节。记吕梁丈夫之蹈水。曰始故、长性、成命者,已合外内之道,其诚之谓乎。被发行歌而游于塘下,乐莫大矣。自"梓庆削木为鐻"至"其是与"为第十节。梓庆自述为鐻之术,盖本于养气凝神,以神注物。曰"必齐以静心",犹心斋也。"然后入山林观天性",犹坐驰也。"以天合天"者,鬼神将来舍。乃器以凝神,见鐻而惊为鬼斧神工,不亦然乎。夫覆载天地刻雕象形而不为巧,唯梓庆之不敢怀巧,始能成其巧。守纯气岂知巧果敢之列,养气者宜戒焉。自"东野稷以御见庄公"至"故曰败"为第十一节。谓颜阖知东野稷之马将败,是即稷御马之过巧,力已竭,何能不败,巧何用之有耶。自"工倕旋而盖规矩"至"忘适之适也"为第十二节。谓"工倕旋而盖规矩",犹孔子七十而从心所欲不逾矩。灵台一而不桎,忘适之适也。拘于《易》道阴阳而未及无体之象者,尚未足以语此云。自"有孙休者"至"彼又奚能无惊乎哉"为第十三节。明孙休不安命,扁庆子以至得语之。既而自悔失言,何可以己养养鸟,何可以己养养孙休乎。颜渊东之齐,孔子忧之者,亦忧其以己养养齐侯云。不知所以然而然之，知之无奈何而舍之。若孙休之守，其于纯气实远，宜乎扁子之有叹也。

总上十三例，其主于关尹之说乎。守气凝神，物焉得而止焉。外重内拙，气散引病。凡内当蔽者，食色也，外当慎者，轩冕也。鞭其后者，柴立乎中，似木鸡，似槁木，舍巧忘适，长性成命。达生达命之情，能移相天之理，其寓矣夫，其寓矣夫。

《山木》析文第二十

《山木》篇第二十，外篇之十三。共记九事，以喻处世之道，盖足成内篇《人间世》者也。于文九事凡九段，事不相关，道通为一，"虚室生白"之"虚"乎。

自"庄子行于山中"至"其唯道德之乡乎"为第一段。夫材不材之间，犹未免乎累，失时位之宜也。若通其龙蛇之消息，上下之变通，资始资生，不专而和，物物而不物于物，元之谓也。有形无形，有象无象，何累之有耶。奈亨而利贞，物情人传，其可必乎。其浮游乎万物之祖，坐驰于道德之乡，盖伏羲几蘧之所行终，炎黄之法则非用九之天则乎。自"市南宜僚见鲁侯"至"其孰能害之"为第二段。市南宜僚为君去患，其大王亶父之尊生也。南征吉，升虚邑，奈侯之未悟何。建得之国，大莫之国，非南冥之天池乎。升而冥，可云虚矣。自"北宫奢为卫灵公赋敛以为钟"至"而况有大涂者乎"为第三段。记北宫奢以自然之道为卫灵公赋敛以为钟，其送往迎来，因其自穷，有为钟之事，无为钟之心。示事于大涂，放心于人，人其舍此为钟之事乎。自"孔子围于陈蔡之间"至"而况人乎"为第四段。谓太公任吊孔子于陈蔡被围之时，说以不死之道，无责于人，人亦无责焉。曰意怠，曰大成之人，其否二"大人否亨"之象乎。自"孔子问子桑雽曰"至"固不待物"为第五段。记孔子失意而问于子桑雽，子桑雽告以利合、天属之理，若林回之弃千金而负赤子是也。异日又引舜将死之言曰"形莫若缘，情莫若率"。缘形率情,不离不劳,不求文以待形,固不待物形而象,则利合去,天属来,执大象,天下往,尚何患之有耶。据此知孔子有交于子桑雳,雳或作户,宜《大宗师》载子桑户死,孔子使子贡往侍事焉。自"庄子衣大布而补之"至"徵也夫"为第六段。庄子贫而非惫,犹孔子"邦有道贫且贱焉,耻也,邦无道富且贵焉,耻也"之义。自"孔子穷于陈蔡之间"至"圣人晏然体逝而终矣"为第七段。其境与第四段同,然彼以太公任说孔子,此以孔子教颜回,彼曰意怠,即此曰鹬鸸乎。曰"无受天损易",犹"天作孽,犹可违"。曰"无受人益难",犹"自作孽不可逭"。曰"无始而非卒也",通乎宙也。曰"人与天一也",合于宇也。无有一无有,圣人藏乎是,故能"晏然休逝而终矣"。未达乎此,则广己造大、爱己造哀之悲,将不期而生,可不戒乎。自"庄周游乎雕陵之樊"至"吾所以不庭也"为第八段。义谓二类相召,物固相累,见得忘形,见利忘真,能不慨然乎。其文曲折有致,相召者五,曰蝉、螳螂、异鹊、庄周、虞人,是亦观化而化及我。不庭者,非有大患于有身乎。自"阳子之宋"至"安往而不爱哉"为第九段。明行贤而当去自贤之行,其谦象之谓也。不然,山附于地,有不剥者乎。

《田子方》析文第二十一

《田子方》第二十一,外篇之十四。全篇记十事当十段,可与《知北游》之十段并观,皆辅成内篇《德充符》《大宗师》之象。彼篇以承《大宗师》为主,此篇以承《德充符》为主。得此二十事之神,斯睹人与天地之情焉。

自"田子方侍坐于魏文侯"至"夫魏直为我累耳"为第一段。义与市南宜僚语鲁侯同。然彼则市南子虽明语而鲁侯未悟,此则田子方未明言而文侯已知魏为其累。此犹《人间世》与《德充符》之辨乎。自"温伯雪子适齐"至"亦不可以容声矣"为第二段。目击而道存,犹老子曰"眸子不运而风化",是时孔子见温伯雪子已在见老子之后乎。若明乎礼义而陋于知人心辈,皆以迹为履。子曰"礼云礼云,玉帛云乎哉。乐云乐云,钟鼓云乎哉",若温伯雪子盖已知人心之礼义者乎。自"颜渊问于仲尼曰"至"吾有不忘者存"为第三段。此段可足成《论语》中颜渊之说。夫颜渊于孔子,有弥高弥坚、在前在后、从之末由之叹,然未闻孔子对此叹之断辞,而此段即是。未识庄子有所闻而记之欤,抑以意而言之欤。义谓孔子哀颜渊之交一臂而失之,待著已尽而尚求之,非求马于唐肆乎。吾有不忘者存,惜颜渊为诚忘也。自"孔子见老聃"至"吾不知天地之大全也"为第四段。老子告孔子以游于物之初。至阴至阳,肃赫交通,消息焉,相反焉,无端无穷,是犹以泰象为主而观否泰反类之辟卦消息云。得之顺之,何修之有,此非老氏有得乎《归藏》首坤之妙旨乎。自"庄子见鲁哀公"至"可谓多乎"为第五段。考庄子与鲁哀公相距百余年,何能反见,盖为寓言耳。谓哀公时儒者一人,非孔子而何,此段之旨所以尊孔子为儒,以斥有儒之名而无儒之实者也。自"百里奚爵禄不入于心"至"是真画者也"为第六段。是段记三人,曰百里奚,曰有虞氏,曰后至之画师,皆谓其能凝神而守气,与《达生》篇中之疴偻丈人梓庆等同象。自"文王观于臧"至"彼直以循斯须也"为第七段。此段有三义。其一臧丈人其钓莫钓,谓无用之用,宜文王欲授之政。其二文王托诸梦以循斯须,犹栎树之寄于社。臧丈人愿受文王之政,非因其梦乎。其三文王有及天下之志,则有为焉。乃朝令夜遁,终身无闻。若臧丈人者,可云善藏矣。自"列御寇为伯昏无人射"至"殆矣夫"为第八段。记御寇之射,巧于平地而穷于高山,与登高不栗之真人相去尚远,是守气未全,其神未凝所致,盖犹有所待者也。自"肩吾问于孙叔敖曰"至"既以与人已愈有"为第九段。夫孙叔敖不为令尹来去而易其情,盖所守之气已不在爵禄。故孔子以通乎死生之真人喻之,其言可补《大宗师》所未备云。自"楚王与凡君坐"至"而楚未始存也"为第十段。谓楚存而凡亡,然存国亡国之情,未足以变凡君之象。其与孙叔敖之心同,一以令尹,一以国耳。反之,如楚王以存为得,则情系于国,已不足存道,故凡君曰"凡未始亡而楚未始存也"。

观上述十事中,前七事皆杂取《养生主》《人间世》之义而归诸《德充符》,后三事则由《德充符》而通于《大宗师》矣。

《知北游》析文第二十二

《知北游》第二十二,外篇之殿。全篇十段,皆论道,义属内篇《大宗师》之旨。自"知北游于玄水之上"至"可以观于天矣"为第一段。自"齧缺问道乎被衣"至"彼何人哉"为第二段。自"舜问乎丞曰"至"又胡可得而有邪"为第三段。自"孔子问于老聃曰"至"此之谓大得"为第四段。自"东廓子问于庄子曰"至"非积散也"为第五段。自"妸荷甘与神农同学于老龙吉"至"不游乎太虚"为第六段。自"光曜问乎无有曰"至"何从至此哉"为第七段。自"大马之捶钩者"至"物孰不资焉"为第八段。自"冉求于仲尼曰"至"亦乃取于是者也"为第九段。自"颜渊问乎仲尼曰"至"齐知之所知则浅矣"为第十段。

第一段中分四节:自"知北游于玄水之上"至"我与汝终不近也"为第一节。自"夫知者不言"至"圣人故贵一"为第二节。自"知谓黄帝曰"至"以黄帝为知言"为第三节。自"天地有大美而不言"至"可以观于天矣"为第四节。一三两节盖记其事,二四两节乃论其事。事起于知之三问,其言曰:"何思何虑则知道,何处何服则安道,何从何道则得道。"黄帝之答,改六"何"字为六"无"字,三"则"字为三"始"字,可云妙矣。然未若狂屈欲答而忘言,况狂屈之欲言而忘,又奚若无为谓之不知答也。知者不言,言者不知,实至矣夫。若已为物而复归于根,复其一而已矣。乾阳物,美而生为神奇,坤阴物,恶而死为臭腐。乾坤消息一气耳,圣人故贵一,得其一者,是谓本根。一阴一阳之道在焉,乃可以观不言之美,不议之法,不说之理。天何言哉,四时行,百物生。道哉,道哉,其可道乎哉。

第二段记齧缺问道乎其师被衣,被衣告之未已,齧缺睡寐。被衣乃大说,行歌而去。究其所告与所歌之言,犹坤二"不习无不利"之象。齧缺自然而睡,被衣安得不说。不知之知,无心之心,瞳如新生之犊,先天之气存焉。

第三段丞答舜问,大义谓道不可得而有,盖吾之身、生、性命、子孙皆非吾之所有,而况道乎。道者,一阴一阳之谓,阳气行而不知所往,阴气处而不知所持,存其气而食又不知所味。若天地二气之本,阳气之自强不息也。有之乃有不有,可谓之道乎。然则顺之承之而已,其可有之乎。

第四段老聃为孔子言至道之崖略,间分四节。自"孔子问于老聃曰"至"将为汝言其崖略"为第一节。首明闻道当斋,与《人间世》中孔子语颜渊以心斋同义。此言斋戒之律,一曰疏瀹而心,以治心有颠碍,犹易《系》所谓洗心;二曰澡雪而精神,以治昏沉与不聪明;三曰掊击而知,以治有凿之知而非睿知。若能洗心而聪明睿知,始可与言道之崖略焉。自"夫昭昭生于冥冥"至"此其道与"为第二节。犹言天道。道生精神,精生形,形生万物,是之谓昭。昭生于冥冥,有伦生于无形也。自"且夫博之不必知"至"此其道与"为第三节。犹言地道。不必知慧,不加损益,承天而已。德厚莫不载,故万物皆往资焉而不匮。自"中国有人焉"至"此之谓大得"为第四节。犹言人道。人参天地而生,故曰非阴非阳。间又当分四小节。自"中国有人焉"至"奚足以为尧桀之是非"为第一小节。明人皆相似,以生物观之,何有尧桀之是非。曰生者暗醯物,今所谓基因乎,脱氧核糖核酸进焉而尚未之本乎。自"果蓏有理"至"王之所起也"为第二小节。明人之生,果蓏艮象,理当硕果之反,人其生焉。圣人不违不守,庶其道德帝王之事,悉在其中,是之谓《应帝王》也。自"人生天地之间"至"乃大归乎"为第三小节。明人之死,夫生死出入,忽然而已。以天地之寿观人生之百年,非若白驹之过郤乎。哀悲之因为生物人类之常,然能有识其身从魂魄而往,大归以解堕其天弢天袭者乎。纷宛以游于机,哀悲云乎哉。自"不形之形"至"此之谓大得"为第四小节。此小节为明人道之至,亦及天地之道。夫至道者,不论不见,不辩不闻,此之谓大得也。

第五段庄子答东郭子问道恶乎在。谓道无所不在,已为至极之言,不可加矣。奈东郭子尚欲期而后可,则问不及质而大误,是犹大哉乾元不言所利,其可期于所利者乎。期有不期,利有不利。道而期物,物必有际,道者不际之际,际之不际,其可期于物际乎。故盈虚衰杀非盈虚衰杀,本末积散非本末积散,名之而已,立之即破之,庶几于道。内典中之《金刚经》亦以此义也。游乎无何有之宫,不游之谓,故往则无往,来则有去,所至所止,安知其终。其有穷乎安排去化,以入寥天一,吾其志乎。

第六段分三节。自"婀荷甘与神农同学与老龙吉"至"夫子无所发予之狂言而死矣夫"为第一节。明老龙吉以不言之教教婀荷甘与神农。神农体之之情,尚未及婀荷甘,故当老龙死,其情奔放,不期说出其哀也。其二言谓已学得狂言。奈其师已死,更有何人以启发予之狂言乎。自"弇堈吊闻之曰"至"所以论道而非道也"为第二节。谓弇堈吊闻神农之言而明道者不言。若神农者,于道为秋毫之端万分未得其一,而犹知其师之藏其狂言而死,又况夫体道若老龙吉者乎。无形无声,冥冥其论,论道而非道也。自"于是泰清问乎无穷曰"至"不游乎大虚"为第三节。首有"于是"二字,盖此节足成弇堈吊所言之义,故仍当属诸第六段云。夫无穷不知道,深而内;无为知道之数,浅而外。泰青有悟乎无始之说,而曰"弗知乃知乎,知乃不知乎",犹第一段中"知者不言,言者不知"之义。于"有问道而应之者"前,更加"无始曰",以明无始有间而又深释之。本无外而问,其问能不穷乎。本无内而应,其应能有内乎。以无内待问穷,尚能观宇宙知大初之象乎。不过昆仑,不游太虚,道云乎哉。老龙吉之无所发神农之狂言而死,有以矣。

第七段论无有,又进于光曜之有无而能无无。盖光曜虽听之不闻,抟之不得,然视之犹见,乃于无有尚有一间。与有者,其乘光之上神乎。

第八段记捶钩者之言,其痀偻丈人之流亚欤。夫道无所不在,写于捶钩,有不际之际、际之不际者存。物孰不资焉,假不用者,其凝神守气之谓乎。

第九段孔子答冉求之问以明古犹今。夫古今之变曰宙,人之于宙,死生耳。"不以生生死,不以死死生",与《大宗师》中女偊所谓"杀生者不死,生生者不生"同义。盖死生皆有待于一体者,"无古今而后能入于不死不生"是也。况物物者非物,有物无已,非物之爱人亦无已。神明其无已,古今有不一乎。则未有天地,不亦可知乎。又有妙者,冉求初闻古犹今而昭然,翌日而昧然,神明之神,于斯可验。孜孜于辩知者,若公孙龙惠施辈,其口呿不合,舌举不下,不亦宜乎。孔子止冉求之对,即此义也。

第十段孔子论无有将迎之游以答颜渊之问。按《应帝王》有曰:"至人之用心若镜,不将不迎,应而不藏,故能胜物而不伤。"此段盖阐明其义。首以古今为言,以辨人之内外与化不化。凡由古及今,化由外及内,不化由内及外。化于外者物,不化于内者一,主于一而物化,至人若镜之用心也。故能不将不迎,安化安不化。相靡者,物化也。莫多者,不化之一也。圣人之安于处物化而不伤物,物亦不能伤其一,唯无所伤者为能与之相将迎,谓任自然之往来,此不将之将,不迎之迎也。惜由古及今,由囿囿宫室而及儒墨者师,非其化由外及内乎。以是非相靡化已及内之一,而况今之人乎。哀乐以外物,人直谓物之逆旅耳。悲夫! 若丧其一者,必尚知能而将迎不已,然孰若其不知不能,以有涯随无涯殆矣。更有悟至言去言,至为去为,而不齐其知之所知者乎。

总观此篇十段,理极深邃,言不言之言,为无为之为,道不可道之道,名不可名之名。以事寓道,以笔传神,当于文字外悟之云。

卷三　杂篇析文(凡十一)

《庚桑楚》析文第二十三

《庚桑楚》第二十三,乃杂篇之一。是篇妙语迭出,足补内外篇所未详。卫生之经,犹缘督也。宇泰定者,其坐忘乎。宇宙天门,是恒物之大情。今之移是,若河伯之未遇北海若,蜩与学鸠,安得不同笑鹏之图南。如能去四六以缘于不得已,尚有知不知仁不仁义不义之所患耶。全文共三段。自"老聃之役"至"子胡不南见老子"为第一段。自"南荣趎赢粮七日七夜"至"恶有人灾也"为第二段。自"宇泰定者"至"圣人之道"为第三段。

第一段记庚桑楚之事而及其弟子南荣趎。宜分三节。自"老聃之役"至"社而稷之乎"为第一节,述庚桑楚有德于畏垒之民而其民欲有以报之。自"庚桑子闻之"至"其必有人与人相食者也"为第二节,间分五小节。其一,庚桑子闻之而不释然,盖欲隐而未能隐也。其二,弟子异之,谓弟子未喻其师不释然之意。其三,庚桑子自述未合自然之理,故不释于其师老聃之言。其四,弟子否之,欲以尧舜尊贤授能之理囿其师也。其五,庚桑子痛斥尧舜之道,举贤则民相轧,任知则民相盗,千世之后,必有人与人相食者也。噫!其然乎否乎。可不问然否,其可为杓之人乎。自"南荣趎蹴然正坐曰"至"子胡不南见老子"为第三节,其间南荣趎与庚桑子二问二答为四小节。夫南荣趎亦庚桑楚之弟子,上段通称弟子,不止南荣趎一人也。他人皆有悟于其师之言,已知俎豆于贤人之间为非,唯南荣趎尚未喻,故特标其名。且此篇之旨,即在化此人云。其曰"将恶乎托业",犹存俎豆之心焉,然则畏垒之民之欲俎豆庚桑子,非由于有南荣趎之故乎。其臣妾之知者仁者去之,奈拥肿鞅掌间,犹有若南荣趎者存,此其所以未能隐欤。惜南荣趎未能悟此,庚桑子欲其三年以全形抱生而去营营思虑,已不能更待,故不得不使之南见老子,以待其师化之。南荣趎去,庚桑子必能安居于畏垒之山矣。

第二段记老子之化南荣趎,可分二节。自"南荣趎赢粮七日七夜"至"可怜哉"为第一节,记南荣趎初见老子之问答。老子曰"子何与人偕来之众也",机锋大妙,一如庖丁之解牛,南荣趎安得不俯而惭乎。若知不知仁不仁义不义之三患,未虚所致。憧憧往来,其能受人乎。奈执之不舍,宜老子怜之矣。自"南荣趎请入就舍"至"恶有人灾也"为第二节,记初见后经十日而二见老子之问。唯十日间之自愁未已,老子知其津津乎犹有恶也,语以外内韄与内外揵,治其三患也。不知不仁不义而患朱愚害人、伤彼者,外韄未解,惜其未能内揵。知仁义而患愁我躯、我身、我己者,内韄未解,惜其未能外揵。外内韄者,内外皆未揵也。若是之郁郁,其何能持守道德,而况放道而尚自然之行乎,谓更当斋以静心云。然南荣趎之散乱,十日已不胜自愁,故愿另闻卫生之经,此实与黄帝闲居三月而问广成子治身同义。夫抱一勿失,能止能已,翛然侗然,一如儿子之和,则卫生之经养生之主莫外矣,于大道亦至矣。所惜者,南荣趎又以此为至人之德,名实不辩,可怜哉。冰解冻释,以观往来之消息,是缘督卫生之经,何可以他名紊之。至人之德者,至人交食交乐乎天地,已得此卫生之经之谓也。南荣趎未得,安知此为至人之德否乎哉。然既舍至人之德,又执此为至,宜老子又告之曰未也。必能如儿子之无祸福无人灾,始可知此卫生之经为至。若南荣趎之未能儿子,故犹未也。未识南荣趎至此已悟否,乃在读《庄子》者之悟不悟也。复而出入无疾,尚有外内韄乎。或能睹此南荣趎、庚桑楚、老子之象,可以语易象之变矣。

第三段中约分十八小节,若断若连,义殊精深,其庄子为寓言重言之素材乎。或承以上二段证之,皆可视为老子化南荣趎之言,随闻随记,贵质而不尚文也。

　　第一小节自"宇泰定者"至"谓之天子"。宇泰定者,宇犹位,得乎位而大定,艮象之思不出其位,天光乃发。人不见而自见,成终而成始,人舍天助,终则有始,有恒之谓也。舍有捨、止二义,犹朋之得丧,得丧以位,谓之天民。承天时行而天助,大有为天子之象也。第二小节自"学者"至"天钧败之"。夫学行辩知,皆至其不能学行辩知,则能不能和而两行是,故若有不即是为"朝三"者,天钧安得不败之乎。反之学行辩知皆囿于所能,有不为狙公之用其喜怒乎。第三小节自"备物以将形"至"而不可持者也"。备物以将形者,备万物于吾,由外而内也。藏不虞以生心,《金刚经》所谓"应无所住而生其心",由外变内,自觉之谓也。敬中以达彼,由内而外,觉他之谓也。自觉觉他,出入无疾,何万恶之有,如不幸而有,皆天而非人,任之可也。此曰"不足以滑成,不可内于灵台",犹《德充符》曰"不足以滑和,不可入于灵府"。或未能安命,虽喻于内外出入之理,于才尚未全也。至于灵台之象,实同第八阿赖耶识。有持者,人各有业,不知其所持者,业各不同。不可持者,持以薰习有漏种子,何能转识成智耶。第四小节自"不见其诚己而发"至"每更为失"。发而不当,不当出而出也。业入不舍,不当入而入也。出入有疾,外内韄之谓也。第五小节自"为不善"至"然后能独行"。此论独行,犹复四之"独复"。仰不愧天,俯不怍地,知幽明之故,何惧人鬼哉。第六小节自"券内者"至"犹之魁然"。券内者,犹形上之道。券外者,犹形下之器。内外上下,变通为贵。唯贾人之期费,跂而犹魁然,终身役于物,其能有光乎。第七小节自"与物穷者"至"无亲者尽人"。与物穷而物入,能役物之谓。与物且者物不入,而况人乎。是故不能容身而不能容人,不能容人而无亲,无亲而尽人。尽人者,终身役于人,犹贾人之终身役于物也。第八小节自"兵莫憯于志"至"心则使之也"。此节明阴阳之大寇,心则使之。阴之寇犹贾人期费之玩物丧志,阳之寇犹无亲尽人之玩人丧德。能券内而与物穷,心使之不贼,阴阳岂为寇哉。此六、七、八三小节,似有相应之理,唯各节自有其主旨,故仍分之云。自"道通"至"而定矣"为第九小节,义殊奇特,足补《齐物论》所未备。彼曰"道通为一,其分也成也,其成也毁也。凡物无成与毁,复通为一,唯达者知通为一"。此盖明达者之知,以知分之通于一。天道分为成,犹由体而用,《天下篇》所谓"道术裂而为方术",奈"皆以其有为不可加矣",则其分也以备。且有以备,出而不反,势将不见天地之纯,乃见其鬼焉。见鬼而得,是谓得死,天下皆殉之谓也。能识此皆殉,则灭而有实,鬼之一也。以有形者象无形者而定,为是不用而寓诸庸,其可出而不反乎。自"出无本"至"圣人藏乎是"为第十小节。详论出入,以阐明不诉不距,翛然往来之理,复其见天地之心,见于斯焉。宇曰界,极于坤之无疆。宙曰世,妙在乾之时成。无有之天门,其姤复之几乎。无有一无有,《易》无体之体,其显仁藏用之谓乎。自"古之人"至"非一也"为第十一小节。此节论三者之异同。前二者见于《齐物论》,后者见于《大宗师》。其一,未始有物。其二,有物,《齐物论》曰"未始有封"。此以生为丧,死为反分之。其三,合无死生三者为一而守之。是三者犹一二而三,自三视之则异,自一视之则同。犹公族之中,有昭氏景氏著戴为氏,有甲氏著封为氏。非一也,亦一也。《系》曰:"原始反终,故知死生之说。"莫逆之友,其在此乎。自"有生黬也"至"是蜩与学鸠同于同也"为第十二小节。夫移是者,忘其生之学,于"有实而无乎处"之宇中处之,于"有长而无本剽"之宙中本剽之,乃以己为节,以死偿节,为知为愚为名为辱,非蜩与学鸠之同于同乎,其何以知鲲鹏之化,不亦可怜哉。自"蹍市人之足"至"至信辟金"为第十三小节。盖以蹍足为喻,以见人之亲疏,故曰:"至礼有不人,至义不物,至知不谋,至仁无亲,至信辟金。"得五尚之至,去伪而真,真儒犹真道也。后世有儒道之争者,皆未得其至乎。自"彻志之勃"至"虚则无为而无不为也"为第十四小节。此四六,象失之大者也。志一则天地定位,以富贵显严名利六者勃之,有不否者乎。心正则水火不相射,以容动色理气意六者缪之,有不之未济者乎。德成则山泽通气,以恶欲喜怒哀乐六者累之，能免憧憧之往来乎。道通则雷风相薄，以去就取与知能六者塞之，其立何可不易方。以此四六荡于胸中，其人之象足哀，当彻之解之，去之达之，无为而无不为，庶可几于真人焉。自"道者德之钦也"至"名相反而实相顺也"为第十五小节。此节训释道、生、性、为、失、知、德、治八名之实，言皆精妙。且以德为承境，治当我动，名相反，实相顺，亦内外合一之道也。自"羿工乎中微"至"而况吾天乎人乎"为第十六小节。文以羿为例，以见圣人。以圣人又以见全人。唯虫能虫能天者，虫尽虫性，犹虫之天也。奈人而未能人而之天，此全人之所以恶天也。而况吾天乎人乎者，似今人之移是，圣人云乎哉。自"一雀适羿"至"而可得者无有也"为第十七小节。以天下为之笼，犹藏天下于天下也。以所好笼之，其在宥天下乎。或以为尽入彀中，其欺人乎，欺天乎，自欺而已矣。自"介者拸画"至"圣人之道"为第十八小节。介者能外非誉，胥靡能遗死生，以喻忘人能天人。怒出不怒，为出无为，平气顺心，治也，缘于不得已，德也。相反相顺，圣人之道也。此曰圣人者，犹第十六小节之全人，彼节云圣人，犹此节之介者胥靡耳。名实不同，读者详之。

总观以上十八小节，莫不文简意赅，且不乏已为著内篇时所取用，故视此为遗存之另稿，似矣。况文未恣纵，义已恣纵，全书中仅见者，其可等闲视之乎。

《徐无鬼》析文第二十四

《徐无鬼》第二十四，杂篇之二。是篇所记述者，其事散，其理精，每段各有所指，理皆趣味盎然，玄风畅然。唯言非一端，以文义分之，可为十一段云。

自"徐无鬼因女商见魏武侯"至"君将恶乎用夫偃兵哉"为第一段，间分二节，以当徐无鬼二次见武侯。自初至"謷欻吾君之侧乎"为第一节，又分二小节。第一小节述徐无鬼劳君，非君劳徐无鬼。性命之情病,其在山林乎,在武侯乎。继则徐无鬼语君以相狗马,所以劳君也。文止于"武侯大悦而笑",以下为第二小节,女商问君笑之故,而徐无鬼答之。盖君已厌闻诗书礼乐、金板六弢,亦以见君有性情之病,君臣之间失真久矣。更进而论之,相狗马而笑,君将以之视其臣乎,臣何能不以国人视之,甚则土芥寇雠生焉,不亦危哉。自"徐无鬼见武侯"起为第二节,记徐无鬼二见武侯以劳君之神与形。形者,耳目鼻口之养,过则神不自许。不和而奸病生,可不劳之乎。奈武侯病不自知,尚欲爱民而为义偃兵。然爱民害民偃兵造兵,消息以起,病将甚焉。君其修胸中之诚以和其神,其可撄之耶。

自"黄帝将见大隗乎具茨之山"至"称天师而退"为第二段。牧马小童之乘日车而游,犹无言而四时行百物生,其知大隗之所存,犹象罔之得玄珠。七圣皆如知、离朱、喫诟辈,安得不迷,为天下而去其害马者,在宥而已矣。

自"知士无思虑之变"至"悲夫"为第三段。此段明人间世之扰扰,皆役于物所致。历叙知士、辩士、察士、招世之士、中民之士、礼乐之士、仁义之士、农夫、商贾、庶人、百工、贪者、夸者、势物之徒,文气充沛,言皆有实。"驰其形性,潜之万物",犹孟子所谓"物交物,则引之而已矣"。弊在未能齐物而物化,乃成此势物之徒。知用未知勿用,知为不知不为。芒芒以生,役役以殁,终身不反于复,何能见天地之心,是可悲也。

自"庄子曰"至"吾无与言之矣"为第四段,记庄子与惠子。间分二节。第一节止于"而足以造于怨也",述庄惠对言,义极精微。凡庄子四言,惠子三言,共七小节。庄子之"皆羿""皆尧"二问妙妙,惠子二"可"字之答尤妙,不愧为庄子之质。继之庄子有"五家孰是"之问,惠子有"未始吾非"之答。奈是者果是乎,未始吾非者,吾果未始非乎,宜庄子以齐人楚人喻之。齐人之有遗类,其指儒墨杨秉四家乎。楚人之足以造于怨,非指惠子乎。犹《天下》篇所谓"欲以胜人为名,是以与众不适也"。计庄惠对言,全书中共七,见于《逍遥游》、《德充符》、《秋水》、《至乐》、《外物》、《寓言》及此节是也。而此节之义,直及惠子之学说,尤宜详玩之。自"庄子送葬"起为第二节,以匠石之喻,明惠子为质。庄子之重视惠子为何如耶!惜其先庄子而死,不然对言之机锋妙义,将不止七次,而今已矣。夫庄之于惠,唯期之也切,故责之也严。充一尚可而不知充,逐万物而不知反,交臂失之,安得不悲乎。夫内之失彭蒙田骈慎到之不知道,虽然,概乎皆尝有闻者也。外之失,即多方之惠施乎。万物皆备于我,岂易言哉。

自"管仲有病"至"则隰朋可"为第五段,以记管仲之知人。夫史载管鲍之交,明鲍之知管,读此更知管之知鲍。免其上钩乎君,下逆乎民,管之报鲍,不亦厚乎。若隰朋之上忘而下畔,于国于家,有不闻不见者,盖得包蒙之象者也。勿已而荐之,望其守成耳。

自"吴王浮于江"至"三年而国人称之"为第六段。谓吴王因狙而死,以戒颜不疑。颜不疑由是师董梧,三年而国人称之,虽然显已辞,奈国人尚称之,其隐犹未成也。

自"南伯子綦隐几而坐"至"其后而日远矣"为第七段。此段之事,义承上段。若颜不疑者,锄色而已,此形若槁骸,心若死灰者,日远而隐成矣。识此"悲人之自丧者"、"悲夫悲人者"、"悲夫悲人之悲者"之象,因时而进,其殆庶几乎。

自"仲尼之楚"至"大人至诚"为第八段。间分二节。自初至"丘愿有喙三尺"为第一节,记其事也。自"彼之谓不道之道"至末为第二节,论其事之理也。考易象艮为黔喙之属,喙长不善鸣,亦当艮象。丘愿有喙三尺,谓不愿言也。悟此不道之道,不言之辩,可谓之大人焉。大人而知大备,曰无术无失无弃者,非道之一,知之所不知者乎。身备万物,大人之诚也。究此段之事理极精,《庄子》三十三篇之书,皆具此不道不言之旨者也。

自"子綦有八子"至"然身食肉而终"为第九段。此段明术士之说,皆知其然而不知其所以然，观其形而未究乎象者也。九方歅者，亦季咸之流也。

自"齧缺遇许由曰"至"不以人入天，古之真人"为第十段。此段当分六节。初至"后世其人与人相食与"为第一节，记许由逃尧，以免后世之人与人相食。以下五节，皆庄子之感言。自"夫民不难聚也"至"夫唯外乎贤者知之矣"为第二节，明尚贤之非外乎，贤者知之，即真人也。自"有暖姝者"至"所谓卷娄者也"为第三节，论暖姝、濡需、卷娄三者之象，是皆起于尧者也。前二者属阴，后者属阳。暖姝者，阴中之阳，学一先生之言者也。濡需者，阴中之阴，以域进域退者也。卷娄者，舜也，有羊肉之膻行，以使蚁慕之者也。卷娄盖兼备一先生之言与豕之域。蚁者，犹暖姝与濡需也。自"是以神人恶众至"至"此谓真人"为第四节，谓神人恶众至，所以抱德炀和以免膻行耳。卷娄者去，暖姝濡需亦自然而化。真人之功，不亦大哉。反则世无暖姝濡需者，卷娄其能存乎。此许由所以逃尧也。自"于蚁弃知"至"古之真人"为第五节，以蚁鱼羊为喻，化尧舜为真人也。蚁弃知者，以免暖姝与濡需。鱼得计者，相忘于江湖，尧之不尚贤也。羊弃意者，不膻而舜非卷娄也。由是目耳心各正而真人成象焉。自"以天待之"至"古之真人"为第六节。观四、五、六三节，大义盖同。唯辞则愈简，理则愈精，此节仅存"以天待之，不以人入天"九字，犹《秋水》篇之归于"无以人灭天，无以故灭命，无以得殉名"三句也。夫此段，盖明尧舜与真人之象。

自"得之也生"至"是尚大不惑"为第十一段。间分五节。自"得之也生"至"解之也悲"为第一节，以药与文种为喻，明各有所长。如药当对症，而时为帝者也。种则知存国，而不知存身是也。自"故曰"至"恃源而往者也"为第二节，谓河有源，不以风日之过河为损。自"故水之守土也审"至"不知问是也"为第三节，明审与殆，审犹恃源而往之河，殆犹药与文种。奈多不知问而以殆为审，尚以为己宝，不亦悲乎。自"故足之于地也践"至"大定持之"为第四节，以人足之践地，引出人之于知。谓大地广博,足何能遍践之。天知无穷,人知何能遍知之。惟恃其不践不知,始可知之,是犹有源之河。究其源,知七大而至,是乃不践之践,不知之知,非真人之真知乎。曰大一通之,乾元也。大阴解之,一而二,坤元也。大目视之,阴阳莫不见焉。大均缘之,万物莫不及焉。大方体之,集方术而体道术也。大信稽之,无所疑之。大定持之,无所穷也。知此七大,奚惑之有哉。自"尽有天"至"是尚大不惑"为第五节,义承上节之"七大"言,谓以之解惑。盖明此则知问知答,以使惑者复于不惑,犹息黥补劓之旨,然非有大不惑者,将有惑者胜也之悲。此段与《天地》篇第三段并读,更将有得焉。

《则阳》析文第二十五

《则阳》篇第二十五,杂篇之三。全篇共九段,各有精义,宜逐段明之。旨不相承,杂篇中大率如是,此所以名"杂"欤。

自"则阳游于楚"至"故曰待公阅休"为第一段,主在王果之言,盖以公阅休之行,止彭阳之热中耳。

自"圣人达"至"无内无外"为第二段,论性也。间分二节。自初至"性也"为第一节,明性者,达一体而不知其然者也。自"旧国旧都"至末为第二节,举数例以喻之云。其一,性犹旧国旧都,望之犹畅然,况入之而见见闻闻者乎。其二,性犹十仞之台,县于众人之间,在见者,有不见者乎。其三,性犹冉相氏之得其环中以随成。环中者达一体也,下云"一不化"是也。随成者,不知其然也,下云"日与物化"是也。其四,汤得其司御,门尹登恒为之傅之,谓当师汤。盖汤乃从师而不囿。从师者,环中也。不囿者,随成也。汤已得其性,宜为之傅之。其五,仲尼之尽虑,谓已能由知而达于其不知。不知之知,不虑之虑,环中也。知之虑之,随成也。亦已得性,宜为之傅之。其六,容成氏所谓"除日无岁,无内无外"。日犹内,指环中之一也。岁犹外,指随成之不知其然也。既无环中之一,何来随成之外,不知积日尚有岁乎。故性者体一为本,随成为用,须先达绸缪周尽之一体云。

自"魏莹与田侯牟约"至"譬犹一吷也"为第三段,记魏齐交恶后之魏国。初则魏侯莹将使人刺田侯牟,继则犀首公孙衍耻之而欲伐之,季子又耻之而言不伐,华子又丑之而谓当求道。乃惠子荐戴晋人而语以蜗角之触蛮二氏,终则惠子曰"道尧舜于戴晋人之前,譬犹一吷也"。其义辗转深入,层次分明。解外物之围可不究其本乎。其在尧舜,然乎,否乎,是岂可尚言者哉。

自"孔子之楚"至"其室虚矣"为第四段,明陆沉之象。若孔子之知之,非优于陆沉者能之乎。

自"长梧封人问子牢曰"至"内热溲膏是也"为第五段,间分二节。自初至"予终年厌餐"为第一节,谓长梧封人戒子牢为政治民勿可卤莽灭裂,盖出乎尔者反乎尔者也。自"庄子闻之曰"至末为第二节,谓庄子有感乎封人之言而阐明卤莽其性之情状。似扶吾之形,实擢吾之性,可不慎诸。

自"伯矩学于老聃"至"于谁责而可乎"为第六段,记柏矩始游之齐而悲辜人哭之之言,殊耐人寻味。尧舜以起人相食之几,非柏矩所见者乎。

自"蘧伯玉行年六十而六十化"至"然乎"为第七段,亦有二节。初至"非五十九年非也"为第一节。记蘧伯玉之日进其德,然生也有涯,知也无涯,是非之知,其有止境乎。无止境者,即第二段中所谓随成也。以下"万物有乎生"至末为第二节,明不知之知犹止境,即第二段中达一体之谓也。

自"仲尼问"至"之二人何足以识之"为第八段,明灵公之所以为灵,大弢、伯常骞、狶韦三人各有所见。大弢之因是,论其名也。伯常骞之或慢或肃,论其形也。狶韦之视其铭,论其实也。知之所不知,不亦愚乎。愚故道,之二人何足以识之。

自"少知问于大公调曰"至"议其有极"为第九段,记大公调四答少知之问。凡一问一答为一节,共为四节云。初问何谓丘里之言。答曰丘里者,合十姓百名而以为风俗也。有合异以为同,犹同人之象。有散同以为异,犹睽之象。同同异异,有拂有宜,有正有差。或能比于大泽,则百材皆度,观于大山,则木石同坛。然则丘里之言,其可忽乎哉。虽然,执一材之度,或一木一石之言,尚可谓之丘里之言乎。唯丘里之言之同异悉备,故少知二问,即以为道焉。大公调否之者,道可道非常道,名可名非常名,何可以丘里之言之实而冠以道之名耶。三问万物之所生恶乎起。所答之义,其在阴阳之变乎。有曰:"睹道之人,不随其所废,不原其所起,此议之所止。"盖亦有神存焉。四问季真莫为与接子或使之说孰正。答曰"或之使,莫之为,未免于物,而终以为过",可谓要言不烦。又曰"或使则实,莫为则虚","在物一曲,夫胡为于大方",不亦善乎。结曰"言而足,则终日言而尽道。言而不足,则终日言而尽物。道物之极,言默不足以载。非言非默,议其有极",非此段之要领乎。究此道物,犹形上形下,贵在变通,岂在言默。识此足不足者,可以论道者为之公之义矣。

《外物》析文第二十六

《外物》第二十六,杂篇之四。文可分为三段,上下二段论理,中段明事。然记事六则,义不相应,亦无与于上下二段之理。况论理之文,皆亦各有所指,故当逐节玩之,欲以一义贯全篇者未是也。

自"外物不可必"至"于是乎有僓然而道尽"为第一段。间分二节。自初至"而曾参悲"为第一节,以人事明外物不可必。若人事之大者,莫大于忠孝二者,然忠孝尚未可必,况他事乎。是是非非,得得失失,变化无穷,安可必之哉。自"木与木相摩则然"至末为第二节,明万物生克之理,或绽或和,其可必乎。水中有火,而月固不胜火,既济道穷而未济继焉。两陷而无所逃,僓然而道尽,《易》固终于未济者也。欲济其未济,可不舍外物乎。

　　自"庄周家贫"至"亦明矣"为第二段。间记六事为六节。自初至"曾不如早索我于枯鱼之肆"为第一节,记庄子贷粟事。若监河侯之口惠而实不至,庄子安得不忿然作色耶。《大宗师》终于子桑之命,可谓之无意乎。自"任公子为大钩巨缁"至"亦远矣"为第二节。夫任公子与饰小说者,其犹大年小年乎。《老子》曰"大器晚成",其任公子之谓乎。自"儒以诗礼发冢"至"无伤口中沫"为第三节。此节之讽儒,可云至矣。然儒而以迹为履,能免发冢之讥乎。自"老莱子之弟子出薪"至"终矜尔"为第四节。记老莱子戒孔子,宜去矜去知,有曰"夫不忍一世之伤,而骜万世之患",其境甚高,犹得内典六度中之忍波罗密也。忍以去矜,由是而达无知,非般若波罗密乎。自"宋元君夜半而梦人"至"与能言者处也"为第五节。当分二小节。自初至"而无遗笑"为第一小节,记神龟之事。自"仲尼曰"至末为第二小节,仲尼以论其事也。盖如神龟之神,犹未免有患,谓当去知。夫鱼不畏网而畏鹈鹕,囿于小知耳。故去小知而大知明,去善而自善,若婴儿无师而能言,与能言者处,皆其师也,庶无暖姝之小知云。自"惠子谓庄子曰"至"亦明矣"为第六节。述庄子与惠子辩用,唯庄子之知无用之用,已得乎潜龙之象,惠子犹有一臂之失。

　　自"庄子曰"至"吾安得忘言之人而与之言哉"为第三段。"庄子曰"三字,似可直贯全段。以文义分之宜有七节。自初至"承意不彼"为第一节。所谓游者,犹逍遥游也,若流遁之志,其象为遯,惧其否而生。决绝之行,其象为夬,喜其乾而成。有惧有喜而不任自然之消息,尚能游乎,故非至知厚德之任。凡有此志行者,势将覆坠而不反,火驰而不顾。安知时变而易世,阴阳有不变乎,或鲲或鹏,何异之有。知此者,始为不留行之至人乎。学者之尊古卑今,何为哉。当游世而不僻,曰彼教不学不失己也,承意不彼顺人也。自"目彻为明"至"跈则众害生"为第二节。以明能游不能游之几,凡彻则不壅,不壅生道。不彻则壅,壅则哽,哽而不止则跈,跈则生害。道与害之成,几在彻不彻,可不慎欤。自"物之有知者恃息"至"亦神者不胜"为第三节。承上节以明彻不彻之几,在塞与虚也。塞则六凿相攘,明、聪、颤、甘、知、德云乎哉。尚能彻乎,尚有天游乎,妇姑之勃谿不已,轸则众害生也。曰"勃谿"者,其决绝之行乎。曰大林丘山之善于人,其流遁之志乎。至于六凿者,犹内典之六识。相攘犹雍,其七识乎,重阗空虚,其八识乎。天游之逍遥,盖转识成智,不亦神乎。凡此三节,文略理备,法相之精,庄子固已知之焉。自"德溢乎名"至"而不知其然"为第四节。曰名、暴、谣、争,塞也,曰守、众宜,虚也。虚则如春日时雨而草木怒生,自然之象,天游之境在矣。自"静默可以补病"至"君子未尝过而问焉"为第五节。谓象各不同,宜对症下药,劳者、佚者、神人、圣人、贤人、君子、小人,奚可一例之哉。自"演门有亲死者"至"因以踣河"为第六节,论尚贤好名之弊。夫亲死善毁,发乎性者也,毁以尽其性,盖已自得矣。因而爵为官师,何为哉。由是为官师而毁,岂其性哉。死者且半,非尚贤之失乎。若《让王》亦然,由许由而务光、纪他,及申徒狄之踣河,是非已分。是则可谓之无间于死生,《让王》篇所取之义也。非则亦难免有好名之弊,殉名殉利,其失一也。自"荃者所以在鱼"至"吾安得忘言之人而与之言哉"为第七节,谓当得意忘言。然鱼兔未得,其可忘荃蹄乎。鱼兔已得,其可不忘荃蹄乎。意与言亦然。唯未忘言之言与忘言之言,非有天渊之别乎,太公调所谓足不足是也。

《寓言》析文第二十七

《寓言》第二十七,杂篇之五。全文凡六段,各有妙义。自"寓言十九"至"天倪也"为第一段。自"庄子谓惠子曰"至"吾且不得及彼乎"为第二段。自"曾子再仕而心再化"至"如观雀蚊虻相过乎前也"为第三段。自"颜成子游谓东郭子綦曰"至"若之何其有鬼耶"为第四段。自"众罔两问于影曰"至"又何以有问乎"为第五段。自"阳子居南之沛"至"舍者与之争席矣"为第六段。

第一段详释全书之言，盖有寓言、重言、卮言之辩。唯自论其言，则此言殊非寓言重言卮言也。故全书三十三篇中，仅此段与《天下》篇，是谓庄语云。若夫言，庄子已详论于《齐物论》，要在"一与言为二"。言者，兼有言无言，二之所由起。此分三类，曰"卮言"，有与于天倪者。合《齐物论》观之，天倪外，尚有天府、天钧。以意明之，寓言者，象属天府葆光。注焉不满，酌焉不竭，犹藉外之论，其有已乎。重言者，象属天钧两行。耆艾者，和之以是非而休焉。曰陈人者，犹朝三也。末曰"天钧者，天倪也"。盖卮言者，今之重言。重言者，昔之卮言。年有先后，曼衍两行之理，岂有先后之异哉。唯其年先，两行已定。唯其在今，乃未定而曼衍。言不言，可不可，然不然，皆种种相禅耳。指薪火传，不知其穷，出入于机，始卒若环，是非各一环中，非以明能得其伦者乎。故天均以两行而至，天倪因曼衍而穷年。宜《庄子》之书，言而无言，万古如新，天倪之道在矣。

第二段庄子与惠子论孔子。究惠子之言，犹十五至六十之孔子。庄子之言，犹六十至七十后之孔子乎。进德修业，自强不息，其可画而不进哉。虽然，是非有变，其道无二，识其一贯，始足以论孔子焉。若惠子不及庄子者，盖庄子能知惠子，惠子不能知庄子云。

第三段记孔子论曾子之心。其有乐有悲，尚可谓无所县乎。三釜与三千钟，何所异哉。虽曰有异，可以有变乎养亲之心耶。孝之为象，此其至矣。

第四段分二节。初至"九年而大妙"为第一节。自"生有为死也"至末为第二节。第一节明进德之纲领。第二节论生死之德。夫东郭子綦，即南郭子綦，盖居处由南郭移于东郭耳。此谓颜成子游闻东郭子綦之言，当即《齐物论》中吾丧我之言，子游闻之而修习，至九年而大妙。必至九年者，九为洛书之数，《天运》篇曰"九洛之事，治成德备"是其义。若逐年之境，有至理存焉。曰"野"者主在我，阳也。曰"从"者主在彼，阴也。曰"通"者通彼我阴阳，知野、从之可一也。曰"物"者外也,曰"来"者内也。合外内之道,至五年而诚焉。曰"鬼入"者,入消而死,乾由姤而至坤鬼也。曰"天成"者,出息而生,坤由复而成乾天也。曰"不知死不知生"者,消息无已而出入无疾也。曰"大妙"者,犹无思无为无方无体,我有不丧乎,丧我而闻天籁,子游其成矣夫。至于第二节之论死生,实属大妙之境。其要在公,盖死必有自,有自者,阴也,私也。生必无自,无自者,阳也,公也。然而生有为,犹有自而趣死,不亦私乎。故当劝公而无为,则有生无死,不亦大妙乎。虽然无为者,何为耶。何所适,何所不适。其有天地之数据,吾恶乎求之,此不可不知有命无命、有鬼无鬼之辩。无命者,不知所始,犹"未知生"也。有命者,不知所终,犹"焉知死"也。有鬼而相应,有为也。无鬼而不相应,犹相忘于江湖,无为也。然则大妙之公,其无为之天命乎。观此段之义,精微入神,大道在焉,非《大宗师》《齐物论》之几乎。

第五段之寓言,已见《齐物论》,然此详彼略。彼曰"蛇蚹",犹此曰"蛇蜕",彼曰"蜩翼",犹此曰"蜩甲"。惟所讥相反,彼曰"吾有待而然者耶,吾所待,又有待而然者邪",盖景以讥形。此曰"彼吾所以有待也,而况乎以有待者乎",以有待者,乃指罔两。末曰"强阳者,又何以有问乎",非以讥之乎。若景之或讥形,或讥罔两,实谓宜达有待而无待之境。即景于形为阴,于罔两为阳。阴阳不测,无待之神也。

第六段为老聃化阳子居之事。戒其骄矜,非学道之首务乎。其言曰"大白若辱,盛德若不足",即谦卦之象。且由避席而争席,和光同尘之境已成。若阳子居者,可谓善补过矣。

《让王》析文第二十八

《让王》第二十八,杂篇之六。自此篇以下,《盗跖》第二十九、《说剑》第三十、《渔父》第三十一等四篇,苏东坡以为伪作。宋后学者,每多从之。读其文,实与他篇不同,浅而淡,平而近,与庄子瑰玮参差之辞,岂可同日而语。然究此四篇之旨,不乏可取者。与《庄子》他篇之义,颇多相合。或系庄子门人辈,记其师说以成文耳。文气略低,旨趣犹存,废而不读,亦非所宜。此《让王》篇者,明《应帝王》之理。若《逍遥游》中,许由论名实而不受尧之天下,即《让王》之旨也。且在上而不受天下国家,在下而不受富贵爵禄,君臣皆让,姑射之山,由貌而近,人皆可游,仁远乎哉。

全篇凡二段。自"尧以天下让许由"至"而共伯得乎共首"为前段,记让王而生者。自"舜以天下让其友北人无择"至"此二士之节也"为后段,记让王而死者。不以死生异其让王之志者,以道观之,死生一也。

前段共十三节。自"尧以天下让许由"至"可以托天下也"为第一节,记尧让天下于许由与子州支父,皆不受。唯无以天下为者可以托天下也,《应帝王》之旨,亦此篇之要领也。自"舜让天下于子州支伯"至"终身不反也"为第二节,记舜让天下于子州支伯、善卷、石户之农。以上二节,盖述让天下之事。自"大王亶父居邠"至"岂不惑哉"为第三节,记大王亶父让国于狄人。自"越人三世杀其君"至"此固越人之所欲得为君也"为第四节,记王子搜之让国。以上二节盖述大王亶父王子搜之让国而不得。唯其不以国伤身,此邠人越人所以欲托其国矣。自"韩魏相与争侵地"至"子华子可谓知轻重矣"为第五节,记子华子谏昭僖侯,当重身轻国以让侵地也。自"鲁君闻颜阖得道之人也"至"岂特随侯珠之重哉"为第六节,记颜阖之让富贵。自"子列子穷"至"而杀子阳"为第七节,记子列子之让粟。自"楚昭王失国"至"遂不受也"为第八节,记屠羊说之让赏。以上四节,盖述让诸侯之爵禄。自"原宪居鲁"至"宪不忍为也"为第九节,记原宪不忍为子贡之富。自"曾子居卫"至"致道者忘心矣"为第十节,记曾子之安贫有守,忘形忘利而忘心矣。自"孔子谓颜回曰"至"是丘之得也"为第十一节,记颜回之安贫不仕,知足自得,修内以乐道也。以上三节盖述不愿求富而安贫。自"中山公子牟谓瞻子曰"至"可谓有意矣"为第十二节,记魏牟之让富以居贫。自"孔子穷于陈蔡之间"至"而共伯得乎共首"为第十三节,记孔子安于陈蔡之穷而不辞患难。以上二节,明修内以及外,盖乐道无间于穷通。唯一切皆让,乃甘于贫穷患难。尤有甚者,即下段所记,让生而死矣。

后段共三节,自"舜以天下让其友北人无择"至"因自投清泠之渊"为第一节,记北人无择不受舜之天下而羞见之,因死焉。自"汤将伐桀"至"乃负石而自沉于庐水"为第二节,记卞随瞀光不受汤之天下而不忍数闻久见,乃死焉。自"昔周之兴"至"此二士之节也"为第三节,记伯夷叔齐不受周之富与官,遂饿死于首阳山。夫此段三节五人,辞天下富贵而死,是诚能求仁得仁。与上段十三节十六人,虽生死异趣,其道一也。孟子曰:"闻伯夷之风者,顽夫廉,懦夫有立志。"然则顽懦者,当日诵此《让王》篇云。

《盗跖》析文第二十九

《盗跖》第二十九,杂篇之七。全篇分三段,自"孔子与柳下季为友"至"几不免虎口哉"为第一段,记孔子见盗跖之问答。自"子张问于满苟得曰"至"离其患也"为第二段,记子张与满苟得之问答。自"无足问于知和曰"至"不亦惑乎"为第三段,记无足与知和之问答。

此三段中子张犹孔子,以名教人。满苟得犹盗跖,以利是趣。无足兼取名利,知和并斥之。故此篇主旨,以知和为归,《老子》曰"知和曰常"是其义。无足于名利者,不知常妄作凶。夫名利者,彼亦一是非,此亦一是非。是非之各一无穷,何辩有之。故孔子、子张与盗跖、满苟得,犹臧谷之亡羊,其失均也。

若盗跖之语孔子,俨然以有道者自居,是之谓盗亦有道。文气充沛,其变宫之声欤。

曰满苟得者,其临财苟得而金玉满堂之谓乎,其陶朱倚顿之流亚乎。自知所殉,可云明矣。

269

呜呼,若无足者,知为为而不知所以为,缭意绝体而争之,不亦惑乎。

《说剑》析文第三十

《说剑》第三十,杂篇之八。全篇一段,记庄子以天下诸侯之剑止赵文王之好庶人之剑。文属记叙,简要平稳,可分二节。自"昔赵文王喜剑"至"令设戏请夫子"为第一节,敷述原委,以成《说剑》之势。于间接处极紧凑,如"太子悝患之"下,紧接"募左右曰";于"庄子弗受"下,紧接"与使者俱往见太子曰";于"治剑服三日"下,紧接"乃见太子",又紧接"太子乃与见王";中间颇省闲文。自"王乃校剑士七日"至"剑士皆服毙其处也",为第二节,乃《说剑》之正文。首曰:"王乃校剑士七日,死伤者六十余人,得五六人,使奉剑于殿下,乃召庄子。"令人为庄子忧,而庄子坦然以三剑说之。出文王之意,仍中文王之名,故能"牵而上殿"。是之谓"入游其樊而无感其名",是篇诚《人间世》之羽翼也。

或谓《说剑》之言,非至道也。安知不以此言,何以止文王之剑,小而大之,始能大而化之,其可不知人而失言乎。虽然,为人多而自为少,庄子不取。故此事殊非庄子所愿为,或以游戏视之。又文中记庄子为儒服,虽顺手一笔,亦可证庄子之行,有类乎儒。所贵者,不屑言俗儒之言耳。

《渔父》析文第三十一

《渔父》第三十一,杂篇之九。全篇一义,谓渔父以至道语孔子。析其文可分三段。自"孔子游乎缁帷之林"至"其分于道也"为第一段。自"子贡还报孔子"至"而后敢乘"为第二段。自"子路旁车而问曰"至"吾敢不敬乎"为第三段。凡第一段为绪言,第二段为正文,第三段为余波。

绪言者,渔父总论孔子,谓"仁则仁矣,恐不免其身,苦心劳形以危其真"。

正文者,述孔子即闻绪言而敬之,渔父乃语以至道。文分四节。自"子贡还报孔子"至"不泰多事乎"为第一节,大义谓"天下诸侯大夫庶人,此四者自正,治之美也。四者离位而乱莫大焉",犹思不出其位之象。而以孔子为庶人离位,"不泰多事乎"。自"且人有八疵事有四患"至"而始可教已"为第二节,明八疵四患为人事之害。八疵者,曰摠、佞、谄、谀、谗、贼、慝、险,四患者,曰叨、贪、狠、矜,皆足以伤身乱人,故"能去八疵无行四患而始可教已"。自"孔子愀然而叹"至"而晚闻大道也"为第三节,以"谨修而身,慎守其真,还以物与人,则无所累矣"教孔子,所谓"真者,所以受于天也,自然不可易也。故圣人法天贵真,不拘于俗,愚者反此"。自"孔子又再拜而起"至"而后敢乘"为第四节,以记临别之情状。渔父留言而去,其言曰"吾闻之:可与往者,与之至于妙道。不可与往者,不知其道,慎勿与之,身乃无咎"。

究此绪言及正文,其义甚正,几乎孔子之道者也。惜是时之所谓儒,什九为强聒而不舍者,宜庄子借渔父教孔子之寓言,以教当时之儒者。又此篇与《楚辞》中之《渔父》不同,彼为屈原之寓言,自谓不同于渔父。若孔子与渔父之见,无可无不可者也。

第三段余波者,盖借子路之问,以明孔子之敬渔父,所以遵道耳。

《列御寇》析文第三十二

《列御寇》第三十二,杂篇之十。篇中诸段,各自为义。杂篇中如《徐无鬼》、《则阳》、《外物》、《寓言》及此篇等,其例同,当逐段明其旨。若此篇之文,宜分十一段。间亦不乏名言妙义,末及庄子将死之事,然则以此篇为殿,有以也。至于此篇下,尚有《天下》篇者,犹全书之后序耳。

自"列御寇之齐"至"虚而敖游者也"为第一段,记伯昏瞀人教列御寇。有言曰"非汝能使人保汝,而汝不能使人无保汝也",不亦妙哉。

犯此不已,难免有卷娄之嫌。或劳或忧,皆有感而摇其才者也,尚能虚而敖游乎。

自"郑人缓也"至"不安其所安"为第二段。间分二节。自初至"既为秋伯之实矣"为第一节,记其事也。自"夫造物者之报人也"至末为第二节,论其理也。夫究此寓言,含义殊精。儒墨之是非,犹兄弟之骨肉相争耳。其父何谓,谓天性也,犹道术也。助翟者,岂助其是非之辩,盖既使弟墨,又欲必胜之,于理可乎哉。由是而自杀,自贻伊威,何可咎人,此之谓造物者之报人,不报其人,而报其人之天。奈缓之积怨未解,郁塞而梦以责父,是诚至死不悟,哀哉。若泉水之出于井,虽未可忽掘井之功,然地中之本有泉水,岂因掘而有乎。有泉者,犹性也,道术也。掘井者,犹儒也,用其泉者,犹墨也。或居掘井之功而井饮者相捽,非儒墨之争辩乎,故曰今之世皆缓也。盖自是有德,不可谓知,况可自是有道乎。此县解之天刑,祥金也,其可遁耶。若井收勿幕之大成,缓何足以知之哉。此生死安不安之辨,圣人、众人之分,犹罔念、克念之异也。

自"庄子曰"至"而不知大宁"为第三段。间分四节,各自取义,皆可视为庄子随时之言论,弟子合记之云。自初至"古之人天而不人"为第一节,谓当知而不言,即主静之说。自"朱泙漫"至"而无所用其巧"为第二节,夫朱泙漫之学屠龙,可与《外物》篇中任公子为大钩巨缁并观之。然大鱼尚有,龙则未见,盖有相反相成义焉。若朱泙漫者,支离其德而益之技巧是从,其可乎哉。自"圣人以必不必故无兵"至"兵恃之则亡"为第三节,谓必以起兵,因兵而求,然恃兵求欲不已,有不亡者乎。观此节之义,不啻为"子绝四"中"毋必"之注释也。自"小夫之知"至"而不知大宁"为第四节,明至人之知与小夫之知,或归精神于无始,或敝精神于蹇浅,毫毛与大宁,其可紊乎哉。

自"宋人有曹商者"至"子行矣"为第四段,记曹商热中之情,庄子安得不讥之乎。

自"鲁哀公问乎颜阖曰"至"唯真人能之"为第五段,当分三节。自初至"难治也"为第一节,颜阖谓仲尼有为,何足以上民,以明鲁哀公欲以之为贞干之非。自"施于人而不忘"至"神者不齿"为第二节。自"为外刑者"至末为第三节。此三节,明瘳国之道。然未识仍为颜阖答鲁哀公之问乎,抑为庄子足成之言乎,似以后者为是。于是第二节明神者贵天布,岂可若商贾之施人不忘而必求其报乎。于第三节明真人能免阴阳内刑,金木外刑。此曰阴阳者,犹水火也,凡四方内外之刑,真人以土和之,宜其免焉。义谓当以神者真人之崇尚自然以贞干国事,其可使民离实学伪乎。

自"孔子曰"至"不肖人得矣"为第六段,所以知难知之人心,归诸九徵,不肖得矣。曰远近者,其宇也。卒然急期者,其宙也。曰烦者,宇宙之丛集也。曰委财、告危、醉酒、杂处者,犹后世所谓酒色财气也。凡此九者,人心易见,人情易显,不肖人尚能伪而隐乎。

自"正考父一命而伛"至"孰协唐许"为第七段,记正考父与而夫之异,是诚谦剥之介。若正考父者,自然有终,如而夫者,有不剥者乎。不迨九徵至,任何一徵,能不显其不肖乎。缘因命气升,何能不蹶哉。

自"贼莫大乎德有心"至"达小命者遭"为第八段。间分三节。自初至"内视而败矣"为第一节,谓有心之德,其德有睫。有睫者,犹有所私也。故有睫之内视,尚能来物乎,安得不败。自"凶德有五"至"而呲其所不为者也"为第二节,义承上节而点明之。曰凶德五者,当倏忽所凿之七窍。两目以视,两耳以听,一口以食,两鼻以息,又主此目耳口鼻之中德,心是也。心中有睫而浑沌死,即中德之有以自好而呲其所不为也。自"穷有八极"至末为第三节,此美、髯、长、大、壮、丽、勇、敢八者过人而穷者,由乾而消也。缘循、偃侠、困畏三者不若人而通达者,由坤而息也。曰缘循者,达生之情者傀也。曰偃侠者,达于知者肖也。曰困畏者,达大命者随达小命者遭也。达此生知命,尚有不息乎。再者,知慧勇动仁义六者,是谓形有六府,然知慧无主而外通,勇动失当而多怨,仁义失守而多责,其可乎哉。形通刑,能免六府之外内刑,唯真人能之,能则达、不能则穷是也。

自"人有见宋王者"至"子为鳖粉夫"为第九段,义与第四段同,犹第七段之而夫也。若庄子之喻,未识其人能喻否。

自"或聘于庄子"至"其可得乎"为第十段,记庄子辞聘,与《秋水》篇中曳尾之喻相似。于此篇盖应于第四、第九段。呜呼,竟有若鸱之嚇者,可怜孰甚。

自"庄子将死"至"不亦悲乎"为第十一段。当分二节。自初至"何其偏也"为第一节,记庄子将死而辞世俗之葬礼。自"以不平平"至末为第二节,记庄子因辞葬礼而总论俗见之偏。皆恃其所见,人而不天,明而不神,其功外,何能及道,不亦悲乎。又此节之文,既可自为一段,今合上段为一,以视为《庄子》将死之遗言,则尤有亹亹之情韵焉。

《天下》析文第三十三

读《庄子》者,当先读《天下》篇。是篇犹全书之后序,以叙述之庄言,叙出道术原委。庄子之象,悉在其中,非若其他三十二篇,皆为寓言重言卮言是也。盖全书既成,理当明言著书之旨,即此篇之义。不沉浊者,始可与语。

全篇凡七段。自"天下之治方术者多矣"至"道术将为天下裂"为第一段。自"不侈于后世"至"才士也夫"为第二段。自"不累于俗"至"其行适至是而止"为第三段。自"公而不当"至"概乎皆尝有闻者也"为第四段。自"以本为精"至"古之博大真人哉"为第五段。自"芴漠无形"至"未之尽者"为第六段。自"惠施多方"至"形与影竞走也悲夫"为第七段。

此七段中以第一段为总冒,谓古之道术无乎不在。惜治方术者,皆以其有为不可加,则道术将为天下裂,非后学之不幸欤。庄子者,感之也切,思之也深。乃并陈百家众技之方术,是是非非,小小大大,生生死死,天天人人,斥一曲之士,以归于道术而已矣。所谓道术者,一也。一而神明,生内圣,成外王。得之者五,曰天人、神人、至人、圣人、君子。天人之不离于宗,得乎天一者也,属至阳赫赫之象。神人之不离于精,阴阳不测之谓。邈哉姑射之山,非阴非阳,处于天地之间,直且为人将反于宗。反宗者,太极复乾元之象也。至人之不离于真,故又名真人。县解也,祥金也,有得乎地二,属至阴肃肃之象。圣人者,宗天人之天,本至人之真,因神人之道为门。消息焉,变化焉,肃肃出乎天,赫赫发乎地。注然勃然,莫不出焉,油然漻然,莫不入焉。夫道生一,一生二,二生三,盖一与言为二,二与一为三。一非神乎,神而天,二非天真乎。兆于天德而变化,圣人非三乎。若君子之慈仁犹阴阳,以辨仁义礼乐,非四乎。其数一二三四,此之谓也。得之者明数度以格物,配神明以养民,教以诗书礼乐,化以阴阳名分,育万物,和天下,内圣外王之道术全矣。邹鲁之士搢绅先生多能明之,百家之学时或称之。奈明而执其迹,糟魄而已,鲁哀公时儒者一人耳。称而不该不遍,曲士而已,百家众技皆方术耳,此天下之所以大乱欤。虽然,自知方术而以方术自视,若耳目鼻口之皆有所明,道术岂舍之哉。唯必以方术灭道术,裂之毁之,郁之弃之,将不见天地之纯,古人之大体,悲夫。原庄子著书之旨,盖藏天下于天下,还方术于方术,然后道术显焉。若神明圣王之道,六艺经史之理,古已有之。孔子者,述而不作,集其大成也。惜孔子没而微言绝,七十子之徒尚未得其全。况百余年后之战国,莫不有儒之名,无儒之实。故庄子于此,特指其实,去其名,既不言儒,复不称孔子,有以也。不然犹为一曲之儒,而堕于儒墨之是非,尚足当道术乎。

以下六段,各为方术,可概天下之说。其次如下:一、墨翟禽滑厘。二、宋钘尹文。三、彭蒙田骈慎到。四、关尹老聃。五、庄周。六、惠施。究其相次之理,盖由外而内。若墨翟禽滑厘,纯乎外者也。必自苦以腓无胈胫无毛,乱之上也,治之天下,此外王之失。若宋钘尹文,尚为人多而自为少,然已优于墨翟禽滑厘之自苦。若彭蒙田骈慎到,恰当外内之间,以成无知之物,推而后行,曳而后往,非生人之行,死人之理也。若关尹老聃已有得乎内,博大真人,内圣生焉。最后为惠施者,务外多方而不执于一方。然内心未得其真,仅得于多方之辩,以有涯随无涯,逐万物而不反,形影竞走,非内圣之失乎。而庄子者,自处于关尹老聃与惠施之间。义谓上承真人之内圣,下以多方之惠施为质,故能独与天地精神往来而不敖倪于万物,得其心,游其境,不亦逍遥乎哉。

再者,凡此六派以老庄为主,皆有得无失。或不知雄而守雌,不知白而守黑,不知荣而守辱,始为老子之失。形同实异,已非老子,彭蒙辈之不知道是也。或万物毕罗而有所归,稠适而下遂,始为庄子之失。其相颠倒,已非庄子,惠施之不厌而驰荡是也。以惠施见庄周之宗,以彭蒙见老聃之真。得真得宗,何失之有。且庄子神明之芒忽,非与神明居,何以观其往。故庄子之道,基于老子。老子者,庄子之静。庄子者,老子之动也。

又庄子论墨家曰"墨翟禽滑厘之意则是,其行则非也"。孟子谓宋轻曰"先生之志则大矣,先生之号则不可也",宋轻即宋钘。此论二派之得失,皆一语中的。盖外王之道,不以经史六艺,其何以行之哉。至于强聒而不舍,道家每以讥儒,此实宋尹之失,非孔孟之行。盖其号正,天取之,何强聒之有,其辨一如彭蒙于老聃之似同而异。唯一以辨外,一以辨内。或能明辨内外之真,其于道术几也夫。

考此篇为庄子所著,无可致疑。有谓篇中述庄周而称誉备至,必系门弟子订庄者所作。然此见殊拘,夫以庄子之恣纵,何不可自述独见。况连犿诡诡,本其所能,宏僻深肆,实其所长。以学说论,属于方术而承于关尹老聃之下,其自处之宜,自知之明,莫善焉。唯不以方术为不可加,不竭不尽以上遂于宗,庄子之可贵也。准此以读全书,莫不迎刃而解。不然,执一篇一段而谓庄子,局促于寓言重言卮言之中,岂足以见庄子之象耶。

跋

读《易》之闲,喜读《庄子》以广其思。于二十年前,始逐篇为之详分段落,目的使全篇呼应,庶能究其旨,此《〈庄子〉析文》之所以作也。时作时辍,绵延数年而成。析其文而论其理,理在言外,味其道而反诸身,理在言中,此《庄子》之文所以为奇书也。然《析文》虽成,以之覆瓿而存。尚有总论全书之旨名《〈庄子〉通论》者,其书已佚,盖有幸不幸焉。戊午秋复为之加序。

未久,有阅读《道藏》之机缘,则知道教神秘之思,实以《庄子》之寓言为主。《南华真经》对道教所起之作用,有过于《道德真经》,故对此《析文》,不期而自重之。数年前与友人三五谈论及此,遂示以此书。于内七篇曾详为介绍,若外杂诸篇亦间或论及,未如内篇之分段详解,仅论寓言为主。

观《庄子》之综述寓言,与《列子》之排比寓言,有明显不同。成书时期,可不辨自明。《庄子》绝大部分确属先秦古籍似可无疑。主要《天下篇》之成提及邹鲁,自然在孟子后。又畅言惠施所论之天下之中而未及邹衍之说,又可肯定在邹衍前。则其时既可庄子自作,退一步言亦属嫡传弟子手笔,故能与全书之文气相似。此篇可见《庄子》不言之庄语,乃读《庄》之入口处。无此后序,亦不足以总结全书。数年来常与友人论此《析文》,日前及《天下篇》而告一段落,因述成此书之始末如上。

公元一九八二年岁次壬戌夏潘雨廷跋。

《庄子》观刃

前　言

　　自达磨来吾国以弘扬禅宗,拈花微笑之旨,始为国人所知。迨六祖《坛经》出,禅宗大盛,唐末起驾各宗而上之,大德屡生,公案层出不穷。士夫学子善其志道之心,羡其深邃之思,趋之参之者世世不已。宋明理学之谈论心性,盖亦近焉。凡吾国人之睿知,已积数千年之文明,精奥玄微,罕有伦比。禅宗之大行于吾国,不亦宜乎。反观吾国先秦寓言固有类于禅几者,尤以《庄子》一书为多,今特摘录之,阐明之,总名曰《〈庄子〉观刃》。参禅之达者,盍参之乎,盍归之乎。

岁次丁未潘雨廷序

《易》与《逍遥游》

　　《庄子》曰:"《易》以道阴阳。"阴阳之卦,乾为阳,坤为阴,此其体,先天卦位乾南坤北是也。若其用,理当阴阳互根,故离日为阳,其根阴,坎月为阴,其根阳,后天卦位离南坎北是也。

《逍遥游》曰:"北冥有鱼,其名为鲲,鲲之大,不知其几千里也。"此于易象为坎,坎位北为水,天一生水,鲲游其中,逍遥焉,变化焉,阴根于阳,乾元藏焉。又曰:"化而为鸟,其名为鹏,鹏之背,不知其几千里也。"此资始而资生,乾元化坤元之象。于卦离为鸟、为鹏,又为飞,宜鲲既化鹏,势将"怒而飞,其翼若垂天之云"。且离位南,故"是鸟也,海运则将徙于南冥,南冥者,天池也"。达天池而地二生火,鹏息其中,阳根于阴,坤元生焉。阴阳生生,以游无穷者,易道也,彼且恶乎待哉。

观其逍遥之旨,即此而已。总其大义有三:一北而南,二辨小大,三待与无待。

曰北而南。谓鲲化鹏于北冥而徙于南冥,盖北辰居其所而众星共之,得其一,水始生在其中,水而火,坎而离。以一年论,北冥者,其时冬至,南冥者,其时夏至。由北而南当息阳,冬至一阳生,复子月临丑月泰寅月大壮卯月夬辰月乾巳月,子而已,去以六月息者也。又"水击三千里",谓藏于坎中之一阳动焉,"抟扶摇而上者九万里",谓一而三,三而九。以坎中之阳徙于离中之阴,则后天之北坎南离,复成先天之北坤南乾。取坎填离,图南之愿,犹《周易》之首乾也。

曰辨小大。谓不当为小知小年所限,若河伯之望洋向若,庶免井蛙之诮,以斥鷃笑鲲鹏,然乎否乎。奈蓬心未去,其何以知无用之用,朝菌蟪蛄,其何以悟大而化之之理,君子勉乎哉。以易象言,乾大而坤小,未能息阳而拙于用大,难乎图南,其惠子之谓乎。

曰待与无待。夫待谓列子,无待犹《易》。盖由北而南由小而大,若知效一官行比一乡,德合一君而徵一国者,与蜩与鸴鸠,相去几何,能不为宋荣子笑乎。虽然,宋荣子犹未树也。未树者,不知待也,内外荣辱,有不变者乎?变而待之,后天周流之用,列子行之,旬有五日而后反,行而不行,洛书之数也。若待而无待,以得先天之体,乘乾天坤地之正,御六龙时位之气,辨之游之,不行而行,是之谓《易》,是之谓

《逍遥游》。

《易》与《齐物论》

《系辞》下曰："《易》之为书也,广大悉备,有天道焉,有人道焉,有地道焉。兼三才而两之故六,六者非它也,三才之道也。"《说卦》曰:"立天之道,曰阴与阳,立地之道,曰柔与刚,立人之道,曰仁与义。"究乎庄子《齐物论》之旨,盖准此三才,唯不曰三才,易其名曰人籁、地籁、天籁,此三籁犹三才也。

至于三才之卦象,是谓三易。《周易》首乾天也,《归藏》首坤地也,《连山》首艮人也。若《周易·序卦》,更以咸卦象人,取乎山泽通气,以见山气连绵,相应不已之象。咸,皆也,无心感也,《齐物论》曰:"夫吹万不同,而使其自已也,咸其自取,怒者其谁邪。"特用"咸"字,非咸卦之象乎。盖吾之未丧我曰人,得乎吾我之相对曰地,吾之既丧我曰天。能自已自取而不怒,即吾丧我人而天,咸卦《大象》曰"以虚受人",虚者,丧我之谓也。

夫伏羲之始作八卦,以传十言之教,除八卦为八言,消息者,阴阳之变也。凡阴变阳曰息,阳变阴曰消,庄子深通《易》道阴阳之理,即消息也。于《逍遥游》,明北而南,春夏生气,故曰"去以六月息者也"。于此《齐物论》,盖明南而北,故曰:"其杀如秋冬,以言其日消也。"消成纯阴,故曰:"其溺之所为之,不可使复之也。"又曰:"近死之心,莫使复阳也。"易象巽为消,风也,故曰:"夫大块噫气,其名为风。"若《逍遥游》之息,已得乎乾元之上出,故"抟扶摇而上者九万里","则风斯在下矣"。驾风而上,帝始出乎震,然则厌缄而老洫者,尚能得真宰之朕乎。一受其成形,不亡以待尽,芒乎不芒乎,咸其自取,怒者其谁邪。

观消息之变,兼三才而两之。以天道之阴阳言,于此篇中,阳犹天府,阴犹葆光;以地道之柔刚言,刚犹天钧,柔犹两行;以人道之仁义言,仁犹天倪,义犹曼衍。人道者,《春秋》经世先王之志,曼衍以议,天倪不辩,盖我与若与人俱不能相知也。地道者,六合之内,两行以论,天均不议,盖未可相若狙公之朝三也。天道者,六合之外,葆光以存,天府不论,盖知止其所不知为至,圆而神何必方以知,形如槁木心若死灰,阴阳不测之神存焉。故吾之丧我也,其视儒墨之是非,昭文之鼓琴,师旷之枝策,惠子之据梧,犹一吁耳。陶铸尧舜,不其然乎,此是非之各一无穷也,成毁之恢恑憰怪也,八德之各有其畛也,死生之犹梦幻也,非阴阳而何,非消息而何。无适焉,因是已,非两仪之原于太极乎。天得一以清,地得一以宁,神得一以灵,谷得一以盈,万物得一以生,侯王得一以为天下贞。乃乱乃萃,一握为笑,物有不化者哉,物有不齐者哉。

《人间世》与人论

《人间世》者,盖论人与人。凡五伦有道,则相亲相爱相养相生,雍熙揖让,太平安谧,人世之乐,有愈于天伦之乐者乎。奈人伦间,有一念之邪,势将相争相夺,相杀相食,丧和气为戾气,虽有粟,吾得而食诸。天下纷纷,有不乱者乎,人心惶惶,有不芒者乎。

若庄子者,身当战国之际,感之也深,思之也达,处之也宜,语之也妙。于内七篇中,著此《人间世》,特举君臣师三道而人事备,可谓得其要矣。述百余年前之存迹,于君师二道皆记卫国之事,乃五伦之变悉在其中,垂戒显而切,足以针砭顽愚乎。

考卫灵公之好色也,有应乎南子,此非夫妇之间,一念之邪乎。其太子蒯聩,天杀之人也,其知适足以知人之过而不知其所以过,宜颜阖将傅之而不得不问之于蘧伯玉焉。或能傅蒯聩而化之,庶几有得于师道之养正乎。惜颜阖之傅,未见其成,或亦一齐人傅之,众楚人咻之,一颜阖,独如蒯聩乎。其后蒯聩耻其母南子之淫乱,欲杀之,此非母子之间一念之邪乎。知人之过而不知其所以过,于母犹然,况他人乎,是之谓天杀。不果而出奔,灵公废其为太子,非父子间一念之邪乎。由是灵公立郢,郢辞,灵公卒,夫人立之,又辞。夫郢与蒯聩,兄弟也,目睹父不父子不子之象,而辞其兄不兄弟不弟,详情虽未闻,即此二辞,已见兄弟间一念之正,有夷齐之志焉。不得已立蒯聩之子辄,辄据国,以王父之命拒父,是之谓"有其父必有其子,有其子必有其父",君不君臣不臣父不父子不子,莫此为甚。是时卫国之民,非处于水深火热之中乎。故颜回将之卫,其言曰:"回闻卫君,其年壮,其行独。轻用其国而不见其过,轻用民死,死者以国量乎,泽若焦,民其无如矣。回尝闻之夫子曰:治国去之,乱国就之,医门多疾,愿以所闻思其则,庶几其国有瘳乎。"年壮行独谓辄也,其心之忍,于父犹拒之,况他人乎。托君臣之大义,行幽厉之暴虐,不君不臣,视民命如草菅。泽若焦者,兑泽离火,革乎睽乎,二女之妒耳,仁如颜回者,其心能安乎。然更有妙事,夫颜回与子路,皆孔门之大贤,服膺于孔子,同跻乎十哲,或以德行,或以政事,朋友之切磋,日夕相见。奈颜回欲以止辄之所为,子路竟食其禄,此非子路于朋友间,一念之邪乎。孔子以"野哉"斥之,不亦善哉。唯子路之不知正名,已生他日死难之惨状,何咎乎,自取耳。唯颜回之有悟乎集虚、心斋、止止、坐驰、伏羲、几蘧之易道已在其中,所行终而成始,性其复焉。孔子以颜回当复初,非此象乎。

或谓《庄子》之言,寓言也,或无其事。然寓言之外,尚有重言,若此《人间世》之明君臣师三节,与其以寓言视之,不如以重言视之之有得。庄子于人事固有取乎孔子者,述传闻之说,当有所据,未可以子虚视之云。

无用观刃

杂篇《外物》中,记有惠子与庄子论用,仅二问二答,无用之用明矣。庄子之言，何其几耶。凡四小节。

一、"惠子谓庄子曰：子言无用。"——此非指某一言，亦非指某篇之言，亦非全书之言。盖庄子言而未传者多矣，举凡庄子所言，莫不具有无形无常，何之何适之道，而惠子即以此谬悠不傥之道言为无用也。

二、"庄子曰：知无用而始可与言用矣。夫地非不广且大也，人之所用容足耳，然则厕足而垫之致黄泉，人尚有用乎。"——此及质辩。或不及质者，必谓某言有某用、某言有某用，而否之者又必谓某言无某用、某言无某用，如是争辩，能有果乎。若及质者，已直窥无用有用之本义。如惠子以庄子之言为无用，必已自视其言为有用，安知有用之言当基于无用之言者也，故曰："知无用始可与言用矣。"下即举例明无用之为用，义分二层：一、足履于地，其地为履足之用，然足所未及之地，有用乎，无用乎。必以己足所履之地为有履足之用，未及之地皆无其用，其可乎哉。如庄子之言，未尝无容足之用，惜惠子之足未及耳。二、即以足所履之地为有履足之用，然侧足而垫掘之使所履之地已及黄泉，则人尚有履足之用乎。庄子盖以此层之义为主，留待惠子自明之。

三、"惠子曰无用。"——踏水而行，究非容足之谓，故惠子亦不得不言无用。

四、"庄子曰：然则无用之为用也亦明矣。"——是之谓阙地及泉，隧而相见，用有不基于无用者乎。此象盖明龙见而潜，潜龙勿用，复小而辨于物，其用莫大。若庄子者，诚有应于复初之颜回者乎。

无情观刃

《德充符》末，有庄子与惠子论情，其内外得失之理，不言可喻。惜惠子之鸣不已，奈何哉，有天意乎。文分八小节，四问四答，消息睹矣。

一、"惠子谓庄子曰:人故无情乎。"——此问有据于前文,庄子曾曰:"……无人之情,故是非不得于身……"若惠子者,终身宥于是非中,宜不以庄子之言为是而有"人故无情"之问。

二、"庄子曰:然。"——截然之见,不容置疑者也。

三、"惠子曰:人而无情,何以谓之人。"——惠子之见合人与情为一,盖知是非者,丽乎情也。其人既已囿于是非,则人与情亦混杂而不能辨焉。

四、"庄子曰:道与之貌,天与之形,恶得不谓之人。"——此庄子释人,人者,有貌有形之谓也。貌者,神在其中,形者,物在其中。天地与我并生,道貌也,万物与我为一,天形也。如是之人,情云何哉。

五、"惠子曰:既谓之人,恶得无情。"——愚哉惠子,其初也,人情不辨。今也已知人之所以谓人,仍必以情丽之,则道貌天形可谓之情乎,固哉惠子。

六、"庄子曰:是非吾所谓情也,吾所谓无情者,言人之不以好恶内伤其身,常因自然而不益生也。"——惠子之辨,已不及实,徒争空名耳。若然人即有情,有情即人,奈道貌天形之实,既名之曰人,何可又兼有情之名,以自紊其实,故曰:"是非吾所谓情也。"继之庄子即释情,情者,以好恶内伤其身,不因自然而求益生也。故道貌天形之人,其可有情乎。至此人情两端之消息,皆为庄子所执,惠子之知,尚能出其樊乎。

七、"惠子曰:不益生何以有其身。"——夫以好恶内伤其身者,情以戕生。不因自然而求益生者,情以恶死。其有失于道貌天形之人则同,宜庄子以人故无情为是。若惠子者,必以人当有情。迫人情两端,皆为庄子所执,乃不得不分情为二,以守一隅。于戕生之情已知其非焉,唯于不益生之情仍未悟,尚以有身即由于益生也。

八、"庄子曰:道与之貌,天与之形,无以好恶内伤其身。今子外乎子之神,劳乎子之精,倚树而吟,据槁梧而瞑,天选子之形,子以坚白鸣。"——不伤身与不益生,非阴阳乎。不伤身者,益生莫善焉,不因自然之益生,实为伤身。此阴阳消息互根之理,犹人之呼吸,其可是非之乎。是呼而非吸,徒呼可乎,是吸而非呼,徒吸可乎。若人之身,天与道与之,乾坤二元之始生也,无与乎益生。既已生焉,无以好恶内伤其身,自然之生理在矣。生乎死乎,一任自然,何必有益生之情耶。若惠子者,外神劳精,固已内伤其身,吟而瞑,道貌已失,天形犹以坚白鸣。是非于不伤身不益生之间,天形不丧不止,悲乎。又末句之"精"、"吟"、"瞑"、"形"、"鸣",自然有韵,读之可见庄子当时之神态,有天籁焉。

庄子与接舆

庄子之学,与老子同而异,与孔子异而同,于接舆之说相关殊密。接舆者,楚之狂者,与孔子同时,《论语》中记有其事,录如下。

《论语·微子》第十八:"楚狂接舆歌而过孔子曰:'凤兮凤兮,何德之衰。往者不可谏,来者犹可追。已而已而,今之从政者殆而。'孔子下,欲与之言,趋而避之,不得与之言。"

夫接舆之名,起于接孔子之舆,真名实姓无闻焉,一生事迹无闻焉,学说更无闻焉。唯知为楚之狂者,避世者耳。而庄子书中颇述其说,且极重要,庄子者非其流亚欤。

《庄子·人间世》第四:"孔子适楚,楚狂接舆游其门曰:'凤兮凤兮,何如德之衰也。来世不可待,往世不可追也。天下有道,圣人成焉,天下无道,圣人生焉。方今之时,仅免刑焉。福轻乎羽,莫之知载,祸重乎地,莫之知避。已乎已乎,临人以德,殆乎殆乎,画地而趋。迷阳迷阳,无伤吾行,吾行却曲,无伤吾足。'山木自寇也,膏火自煎也,桂可食故伐之,漆可用故割之。人皆知有用之用,而不知无用之用也。"是节与《论语》所记者相似而加详,庄子必有所本,而接舆之志可见矣。

若"山木自寇也"以下更明之，或视为接舆之原文，或视为庄子所附加，可不必深究，其旨实同。无用之用，潜龙之象，孔子以颜子当复初即乾初，宜《人间世》初引颜子与孔子之说，而归于接舆对孔子之谏。庄子于处世之道，非法接舆而何。嚇鸱之吓，曳尾涂中，醒以观鱼乐，睡以拥蝶，支离其德，却曲之行也。

又接舆有友名肩吾，庄子记其事，犹记接舆之事。凡二则，一见《应帝王》，一见《逍遥游》。

《应帝王》第七："肩吾见狂接舆，狂接舆曰：'日中始何以语女。'肩吾曰：'告我君人者以己出经式义度，人孰敢不听而化诸。'狂接舆曰：'是欺德也，其于治天下也，犹涉海凿河而使蚊负山也。夫圣人之知也，治外乎，正而后行，确乎能其事者而已矣。且鸟高飞以避矰弋之害，鼷鼠深穴乎神丘之下，以避熏凿之患，而曾二虫之无知'。"

此即"闻在宥天下，不闻治天下"之义。奈其时为治天下非在宥天下，故接舆不得不狂，不得不遯。然身虽狂而遯，必悟至理焉，此理载于《逍遥游》。由肩吾述之，连叔释之，妙哉《庄子》之文也。

《逍遥游》第一："肩吾问于连叔曰：'吾闻言于接舆，大而无当，往而不返。吾惊怖其言，犹河汉而无极也，大有径庭，不近人情焉。'连叔曰：'其言谓何哉。'曰：'藐姑射之山有神人居焉。肌肤若冰雪，淖约若处子。不食五谷，吸风饮露。乘云气，御飞龙，而游乎四海之外。其神凝，使物不疵疠而年谷熟。吾以是狂而不信也。'连叔曰：'然，瞽者无以与乎文章之观，聋者无以与乎钟鼓之声。岂惟形骸有聋盲哉，夫知亦有之。是其言也，犹时女也。之人也，之德也，将磅礴万物以为一，世蕲乎乱，孰弊弊焉以天下为事。之人也，物莫之伤，大浸稽天而不溺，大旱金石流土山焦而不热。是其尘垢秕穅，将犹陶铸尧舜者也，孰肯以物为事。'"

夫姑射山之神人，庄子之大象，出接舆之口，则其道之有承乎接舆，不亦明乎。考肩吾者，盖求道者也。初与日中始游，仅游于方内而已。接舆正之而告之，犹未信，连叔更释之，始悟接舆之旨。其后得焉，隐大山，《大宗师》有曰："肩吾得之，以处大山。"是也。至于连叔能知接舆之言，其道同者也。谓姑射之神，是其尘垢秕糠犹将陶铸尧舜，犹尧舜之师，曰"尘垢秕糠"，每下愈况之象。《逍遥游》曰："尧治天下，窅然丧其天下焉。"即述尧之见师求道，道既得，乃窅然丧其天下。往见"四子"者，谓姑射山之神人有四，此四人何人，皆尧之师欤，曰非也。盖道统曰传，庄子于《天地》篇中记之。其言曰："尧之师曰许由，许由之师曰啮缺，啮缺之师曰王倪，王倪之师曰被衣。"此许由、啮缺、王倪、被衣四人，非姑射山之神人乎。观《庄子》书中，述此四子之言行，不一而足，其有所据乎，非据于连叔与接舆之言乎。故庄子者，接舆之流亚也。

读憨山《〈庄子〉内篇注》

明匡庐逸叟憨山释德清注有《庄子》内七篇。首曰："《庄子》一书，乃《老子》之注疏，予尝谓老子之有庄，如孔之有孟。"可谓一语中的。又明《逍遥游》曰："逍遥者，广大自在之意，即如佛经无碍解脱。佛以断尽烦恼为解脱，庄子以超脱形骸，泯绝知巧，不以生人一身功名为累为解脱。盖指虚无自然为大道之乡，为逍遥之境，如下云'无何有之乡'，'广漠之野'等语是也。意谓唯有真人能游于此广大自在之场者，即下所谓'大宗师'即其人也。世人不得如此逍遥者，只被一个我字拘碍。"此谓大宗师庶见逍遥游之场，前后贯通，非深知庄子者能之乎。于《齐物论》："'怒者其谁'一语，此便是禅门参究之功夫。"盖指心境相合之象。又论"庖丁解牛"曰："庖丁喻圣人，牛喻世间之事。大而天下国家，小而日用常行，皆目前之事也。解牛之技，乃治天下国家用世之术智也。刀喻本性，即生之主，率性而行，如以刀解牛也。言圣人学道妙悟性真，推其绪余以治天下国家，如庖丁先学道而后用于解牛之技也。初未悟时则见与世龃龉难行,如庖丁初试满眼只见一牛耳。既而入道已深,性智日明,则看破世间之事,件件自有一定天然之理。如此则不见一事当前,如此则'目无全牛'矣。"此为《百喻经》之说,义亦圆融。于《人间世》,明颜回"与天为徒"、"与人为徒"、"与古为徒"三术,从孔子之"君子有三畏"中变化来,憨山深通儒书于斯可见。谓"支离其德"之说乃发挥老子"处众人之所恶,故几于道"之意,亦妙。又曰:"终篇以楚狂讥孔子,意谓'虽圣而不知止',以发己意,乃此老披肝露胆真情发现。真见处世之难如此,故超然物外,以道自全,以贫贱自处,故遯世无闷,著书以见志,此立言之本意也。故于《人间世》之末以此结款,实自叙也。"夫庄子之世间法,非此而何。若谓《德充符》者,"盖忘形骸一心知,即佛说破分别我障也,能破分别我障则成阿罗汉果,即得神通变化。"是即出世之谓。究此注之可贵,即在能辨出入,或徒执世法之儒生,其何以能悟庄子之妙道。唯释家之有同乎此,宜于庄子之说反能处处得其神髓,岂执文字相者可望其项背耶。故此书凡习《庄子》者不可不读。末曰:"此倏忽一章不独结《应帝王》一篇,其实总结内七篇之大意⋯⋯自尧舜以来未有一人而不是凿破浑沌之人也。此特寓言,大抵皆凡夫愚迷之人概若此耳。以俗眼观之似乎不经,其实所言无一字不是救世愍迷之心也,岂可以文字视之哉,读者当见其心可也。"实庄子之知音。唯继之曰:"即予此解亦非牵强附合,盖就其所宗以得其立言之旨,但以佛法中人天止观而参证之,所谓天乘止观。即《宗镜》亦云:老庄所宗,自然清净无为之道,即初禅天通明禅也。吾徒观者,幸无以佛法妄拟为过也。"此之谓"思不出其位"。《庄子》曰:"至人之用心若镜,不将不迎,应而不藏,故能胜物而不伤。"照之者有不见其本来面目者乎。

鲲鹏与倏忽

观《庄子》内七篇之寓言,盖始于《逍遥游》之鲲鹏,终于《应帝王》

之儵忽。此二寓言实即一寓言,终则有始,庄子之微言欤。

夫南海之帝为儵,犹徙于南冥之鹏,北海之帝为忽,犹北冥之鲲,中央之帝为浑沌者,儵忽遇焉。乃鱼化为鸟,鲲化为鹏,若浑沌死,其化绝,尚能海运乎,是之谓天而人。以易理言,先天而后天,坎离用事,不见天地之纯,可不哀邪。

究浑沌之死,死于七窍"日凿一窍,七日而浑沌死"。死而生之,殊宜日补一窍,复卦卦辞曰"七日来复",庄子有取焉。《齐物论》曰:"日消不可使复也","莫使复阳",皆凿窍之谓,凿而不补,人生能不芒乎。

《序卦》曰:"复则不妄矣,故受之以无妄。"无妄者,诚补过之道也。复与无妄,上卦天地相交,浑沌生焉,鲲鹏化焉。蒲衣子曰:"泰氏其卧徐徐,其觉于于。一以己为马,一以己为牛。其知情信,其德甚真,而未始入于非人。"泰氏者泰卦也,天地交泰,未始入于否之匪人。乾马坤牛,太极之象,浑沌之象,其逍遥游之谓也。当儵忽遇焉而不言不道,是之谓天府。其间忽鲲之化儵鹏也无已,故以南海言,注焉而不满,以北海言,酌焉而不竭;是之谓葆光。北海者天一生水,乾元始焉,南海者地二生火,坤元生焉。阴阳生生,儵忽以遇,鲲鹏以化。幸而未凿,泰氏也。凿而补之,颜回坐驰而坐忘也,南郭子綦之丧我也。不幸而凿,凿而不补,则是自绝于天,终而未能复始,吾末如之何也已矣。芒乎何之,忽乎何适,莫足以归,未之尽者。《庄子》之象,不亦妙乎哉。

论言与殻音

夫言与殻音,同乎异乎,有辨乎无辨乎。曰亦同亦异,亦有辨亦无辨。当同为天籁盖无辨,若秦失之三号,庄子之鱼乐,自无适有,至三而至,人而天也。或吾未丧我,惠子宜有子非鱼之言,其言岂殻音哉。

更进而论之,殻音之声,其天籁乎,其鸟籁乎。公冶长能辨其声,鸟籁存焉,然则人籁与鸟籁亦同,何辨之有。谚云:"人为财死,鸟为食亡。"大可哀矣。

至于言与毂音之辨有二。其一,吾既丧我,而蜩与鸴鸠犹笑鲲鹏,之二虫又何知。夫言以载道,此人之所以能参天地,小知小年者不与焉。其二,极乐国土有毂音焉,惜人为物累,未能入其域殊多。嘻,可以人而不如鸟乎。

论天刑与遁天之形

于《德充符》篇,无趾论孔子曰:"天刑之,安可解。"于《大宗师》篇,孔子对子贡曰:"丘,天之戮民也。"于《天运》篇,老子对孔子亦论及"天之戮民",其义同。若《养生主》与《列御寇》中,皆论及"遁天之形",形亦作刑,古通。遁者逃也,逃其天形,非解乎。故天刑之戮民,确为贬辞,然遁天之形,亦非赞辞。更详研其几,间有辨焉。

夫天刑与遁天之形,各有是非得失。未可以天刑为非,即以遁天之形为是,亦未可以天刑为得,即以遁天之形为失。原其几,盖在方外与方内耳。于《大宗师》,孔子曰:"彼游方之外者也,而丘游方之内者也。"所谓方者,此指形骸言。未能游于形骸之外,尚未以死生为一,乃拘拘乎丧礼。推而广之,束于一切世法,以游于方外者视之,非天之戮民乎。天已刑之,根器如是,其可解乎。《齐物论》有曰:"一受其成形,不亡以待尽,与物相刃相靡,其形尽如驰而莫之能止,不亦悲乎。终身役役而不见其成功,苶然疲役而不知其所归,可不哀耶。人谓之不死,奚益。其形化,其心与之然,可不谓大哀乎。人之生也,固若是芒乎,其我独芒,而人亦有不芒者乎。"犹为戮民悲,为天刑哀。然亦有不芒而解其天刑,不为戮民者乎。乃必游乎方外,以通死生,《养生主》秦失论老聃之死:"适来夫子时也,适去夫子顺也,安时而处顺,哀乐不能入也。古者谓是帝之县解。"《大宗师》子舆泛论此义曰:"且夫得者时也,失者顺也,安时而处顺,哀乐不能入也。此古之所谓县解也。而不能自解者,物有结之。且夫物不胜天久矣,吾又何恶焉。"故解其天刑,是谓悬解,游乎方外而通乎死生之谓也。若子来之喻之妙,其言曰:"今大冶铸金,金踊跃曰:我且必为镆铘,大冶必以为不祥之金。今一犯人之形,而曰'人耳,人耳',夫造化者必以为不祥之人。今一以天地为大炉,以造化为大冶,恶乎往而不可哉。成然寐,蘧然觉。"然则县解者,犹祥金也。不为不祥之金,非方外之天刑乎,其刑安可遁。故老聃之死也,有不蕲言而言,不蕲哭而哭者,是遁天倍情忘其所受,古者谓之遁天之形。夫申徒嘉对子产曰:"今子与我游于形骸之内,而子索我于形骸之外,不亦过乎。"(《德充符》)若吊老子而哭者,皆与老子游于形骸之外,而欲索于形骸之内,是之谓遁天之形。秦失观之,安得不三号而出邪。

故游乎方内者,当"为善无近名,为恶无近刑,缘督以为经"。所以养生以自解其天刑耳。若游乎方外者,又当县解而为祥金,其何"遁天倍情忘其所受"而"遁天之形"乎。

乱曰:遁方内之天刑为是为得,颜回之坐忘也。遁方外之天刑为非为失,子犁之叱避也。不解方内之天刑为非为失,天之戮民也。不解方外之天刑为是为得,县解也,火传也。

沧浪与迷阳

孔子时有《沧浪歌》与《迷阳曲》,前者孟子取之,后者庄子取之。原文录如下:

《孟子·离娄》上:"……有孺子歌曰:'沧浪之水清兮,可以濯我缨,沧浪之水浊兮,可以濯我足。'孔子曰:'小子听之,清斯濯缨、浊斯濯足矣,自取之也。'"《庄子·人间世》:"孔子适楚,楚狂接舆游其门曰:'……迷阳迷阳,无伤吾行,吾行却曲,无伤吾足。'……"读《沧浪》与《迷阳》能无感乎,其临遁之象乎。息阳而临至八月有凶,清浊相循,可执一耶。犹可自取,非息阳而何。惜灵均之忽乎自取,不忍濯缨以浊,五月将罹八月之凶,渔父更复何语。至若迷阳之伤行,安可不却曲其行以避之,此实为遯消象亨于小利贞,以防吾足之伤。夫水既浊焉,吾既濯足焉,执之用黄牛之革,宜孔子不得与接舆言。

观孟子之有得乎《沧浪》,庄子之有得乎《迷阳》,孟庄之差数睹矣。或为临息而知消,遯消而不知息,然接舆成藐姑射之象,图南之游无待,六月之息已备。故是非优劣于《沧浪》、《迷阳》者,岂知道者哉。

黄帝与孙休

黄帝往见广成子而问曰:"我闻吾子达于至道,敢问至道之精。吾欲取天地之精,以佐五谷,以养民人。吾又欲官阴阳,以遂群生。"(《在宥》)

孙休踵门而诧子扁庆子曰:"休,居乡不见谓不修,临难不见谓不勇。然而田原不遇岁,事君不遇世,宾于乡里,逐于州部,则胡罪乎天哉。休恶遇此命也。"(《达生》)

夫黄帝与孙休,何其相似。黄帝阳属君,孙休阴属臣。唯上有黄帝之欲取天地之精,以佐五谷,以养民人,乃下有孙休之田原不遇岁,事君不遇世。唯下有孙休之居乡见其修,临难见其勇,乃上有黄帝之又欲官阴阳以遂群生。休之宾于乡里,逐于州部,非起于上之官阴阳乎。其于群生遂乎不遂乎,不遂而休恶遇此命,盖务知之所无奈何。呜呼,下有孙休之不达命,宜上有黄帝之不达生,撄人心而不胜天下,虽令十九年,安得不往空同之上以见广成子乎。

若广成子之不告,以待黄帝闲居三月以收放心,扁子则随即告之,此所以有叹焉。又黄帝为阳之失,至道者兼阴阳之原而为阳之正也。孙休为阴之失,至德者乃顺承天而为阴之正也。《易·乾象》曰:"各正性命,保合太和。"犹正黄帝、孙休之象乎。不然上有黄帝,下有孙休,交忧交怨，天下其能平乎哉。

内七篇总论

《庄子》之内七篇，全书之主，外篇与杂篇，阐明内篇耳。凡此七篇，各题篇名，非若外杂篇之每以篇首数字为篇名云。

观七篇之名实，及其相次之序，有深意焉。其名曰：《逍遥游》、《齐物论》、《养生主》、《人间世》、《德充符》、《大宗师》、《应帝王》。盖以《逍遥游》为本，得其本者，有一焉，有神焉，神明既出，可以语内圣外王之道焉。不然其知聋盲，若蜩与莺鸠，恶足以论至道乎哉。继以《齐物论》者，格物之谓也。吾丧我以观物化，恶识所待之又有所待，贵乎免朝三而两行，天钧乃见，天钧者，天倪也。由是以达天府，天地万物尚有不齐乎。齐物而往之，于丧我之吾，可不养乎，故以《养生主》继之。缘督为经，游刃有余，死生之说，安时处顺，王其神而善之，穷于薪而火传。穷而不穷，不穷而穷，得其县解而主之，生有不养乎，吾生其有涯乎。若吾之丧我与未丧，得其养生与未得，安得无辨。况丧我其有渐乎，养生其有等乎，文然粲然，比竹芒然，其《人间世》之谓乎。夫心斋坐驰，君道将舍，养中致命，臣道之成，达之入于无疵，师道其正。虽然，尤贵支离其德，无用之用，迷阳却曲，以待其自丧自养耳。若然者，寄而不寄，于《人间世》其庶几乎。然支离之德，可不进乎，无用之用，可不充乎。充其德而符于心，故继之以《德充符》。夫支离其形，不如支离其德之可贵，兀者之刑，孰若方外天刑之足悲。眇小之人，其于謷大之天，为何如哉。故长其德而充之，不以好恶内伤其身。忘其形而符之，常因自然而不益其生。道貌天形，其人乎天乎。又继以《大宗师》者，明真人以辨天人之知也。真人真知之谓道，夫离形去知同于大通之坐忘，不亦大乎。于心莫逆以待化，入寥天一而疑始，盖可宗焉。不为义仁老巧以息黥补劓，吾其师之，《大宗师》者，道之谓也。结以

《应帝王》者,内圣而外王,得道以传道云。若蒲衣子之于齧缺、狂接舆之于肩吾,无名人之于天根,老聃之于阳子居,壶子之于列子,莫不皆然。或误传非人,浑沌为凿。然倏犹鹏,忽犹鲲,杀生者不死,生生者不生。浑沌浑沌,其死乎生乎。鲲鹏之化,图南之游,其已乎,未已乎。终则有始,天行如是,不可见者,其可见乎,不可爱者,其可爱乎。唯至人若镜之心,胜物而不伤,其《应帝王》之天则乎。

内七篇与三才之道

庄子之学说,有与于《易》者也。《天下》篇"《易》以道阴阳"一语,深中易道之的。《大宗师》曰:"伏戏氏得之,以袭气母。"气母者,消息之源也。阴阳消息,伏羲十言之教尽矣。

夫读《庄子》全书,唯觉其文之恣纵无际,其理之放诞不羁,其道恍惚,其志诚诡。孰维纲是,孰隆施是,孰使其然者,孰使其不然者,有主之者乎,有命之者乎。曰使其然不然者《易》,主之者象,命之者变。象无端倪,机括其变,全书之迹然,况迹迹之履、步履之道乎。非神而明之,妙而悟之,有不得其糟魄者乎,孰能入纸而化之、入目而融之。若《易》《庄》并观,其无首乎,群龙乘云,其庶几乎。以易象喻之,以象变究之,研之玩之,其旨可得乎,不可得乎。虽不中,不远也。

观易象之本,阴阳而已矣。易象之变,消息而已矣。兼三才而两之故六,六者非它,三才之道也。道者,一阴一阳之谓也,阴阳气母,非庄子之得于《易》者乎。合则一体,质有惠施,一二而三,巧历不能得,而况其凡乎。全书之文,非三而何。三者何,天籁地籁人籁也。三籁者何,《易》三才之道也。以三才之道,散诸内七篇,《庄子》之旨钟焉。

曰《逍遥游》者,天才也,天籁也。抟扶摇而上者九万里,背负青天而图南,属于天象,已不言而喻。小大之辨者,阴阳也,天地也。惠子之拙于用大,犹斥鷃之知地不知天,知阴不知阳,不亦悲乎。

　　曰《齐物论》者，地才也，地籁也。夫天一地二，一则有待而恶乎待，二则吾所待又有所待。生死也，是非也，可不可，然不然，日夜之相代也，其畛八德也，莫不为二。真宰也，真君也，以明也，未始有物也，日夜之所萌也，其一乎。惜地二未及天一，能不芒乎，周与蝴蝶必有分矣。物化之境，乃顺承天，其地二之极则欤。

　　曰《养生主》者，人才也，人籁也。人参天地而生，即以天地而养，《养生主》者，其以《逍遥游》与《齐物论》养之乎。缘督为经而依乎天理，图南之游也。穷薪火传之县解，物化之谓乎。

　　以上三篇，已备三才之道，分而言之，各主一才。于象《逍遥游》属天为乾，犹《周易》也，以通先天之息，"去以六月息"是也。《齐物论》属地为坤，犹《归藏》也，以通先天之消，"以言其日消"是也。《养生主》属人为艮，犹《连山》也，成终成始以复之，先天消息之连绵不断，"不知其尽"是也。天地而人，人参天地而成终。更合而言之，则人为三才之主而成始，以下三篇是也。

　　曰《人间世》者，人人之相合也。颜回将之卫论君道，沈诸梁将使齐论臣道，颜阖将傅卫灵公太子论师道。君臣者，天地也，阴阳也，师者所以明天地阴阳而已矣。其间之消息万千，人间之变幻莫测，世事无常，何足怪哉。有得乎《逍遥》、《齐物》、《养生》与未得者，其有辨乎，无辨乎。支离其德，迷阳郤曲，非其辨乎。

　　曰《德充符》者，人地之相合也。地之于人，其外曰形，其内曰情。忘形存德，兀者何失，天刑难解。忘形忘情，德充而符，道貌天形之人，将进入天矣。

　　曰《大宗师》者，人天之相合也。天之于人，其思曰象，其德曰真。真人真知，然后知天知人，象以离形，何患死生。真知以去有待之知，地二而天一矣。入寥天一而疑始，坐忘而大通，人其为三才之主乎。故《大宗师》者，人天之师也。

　　曰《应帝王》者，合三才三籁而一之也。一贯三曰王，三为三才，其

《养生主》以参于《逍遥游》与《齐物论》之谓也。贯之者人也，其《人间世》《德充符》《大宗师》之谓也。贯而虚之，用心若镜，应而不藏，胜物而不伤，其浑沌之象乎。曰"南海之帝儵"，阳极阴生，天而地也。曰"北海之帝忽"，阴极阳生，地而天也。天地阴阳之消息不已，浑沌乃凿，七日而浑沌死，人其生焉。人能养生以主之，息黥补劓而贯之，则七日来复而浑沌生，复其见天地之心，犹至人之心乎。若《应帝王》之终于浑沌死，犹《易》终未济之象，宜《庄子》之旨，芒昧未尽。尽未尽之尽，其可乎哉，达之慎之，毋凿庄子之浑沌也。

鱼乐观刃

《秋水》末节，记庄子与惠子濠梁之游，因鱼乐而辨及几锋焉。宜逐句录其原文而论之，共六小节。

一、"庄子与惠子游于濠梁之上。"——此句首明其境。曰"游"者，庄子有"逍遥游"之知，惠子尚未能逍遥。濠，水名，在淮南凤阳县，其地古属钟离国。石缘水曰梁，《传》曰庄子墓在濠梁。一千七百余年后朱元璋生焉，非庄子所陶铸欤。

二、"庄子曰：鯈鱼出游从容，是鱼之乐也。"——此句为此节主旨。庄子物化之境，非惠子所知。

三、"惠子曰：子非鱼，安知鱼之乐。"——初见惠子之锋刃，殊觉锐利。绝人鱼之化，自以为得计，庄子谓惠施"散于万物而不厌"是其象。

四、"庄子曰：子非我，安知我不知鱼之乐。"——此之谓以子之矛攻子之盾。庄子以惠子之绝人鱼之化，推为绝人人之化。二刃相交，惠子之刃几折矣。

五、"惠子曰：我非子，固不知子矣。子固非鱼也，子之不知鱼之乐，全矣。"——惠子至此，尚懵然未觉，不惜以"绝人人之化"以明"绝人鱼之化",否塞之象,愈陷愈深,实好胜所致。哀哉,刃已入于绝境,尚能游乎。

六、"庄子曰:请循其本。子曰:汝安知鱼乐云者,既以知吾知之而问我,我知之濠上也。"——天地昏暗乌云密布,雷电交加白刃相接,善哉庄子之知本,仁哉庄子慈心。刚反而复,化干戈为玉帛,烟消云散,绝处逢生。游刃有余,无首之志,以通人鱼之游,未洒玄黄之血。保浑沌,知鱼乐,惠子其憬悟乎!

梦蝶观刃

《齐物论》终于蝴蝶一梦,天地尚有不化者哉,万物尚有不齐者哉。文短而精,深闳诚诡,辘轳辗转,愈进愈妙,羽旋石隧,梦游无已。心斋之虚乎!图南之愿乎!有心乎!无知乎!有情乎!无情乎!其道何在?其归何之?无所不在,何往不可,出入于机,是之谓物化欤。凡六十二字,宜分五小节以述之:

一、"昔者庄周梦为蝴蝶。"——首句叙明当时之境。夫梦饮酒者旦而哭泣,梦哭泣者旦而田猎,然则梦蝴蝶者,旦而著此《齐物论》乎?

二、"栩栩然蝴蝶也,自喻适志与,不知周也。"——此叙梦境,当庄周既梦为蝴蝶,已不自知为周。栩栩然适志,自喻为蝴蝶也,是之谓梦化。

三、"俄然觉,则蘧蘧然周也。"——此叙觉境。当庄周既觉,蘧蘧然周也,已自知非蝴蝶,是之谓觉化。

四、"不知周之梦为蝴蝶与,蝴蝶之梦为周与。"——此叙梦化觉化可消息为觉化梦化。安知梦之非觉乎?觉之非梦乎?是之谓境化。观觉境中,既有蘧蘧之庄周,亦有栩栩之蝴蝶,此人皆可见。若梦境中,庄周既可梦为蝴蝶,安知蝴蝶不可梦为庄周,人皆未见耳。见与未见,则境化而化其境,"天地与我并生,万物与我为一",其梦乎觉乎?

五、"周与蝴蝶,则必有分矣,此之谓物化。"——梦化觉化而境化,既已为一乎。一二而三,天地万物,固有其宜。周与蝴蝶,则必有分,此之谓物化。夫四时行百物生,无言之大言。茂对时育万物,无妄之大德。化物而物化,诚齐物之至理矣乎。万世之后而一遇大圣,尚有进于此者乎?或无进于此者乎?有进无进,忘年忘义,无竟之象,可不振之而寓诸,是之谓未济之终乎。

"葆光"释义

何谓"葆光"?《庄子·齐物论》有言:"注焉而不满,酌焉而不竭,而不知其所由来,此之谓'葆光'。"考庄子生于战国之时,已观察到"葆光"的现象,惜尚未知所以不满不竭的由来。今欲推求庄子所了解的"葆光",实由流水所悟,老子曰"上善若水",孔子曰"逝者如斯乎,不舍昼夜。"若庄子者,善继往圣之理,能进一步观察逝水,乃见海之大,贵能"注焉而不满"。《秋水》篇中,特借北海若之口曰:"天下之水,莫大于海,万川归之,不知何时止而不盈,尾闾泄之,不知何时已而不虚,春秋不变,水旱不知。此其过江河之流,不可为量数。"然江河之流,能不舍昼夜以归于海,亦有"酌焉而不竭"之贵。唯江河有不竭之酌之德,庶显海有"注焉不满"之德。结合江河与海,是谓"葆光",恶知其贵贱之门,小大之家。所妙者,山中之泉水,渐出不穷;集众流以奔趋大海,永注不满。此在庄子观之,乃不知其所由来,特撰"葆光"之专门名词,以喻不知其所由来的周期之变。二千余年后的今天欲淡化海水,手续尚极麻烦,而自然之蒸发,食井冽之寒泉,能运行无已。观察此种周期之变,安得不感叹自然之伟大。

进而论及养生之理,即得此周期之理以见"葆光"之象,是之谓周天。

《庄子》人名释义

《庄子》篇目次序表

内篇凡七　1—7

逍遥游　1　　　　　齐物论　2　　　　　养生主　3

人世间　4　　　　　德充符　5　　　　　大宗师　6

应帝王　7

外篇凡十五　8—22

骈拇　8　　　　　　马蹄　9　　　　　　胠箧　10

在宥　11　　　　　天地　12　　　　　天道　13

天运　14　　　　　刻意　15　　　　　缮性　16

秋水　17　　　　　至乐　18　　　　　达生　19

山木　20　　　　　田子方　21　　　　　知北游　22

杂篇凡十一　23—33

庚桑楚　23　　　　徐无鬼　24　　　　则阳　25

外物　26　　　　　寓言　27　　　　　让王　28

盗跖　29　　　　　说剑　30　　　　　渔父　31

列御寇　32　　　　天下　33

《庄子》人名各篇杂出表

原书之次	人 名	所 见 之 篇 目
1	彭祖	1 6 15
2	汤	1 14 17 22 23 25 26 28 29 33
3	棘	1
4	宋荣子 宋钘	1 33
5	列子 列御寇	1 7 18 19 21 28 32
6	尧	1 2 4 5 6 10 11 12 13 14 16 17 18 20 23 24 25 26 28 29 33
7	许由	1 6 12 24 26 28
8	肩吾	1 6 7 21
9	连叔	1
10	接舆	1 4 7
11	舜 有虞氏	1 2 7 8 10 11 12 13 14 16 17 18 20 21 22 23 24 25 28 29 33
12	惠子 惠施	1 2 5 17 18 24 25 26 27 33
13	庄子 庄周	1 2 5 13 14 17 18 19 20 21 22 24 25 26 27 30 32 33
14	魏王 魏莹 文惠君	1 3 20 25
15	吴王	1 24
16	南郭子綦 南伯子綦 南伯子葵 东郭子綦	2 4 6 24 27
17	颜成子游 偃	2 24 29

300

原书之次	人　名	所　见　之　篇　目
18	禹	2　4　12　14　17　20　29　33
19	西施	2　14
20	狙公	2
21	昭氏 昭文	2
22	师旷	2　8　10
23	齧缺	2　7　12　22　24
24	王倪	2　7　12
25	毛嫱	2
26	丽姬	2
27	瞿鹊子	2
28	长梧子 长梧封人	2　25
29	黄帝	2　6　11　12　13　14　16　18　20　21　22　24　29　33
30	孔子 丘 仲尼	2　4　5　6　12　13　14　17　18　19　20　21　22　24　25　26 27　28　29　31　32
31	艾封人	2
32	庖丁	3
33	公文轩	3
34	右师	3
35	老聃	3　5　7　11　12　13　14　21　22　23　25　27　33
36	秦失	3
37	颜回	4　6　14　18　19　20　21　22　28　29　31
38	卫君	4
39	桀	4　11　17　26　28　29
40	关龙逢	4　10　26
41	纣	4　14　17　26　29
42	比干	4　10　20　26　29
43	伏羲 泰氏	4　6　7　10　16　21
44	几蘧	4
45	叶公子高 沈诸梁	4

原书之次	人　名	所　见　之　篇　目
46	颜阖	4　19　28　32
47	卫灵公太子 （即蒯聩） 庄公	4　19
48	蘧伯玉	4　25
49	匠石 匠伯	4　24
50	支离疏	4
51	王骀	5
52	常季	5
53	申徒嘉	5
54	郑子产	5
55	伯昏无人 伯昏瞀人	5　21　32
56	羿	5　20　23　24
57	叔山无趾	5
58	鲁哀公 鲁君 鲁侯	5　12　20　21　28　32
59	鲁侯(指庄公)	18
60	鲁侯(指襄公)	19
61	哀骀它	5
62	闵子	5
63	闉跂支离无脤	5
64	卫灵公	5　20　25
65	瓮㼜大瘿	5
66	齐桓公	5　13　19　24　29
67	狐不偕	6
68	务光	6　26　28
69	伯夷	6　8　17　28　29
70	叔齐	6　28　29
71	箕子胥余 箕子	6　26
72	纪他	6　26
73	申徒狄	6　26　29

原书之次	人　名	所　见　之　篇　目
74	豨韦氏	6 22 26
75	堪坏	6
76	冯夷	6
77	颛顼	6
78	禺强	6
79	西王母	6
80	傅说	6
81	武丁	6
82	女偊	6
83	卜梁倚	6
84	子祀	6
85	子舆	6
86	犁	6
87	子来	6
88	子桑户 子桑 子桑雽	6 20
89	孟子反	6
90	子琴张 子牢	6 25
91	子贡	6 12 14 18 28 29 31
92	孟孙才	6
93	意而子	6
94	无庄	6
95	据梁	6
96	蒲衣子 被衣	7 12 22
97	日中始	7
98	阳子居 杨 阳子	7 8 10 12 20 24 27
99	季咸	7
100	壶子	7
101	离朱	8 10 12

续　表

原书之次	人　名	所　见　之　篇　目
102	曾 曾参 曾子	8 10 11 12 26 27 28
103	史 史鰌	8 10 11 12 25
104	墨 墨翟 墨子	8 10 12 29 33
105	臧	8
106	穀	8
107	盗跖	8 10 11 12 29
108	俞儿	8
109	伯乐	9
110	赫胥氏	9 10
111	田成子	10 29
112	齐君	10
113	齐侯	18
114	苌弘	10 26
115	子胥	10 18 26 29
116	工倕	10 19
117	容成氏	10 25
118	大庭氏	10
119	伯皇氏	10
120	中央氏	10
121	栗陆氏	10
122	骊畜氏	10
123	尊卢氏	10
124	祝融氏	10
125	神农氏	10 16 18 20 22 28 29
126	崔瞿	11
127	讙兜	11
128	三苗	11
129	共工	11
130	广成子	11

原书之次	人　名	所　见　之　篇　目
131	华封人	12
132	伯成子高	12
133	将间菇	12
134	李彻	12
135	汉阴女人	12
136	门无鬼	12
137	赤张满稽	12
138	武王	12　14　17　22　28　29　33
139	子路 由	13　17　21　25　28　29　31
140	士成绮	13
141	轮扁	13
142	巫咸䄉	14
143	荡	14
144	北门成	14

《庄子》人名释义

（事迹皆录自成玄英疏）

1. 彭祖——姓篯，名铿，帝颛顼之玄孙。善养性，能调鼎，进雉羹于尧。尧封于彭城，其道可祖，故谓之彭祖。历夏经股，已周年八百岁矣。

按：全书凡三见。《逍遥游》曰：“而彭祖乃今以久特闻，众人匹之，不亦悲乎。”《刻意》曰：“吹呴呼吸，吐故纳新，熊经鸟申，为寿而已矣。此导引之士，养形之人，彭祖寿考者之所为也。”此二处皆未以为是，乃一端而已。于《大宗师》曰：“彭祖得之，上及有虞，下及五伯。”则亦以得道许之，盖未得道何能寿八百。虽然，道非一端，长寿可谓之得道，而道非长寿也。由《庄子》于彭祖之议论，可见其死生之说。

2. 汤——帝喾之后,契之苗裔,姓子名履,字天乙。母氏扶都,见白气贯月,感而生汤。丰下兑上,身长九尺。仕夏为诸侯,有圣德,诸侯归之。遭桀无道,囚于夏台,后得免。乃与诸侯同盟于景亳之地,会桀于昆吾之墟,大战于鸣条之野,桀奔于南巢。汤既克桀,让天下于务光,务光不受,汤即位。乃都于亳,后改为商,殷开基之主也。

按:全书凡十见。主要以用兵为主,每合武王言,《知北游》曰"汤武之室",其义同。然由《天下》篇知汤之乐名《大濩》,由《让王》篇知汤让卞随而卞随死,让务光而务光死。《外物》篇亦及务光,然未言其死。《庚桑楚》又谓汤以庖人笼伊尹。《则阳》有曰:"汤得其司御门尹登恒,为之傅之。"《逍遥游》有曰:"汤之问棘。"夫鲲鹏之寓言,全书中极为重要。然汤亦知之,则《庄子》之有取乎汤,盖可喻焉。

3. 棘——汤时贤人,亦云汤之博士。《列子》谓之夏革,革、棘声类,盖字之误也。汤师事棘,询问至道。

按:其人未可详考,全书中亦仅见于《逍遥游》。

4. 宋荣子——子者,有德之称。姓荣氏,宋人也。

宋钘——姓宋名钘,齐宣王时人。游稷下,著书一篇,师于黔而为之名。

按:《庄子发微》:"宋荣子即《天下》篇之宋钘,《孟子》之宋牼,牼、钘、荣,并一声之转,加子者尊称之也。《韩非子·显学》篇曰'宋荣子之议,设不斗争,取不随仇,不羞囹圄,见侮不辱',与《天下》篇言'宋钘见侮不辱,救民之斗,禁攻寝兵,救世之战',其说正合。故知是一人也。"此说极是,即以《逍遥游》之说合《天下》篇观之,亦可见其同。犹然笑之者,即笑见侮而辱也。

5. 列子——姓列,名御寇,郑人也,与郑缪公同时。师于壶丘子林,著书八卷,得仙风之道。

按:全书中凡七见。除师壶子外,又受教于关尹与伯昏瞀人,皆勉其辞外敛内,始能有待而无待云。关尹告其"纯气之守",伯昏瞀人告其"登山之射"与"汝不能使人无保汝也",义皆与壶子同。其御风而行,犹醉心于季咸,皆此外务之失也。

6. 尧——帝喾之子,姓伊祁,字放勋,母庆都。喾感赤龙而生,身长一丈,兑上而丰下,眉有八彩,足履翼星,有圣德。年十五封唐侯,二十一代兄帝位,都平阳,号曰陶唐。在位七十二年乃授舜,年百二十岁崩,葬于阳城,谥曰尧。依谥法,翼善传圣曰尧,言其有传舜之功也。

按:全书二十一篇中提及,篇中且有数见者。每合舜言之,视为世俗之是,与桀纣之非相对,欲归诸两忘而化于道。并有以为尧舜之道乃人相食之几,若戴晋人视之,犹一哄也。然取譬随机,或以尧舜禹传,则又褒尧而贬禹。再者尧能师许由而丧其天下,亦可逍遥游于藐姑射之山矣。

7. 许由——隐者也。姓许名由,字仲武,颍川阳城人也。隐于箕山,师于啮缺,依山而舍,就河而饮。尧知其贤让以帝位,许由闻之,乃临河洗耳。巢父饮犊,牵而避之,曰"恶吾水也"。死后尧封其墓,谥曰箕公,即尧之师也。

按:许由凡六见,皆明其逃尧。据《天地》篇知尧之师曰许由,许由之师曰啮缺。又《大宗师》载许由告意而子"不为义仁老巧",可谓许由之道也。于《天道》篇庄子曰:"不为戾仁寿巧,此之谓天乐。"或即庄子述许由之说乎。

8. 肩吾——古之怀道人。

按:书中凡四见。《逍遥游》《应帝王》皆及接舆,《田子方》又及孙叔敖,盖与孔子同时。初未得道,受接舆及连叔之化,后乃得焉。故《大宗师》曰:"肩吾得之,以处大山。"或系成道而隐于大山者欤。

9. 连叔——古之怀道人。

按:仅见于《逍遥游》。盖先于肩吾而悟道,助接舆以化肩吾者也,事迹未详。其化肩吾之言,极是,庄子之旨寄焉。

10. 接舆——姓陆名通,字接舆,楚之贤人,隐者也。与孔子同时而佯狂不仕，常以躬耕为务。楚王知其贤，聘以黄金百镒、车驷二乘，并不受。于是夫负妻戴，以游山海，莫知所终。

按：皇甫谧《高士传》曰："楚人陆通，字接舆。"曰"接舆"者，名起于接孔子之舆也。书中凡三见。于《人间世》所记者，大同于《论语》而较详。庄子于处世之道，似以接舆为准。

11. 舜——颛顼六世孙也。父曰瞽瞍，母曰握登，感大虹而生舜。生于姚墟，因即姓姚，住于妫水，亦曰妫氏。目有重瞳子，因字重华。以仁孝著于乡党，尧闻其贤，妻以二女，封封邑于虞。年三十总百揆，三十三受尧禅，即位之后都于蒲坂。在位四十年让禹，后崩，葬于苍梧之野。

按：在二十一篇中提及，每言尧舜，庄子重视尧舜可见。夫孟子言必称尧舜，主之也。庄子之每及尧舜，阶之也。由此而上达，庶几于道夫。不然，其为卷娄而已矣。

12. 惠子——姓惠名施，宋人也。为梁国相。

按：惠子为庄子之知友，全书凡十篇中十二见。于《天下》篇详论其学说而悲之，悲其才骀荡而不得，逐万物而不反也。然于《徐无鬼》载过其墓之言，庄子盖以为质，则重之之情可喻。若《秋水》之鸱吓，实记其趣耳，当以知友之说笑视之。若其相梁，观其荐戴晋人于魏王，功已显焉，事见《则阳》。又《齐物论》记其据梧，合昭文、师旷而三，其知不亦盛乎。惜徒知知之为知，而未知不知之为知也。此外七处皆记惠子与庄子之问答，其间妙语叠出，反复不穷，诚有匠石运斤成风，以斫郢人鼻端之象。于《逍遥游》明用大即无用之用，《外物》篇略同。于《德充符》论无情，《至乐》吊庄子妻死之一问一答，犹实例也。《寓言》之论孔子，不啻惠庄一臂之失也。《秋水》之鱼乐机锋尤妙，惠子之失即未能循本云。又《徐无鬼》皆羿皆尧之问，其刃直反惠子之心。未始吾非，奈足以造怨何，悲哉惠子之未悟也。

13. 庄子——姓庄名周，字子休。生宋国睢阳蒙县，师长桑公子，受号南华仙人。当战国之初降衰周之末,叹苍生之业薄,伤道德之陵夷,乃慷慨发愤,爰著斯论。其言大而博,其旨深而远,非下士之所闻,岂浅识之能究。所言"子"者是有德之嘉号,古人称师曰"子"。

按:庄子事迹,当以司马迁《史记》为准,特录《庄子列传》于下:"庄子者,蒙人也,名周。周尝为蒙漆园吏,与梁惠王、齐宣王同时。其学无所不窥,然其要本归于《老子》之言。故其著书十余万言,大抵率寓言也。作《渔父》、《盗跖》、《胠箧》以诋訿孔子之徒,以明老子之术。《畏累虚》、《亢桑子》之属,皆空语无事实。然善属书离辞,指事类情,用剽剥儒墨,虽当世宿学,不能自解免也。其言洸洋自恣以适己,故自王公大人不能器之。楚威王闻庄周贤,使使厚币迎之,许以为相。庄周笑谓楚使者曰:'千金重利、卿相尊位也。子独不见郊祭之牺牛乎?养食之数岁,衣以文绣,以入太庙。当是之时,虽欲为孤豚,岂可得乎?子亟去,无污我。我宁游戏污渎之中自快,无为有国者所羁。终身不仕,以快吾志焉。'"今存《庄子》三十三篇。间称"庄子曰"者,或当二人之对言,如庄子与惠施、太宰荡、东郭子等,或为自称,或为弟子记其师言而称之。盖外、杂篇中,似有弟子之文并入焉。

14. 魏王——即梁惠王也。昔居安邑,国号为魏。后为强秦所逼,徙于大梁,复改为梁,僭号称王也。

文惠君——即梁惠王也。

魏莹——莹,魏惠王名也。

按:梁惠王名莹,惠施相之,即庄子与之辨贫惫之魏王。当亦为莹,孟子见之者亦是此人。至于文惠君是否即魏莹,说未一。《庄子发微》:"文惠君当如《孟子》费惠公之流受封于大国者,故称曰君(卫元君亦降称)。崔譔、司马彪以为即梁惠王,殆不然也。《竹书》惠王复谥惠成,未闻有惠文之谥也。"

15. 吴王——(无注)

按:庄子论吴越战,则吴王似指夫差。又浮于江、登乎狙之山,射狙以戒颜不疑者,未详何指。

16. 南郭子綦——楚昭王之庶弟,楚庄王之司马,字子綦。古人淳质,多以居处为号,居于南郭,故号南郭,亦犹市南宜僚、东郭顺子之类。其人怀道抱德,虚心忘淡,故庄子羡其清高而托为论首。

南伯子綦——伯,长也。其道甚尊,堪为物长,故为之伯,即南郭子綦也。

南伯子葵——葵当为綦字之误,犹《人间世》篇中南伯子綦也。

东郭子綦——居在郭东,号曰东郭,犹是《齐物》篇中南郭子綦也。

按:子葵似即子綦,或称南伯、南郭、东郭,当同为一人。其丧我而知不材,非有道者能之乎。宜颜成子游以九年而有得乎其言。若女偊以其为非其人而不可学道者,所以激之欤,抑子葵非子綦欤。

17. 颜成子游——姓颜名偃,字子游。

按:名偃,成者谥也。《庄子发微》:"颜成如广成子、伯成子高之类,当是复姓也。"子游为子綦弟子,以九年而大妙,有悟洛书之大用乎。

18. 禹——夏禹字文命,鲧子、启父也。谥法"泉源流通曰禹",又云"受禅成功曰禹"。

按:《齐物论》曰:"虽有神禹,且不能知,吾独且奈何哉。"盖以禹能治水,视为知者之准的。以德论,位继尧舜,其德又衰焉。《天地》篇中记有伯成子高之事,其道墨子继之。

19. 西施——吴王美姬也。

按:以西施为美女之泛称。

20. 狙公——《列子》曰:"宋有养狙老翁……"

按:谓狙公善于养狙,即能用其喜怒也。

21. 昭氏——姓昭,名文,古之善鼓琴者也。

按:《齐物论》中,并论昭氏、师旷、惠子三子,以当是时之用知者。

22. 师旷——字子野,晋平公乐师,甚知音律。

按:《孟子》曰"师旷之聪"是其人。庄子三及之,皆取其耳聪之象。

23. 齧缺——许由之师,王倪弟子,尧时贤人。

按:《天地》篇曰:"尧之师曰许由,许由之师曰齧缺,齧缺之师曰王倪,王倪之师曰被衣。"齧缺由王倪处得不知之道,于被衣处睡而得证。或以许由、齧缺、王倪、被衣四子当藐姑射山之四子,似矣。

24. 王倪——尧时贤人。

按:据《天地》篇知为齧缺之师,被衣之弟子。其不知之道,犹南郭子綦之"丧我"乎。

25. 毛嫱——越王嬖妾 ⎤
26. 丽姬——晋国宠嫔 ⎦ 此二人者,姝妍冠世,人谓之美也。

按:毛嫱、丽姬与西施同义,皆视为美女云。

27. 瞿雀子——瞿雀是长梧弟子,故谓师为夫子。

28. 长梧子——无注。

长梧封人——长梧地名,其地有长树之梧,因以名焉。封人也,即此地守疆之人。

按:《庄子发微》:"《则阳》篇有'长梧封人问子牢'之言。长梧子即长梧封人,封人著其官,子则男子之通称也。子牢,琴牢,孔子弟子。长梧即尝问于子牢,必亦孔门之士。瞿雀子称'吾闻诸夫子',而长梧子答之以'丘也何足以知之'。'丘'孔子名,弟子不当名其师,疑三千之中不能如七十子之心悦诚服者多矣。不然则狂者之选,放其狂言而不复以礼法自束。如孟子反、子琴张之笑子贡曰'是恶知礼意',见《大宗师》篇,岂得以常情衡之哉。"此以长梧子为长梧封人甚是。若长梧封人之问子牢,实为戒子牢,似为长者之言,故子牢为孔子弟子。《齐物论》中之瞿雀子亦可视为孔子弟子,而长梧子宜长一辈视之,年与孔子相若或更略长,此其所以称孔子为丘也。故长梧子者,盖老子之流,瞿雀子者,孔子之弟子而有志于老子之道者也。

29. 黄帝、轩辕氏——轩辕也。采首山之铜，铸鼎于荆山之下。鼎成，有龙垂于鼎以迎帝。帝遂将群臣及后宫七十二人白日乘云驾龙以登上天化仙而去。

按：全书凡十四篇中提及。其师名广成子，见《在宥》。失玄珠由象罔得之，见《天地》。七圣皆迷由牧马童子知之，见《徐无鬼》。得道以登云天，见《大宗师》。又其乐名"咸池"，见《天运》、《天下》。若《缮性》谓其始为天下，《盗跖》谓其不能致德而与蚩尤战，宜《齐物论》中长梧子曰"是黄帝之所听荧也"，是皆未得道时之象。《知北游》中对知之言，已达知不知之境，犹象罔之得玄珠焉。

30. 丘——姓孔名丘，字仲尼，鲁人。殷汤之后，生衰周之世，有圣德。

按：今存《庄子》三十三篇，内有二十一篇记有孔子之事，且每篇中常有数次提及。故《庄子》书中之人名，孔子独多。盖庄子者生人以惠施为质，古人实以孔子为质。记鲁哀公时儒者一人，非指孔子而何。若庄子于孔子之象，宜以《寓言》篇庄子与惠子之对言为准，谢勤志服知而未之尝言，即庄子之神而明之也。

31. 艾封人——艾地封疆之人。

按：指丽姬之父。

32. 庖丁——谓掌厨丁役之人，今之供膳是也。亦言丁，名也。

按：似以庖人名丁视之为长。其得解牛之技，有养生之理焉。

33. 公文轩——姓公文，名轩，宋人也。

按：公文轩，善相者也，故见右师之貌而惊焉。

34. 右师——官名也。

按：右师之姓名未传，其介实天而非人，公文轩见其貌而知之。

35. 老聃——老君，即老子也。姓李名耳，字伯阳，外字老聃，大圣人也。降生陈国苦县，当周平王时去周，西度流沙，适之阗宾，而内外经书竟无其迹。而此独云死者，欲明死生之理泯一，凡圣之道均齐，此盖庄生寓言耳。而老君为大道之祖,为天地万物之宗,岂有生死哉。故托此言圣人亦有死生,以明死生之理也。故老君降生、行教、升天,备载诸经,不具言也。

按:老子事迹,当参阅《史记》。特录《老子列传》于下:"老子者,楚苦县厉乡曲仁里人也。姓李氏,名耳,字聃,周守藏室之史也。孔子适周,将问礼于老子。老子曰:'子所言者,其人与骨皆已朽矣,独其言在耳。且君子得其时则驾,不得其时则蓬累而行。吾闻之,良贾深藏若虚,君子盛德,容貌若愚。去子之骄气与多欲、态色与淫志,是皆无益于子之身。吾所以告子若是而已。'孔子去,谓弟子曰:'鸟吾知其能飞,鱼吾知其能游,兽吾知其能走。走者可以为罔,游者可以为纶,飞者可以为矰。至于龙,吾不能知其乘风云而上天。吾今日见老子,其犹龙邪。'老子修道德,其学以自隐无名为务。居周久之,见周之衰,乃遂去。至关,关令尹喜曰:'子将隐矣,强为我著书。'于是老子乃著书上下篇,言道德之意五千余言而去,莫知其所终。或曰:老莱子亦楚人也,著书十五篇,言道家之用,与孔子同时云。盖老子百有六十余岁,或言二百余岁,以其修道而养寿也。自孔子死之后百二十九年,而史记周太史儋见秦献公曰:'始秦与周合,合五百岁而离,离七十岁而霸王者出焉。'或曰儋即老子,或曰非也,世莫知其然否。老子,隐君子也。老子之子名宗,宗为魏将,封于段干。宗子注,注子宫,宫玄孙假,假仕于汉孝文帝。而假之子解为胶西王卬太傅,因家于齐焉。世之学老子者则绌儒学,儒学亦绌老子,道不同不相为谋,岂谓是邪。李耳无为自化,清净自正。"读《史记》记孔老之言,似亦有据乎《庄子》。唯有"莫知其所终"句,令后人生无数妄想。庄子于《养生主》曰"老聃死",何必更有他说。虽其言在耳,言而日新,其人与骨犹未朽也。儋即老子,有知其然否者乎。即庄子亦然,何可谓其不死。然读其三十三篇之文,其实未尝死也。不知死不知生,然后大妙,县解火传,道家之神也。成玄英不得不辨老聃之死,然亦多此一辨也。

36. 秦失——姓秦名失,怀道之士,不知何许人也。

按:秦失为老聃之友,知老聃之死,乃县解也。

37. 颜回——姓颜名回,字子渊,鲁人也。孔子三千门人中总四科之入室弟子也。

按:颜回于孔子乃具体而微,《庄子》既亟称孔子,又有十一篇中记及颜回,重视之情可喻。交臂失之,犹未心斋也。待《人间世》而《大宗师》,已能坐驰而坐忘,复初之象成矣。

38. 卫君——即灵公之子蒯聩也。

按:《庄子集解·释文》:"司马云:卫庄公蒯聩。案《左传》庄公以鲁哀十五年冬入国,时颜回已死,此是出公辄也。姚鼐云:卫君托词,以指时王糜烂其民者。"王先谦以为出公辄,诚是,孔子不为者也。

39. 桀——谥法"贼民多杀曰桀",夏桀无道之君。

按:桀纣每并言,视为暴君之典型云。

40. 关龙逢——姓关字龙逢,夏桀之贤臣,尽诚而遭斩首。

按:关龙逢每合比干言之,视为忠臣遭暴君杀戮之典型。

41. 纣——谥法"残义损善曰纣",殷纣无道之君。

按:殷末代帝纣,犹夏末代帝桀,桀纣并称言其非,汤武并称言其是。

42. 比干——殷纣之庶叔,忠谏而被割心。

按:比干即"殷有三仁"之一。庄子曰:"纣杀王子比干",似非纣之庶叔。

43. 伏羲——伏牛乘马,号曰伏羲。姓风,即太昊……为得至道,故能画八卦、演六爻、调阴阳、合元气也。

43. 泰氏——即太昊伏羲也。

按:伏羲氏始作八卦以通德类情,泰氏者象取天地交泰之义。为马者乾天,为牛者坤地,消息交通是之谓泰。成疏以泰氏为太昊之太,即伏羲,理或然也。

44. 几蘧——三皇已前,无文字之君也。

按:几蘧之名,他书未见,《庄子》中亦仅一见。承伏羲言之,其当伏羲、神农间之王者乎。

45. 叶公子高——楚庄王之玄孙尹成子,名诸梁,字子高,食采于叶,僭号称公。

按:叶公,楚叶县尹沈诸梁,字子高,僭称公也。曾问政于孔子及问孔子于子路者,见《论语》之《述而》《子路》二篇。《庄子》记其问孔子以使者之事,或亦为实事也。

46. 颜阖——姓颜名阖,鲁之贤人,自鲁通卫,将欲为太子之师傅也。

按:《庄子》书中颜阖四见,合而观之,事迹在焉。颜阖者,鲁之贤人而隐者也。或为道家,故鲁哀公欲以仲尼为贞干而非之,见《列御寇》篇。又《让王》篇载鲁君使人以币先而遁焉。李颐云:"鲁君,哀公也。"若颜阖在鲁虽隐,在卫则仕。《人间世》篇记其为卫灵公太子之傅,即傅太子蒯聩,蒯聩曾去国而复国,谥曰庄公。东野稷以御见庄公,颜阖亦在而知其将败,盖能见几者也。庄公指卫庄公,即灵公之太子蒯聩也。至于颜阖隐鲁之时,非蒯聩去国而在宋国之时乎。考蒯聩于灵公三十九年出奔宋,当鲁定公十四年。计定公十五年,继之者即哀公。夫蒯聩既去国,其傅安得不去卫乎。

47. 卫灵公太子——太子蒯聩也。

庄公——鲁庄公。

按:《达生》篇曰"东野稷以御见庄公",成疏以为鲁庄公未是。盖鲁庄公早哀公百余年,颜阖当哀公时人,何能上见庄公。此实指卫庄公,即卫灵公太子蒯聩。颜阖既为其傅,当归国后亦在焉。

48. 蘧伯玉——姓蘧名瑗,字伯玉,卫之贤大夫。

按:蘧伯玉孔子以君子称之,行年六十而六十化,是之谓自强不息。其告颜阖之言,非卷而怀之之道乎。

49. 匠石——匠是工人之通称,石乃巧者之私名。

匠伯——无注。

按:《文选》注引司马云"匠石字伯"。《庄子发微》:"匠伯,伯者长也。对下弟子言,故易称之曰匠伯,伯非字也。"又曰:"《徐无鬼》篇载匠石于宋元君称臣,则当是宋人也。"夫"匠石"又称"匠伯"者,确为尊之,与南伯子綦之"伯"字同义。若称宋元君为臣而定之曰宋人似未可。战国之时,臣于他国者夥矣,观匠石有运斤成风听而斫之之技,宜以"伯"称之。

50. 支离疏——四支离拆,百体宽疏,遂使颐颊隐在脐间,肩膊高于项上。形容如此,故以"支离"名之。

按:以畸形名之,其真名已佚。支离疏者,喻无用之用也。

51. 王骀——姓王名骀,鲁人也。刖一足曰兀。形虽残兀而心实虚忘,故冠《德充符》而为篇首也。

按:《德充符》记支离其形者六人,以王骀为首。皆明德充而符于内者,不尚外形也。

52. 常季——姓常名季,鲁之贤人也。

按:常季称孔子为夫子而问之,当系三千弟子之一,其详未可考焉。

53. 申徒嘉——姓申徒,名嘉。郑之贤人,兀者也。

按:申徒嘉与郑子产同师于伯昏无人,亦与列子同门,当《德充符》所记支离其形者六人之二。

54. 郑子产——姓公孙名侨,字子产,郑之贤大夫也。

按:子产治郑有政绩,是段所记,尚当志学之时。其能改容更貌而谢过,不愧为子产也。

55. 伯昏无人——师者之嘉号也。伯长也,昏暗也,德居物长,韬光若暗,洞忘物我,故曰伯昏无人。

伯昏瞀人——伯昏,楚之贤士,号曰伯昏瞀人。隐者之徒也。御冠既师壶子,又事伯昏。

按:伯昏无人凡三见。二作无人,一作瞀人。一谓申徒嘉郑子产之师(作无人),二谓列子之师(一作无人、一作瞀人)。或谓无、瞀同音通用。《庄子发微》:"列子亲见郑子阳之死,见杂篇《让王》。据《史记·郑世家》,子阳死于缪公二十五年,上距子产之卒声公五年几及百年。伯昏无人虽较列子为长,以时考之,亦必后于子产,子产安得师于伯昏无人。"则非伯昏无人,于列子之师当作瞀也。实则《庄子》之书寓言十九,以史考之,不亦陋哉。

56. 羿——古之善射者。

按:《庄子》书中四言羿,皆视为善射者之典型。

57. 叔山无趾——叔山字也……既无足趾,因以为其名也。

按:当《德克符》所记支离其形者六人之三,盖老者之流。

58. 鲁哀公——无注。

鲁君——鲁侯也,伯禽之后,未知的是何公。

鲁侯——无注(指哀公)。

59. 鲁侯——无注(指庄公)。

60. 鲁侯——无注(指襄公)。

按:《庄子》书中,称鲁哀公者三见,称鲁侯者三见,称鲁君者二见。考《让王》篇中之鲁君,谓其聘颜阖,李颐以为指哀公是也。唯《天地》篇中之鲁君,未详何指。又《山木》篇记市南宜僚见鲁侯,宜僚亦哀公时人,故鲁侯亦可指哀公言。若《至乐》篇记鲁侯以己养养鸟,盖臧文仲之事。在庄公时,则鲁侯非指庄公乎。《达生》篇记鲁侯见梓庆而问焉,夫梓庆即《左传》襄公四年所记及之匠庆,故鲁侯可谓指襄公言。以时论,庄公、襄公、哀公即位前后约距二百年。然以事之精神言,前后二百年,何异之有。宜《田子方》篇记有庄子见鲁哀公之事,上友古人,百余年之差,何以不能见。实欲说明儒者一人,乃孔子始足以当之也。

61. 哀骀它——卫国有人,形容丑陋,内德充满,为物所归。而哀骀是丑貌,因以为名。

　　按:当《德充符》所记支离其形者六人之四。

62. 闵子——姓闵,名损,字子骞。宣尼门人,在四科之数,甚有孝德,鲁人也。

　　按:闵子骞以孝闻,于四科属德行,详见《论语》。

63. 闉跂支离无脤——闉曲也,谓挛曲企肿而行;脤唇也。谓支离拆裂伛偻残病,复无唇也。

　　按:当支离其形者六人之五。

64. 卫灵公——无注。

　　按:卫灵公名元,无道之君也。蒯聩之父,出公辄之祖父云。

65. 瓮㼝大瘿——瓮,盆也。瘤瘿之病,大如盆瓮。

　　按:当支离其形者六人之六。

66. 齐桓公——无注。

　　按:齐桓公名小白,以管仲为相,九合诸侯一匡天下,为五霸之首。

67. 狐不偕——姓狐,字不偕,古之贤人。又云尧时贤人,不受尧让,投河不死。

　　按:他处不见,其详未可考。

68. 务光——黄帝时人,身长七尺,又云夏时人。饵药养性,好鼓琴,汤让天下不受,自负石沉于庐水。

　　按:据《让王》篇,后说可从。

69. 伯夷——伯夷、叔齐,辽西孤竹君之二子。神农之裔,姓姜氏。父死兄弟相让,不肯嗣位,闻西伯有道,试往观焉。逢文王崩,武王伐纣,夷齐扣马而谏。武王不从,遂隐于河东首阳山。不食其栗,卒饿而死。又伯夷名允,字公信。

70. 叔齐——见上。又叔齐名致,字公远。

按：伯夷、叔齐，孔子许以仁，详见《史记·伯夷列传》。

71. 箕子胥余——箕子，殷纣贤臣，谏纣不从，遂遭奴戮。胥余者，箕子名也。

按：箕子，纣诸父。胥余者，仆隶之称。箕子佯狂为奴，故曰箕子胥余。

72. 纪他——姓纪名他，汤时逸人也。闻汤让务光，恐及乎己，遂将弟子陷于窾水而死。

按：事迹见《外物》篇。

73. 申徒狄——申徒狄闻之(闻纪他事)，因以踣河。

按：事迹亦见《外物》篇。

74. 狶韦氏——文字已前远古帝王号也。得灵通之道，故能驱驭群品，提挈二仪。

按："狶韦氏之以挈天地"，犹得太极之象。下及"伏羲氏之袭气母"，犹得消息之象。又曰"维斗"，谓北斗星，众星拱之，承狶韦氏而言。曰"日月"，谓其运行变化，承伏羲氏而言。

75. 堪坏——昆仑山神名也。人面兽身，得道入昆仑山为神也。

按：或系古人而隐于昆仑山者。

76. 冯夷——姓冯名夷，弘农华阴潼乡堤首里人也。服八石得水仙……天帝锡冯夷为河伯。

按：理与堪坏相对，有山神，宜有水神者也。意冯夷生前必系善游者乎。

77. 颛顼——黄帝之孙，即帝高阳也，亦曰玄帝。年十二而冠，十五佐少昊，二十即位。采羽山之铜为鼎，能召四海之神，有灵异。年九十七崩，得道为北方之帝。

按：以五行言土克水，宜黄帝之孙属水，处北方也。

78. 禺强——水神，亦曰禺京。人面鸟身，乘龙而行，与颛顼并轩辕之胤也。虽复得道，不居帝位而为水神。

按：禺强为北海神，见《山海经》。其不居帝位而为水神，得乾初之道者乎。

79. 西王母——王母，太阴之精也。豹尾虎齿，善笑。舜时王母遣使献玉环，汉武帝时献青碗。颜容若十六七女子，甚端正，常坐西方少广之山，不复生死，故莫知始终也。

按：西王母亦见《山海经》，见少女之象，兑也，其为太阴之精，得坤元之至也。

80. 傅说——高宗梦得傅说，使求之天下，于陕州河北县傅岩板筑之所而得之。相于武丁，奄然清泰。傅说，星精也，而傅说一星在箕尾上。然箕尾则是二十八宿之数，维持东方，故言"乘东维，骑箕尾"，而与角亢等星比并行列，故云"比于列星"也。

按：《尚书·说命》篇即记傅说相武丁事。又《星经》："傅说一星在尾上。"盖古人以尾上一星名傅说，所以纪念之也。必取是星者，取其乘东维骑箕尾之位。谓傅说之事，得武丁而显焉。

81. 武丁——殷王名也，号曰高宗。

按：《易》曰"高宗伐鬼方"，即武丁也。中兴殷室，君相之相得也。

82. 女偊——古之怀道人也。久闻至道，故能摄卫养生。年虽老，犹有童颜之色、驻彩之状。

按：《庄子发微》："女姓，读若汝，偊其名也。或疑以为妇人，非是。"然其名偊，或有与于禹道者也。闻于副墨之子以上及疑始凡九代，非洛书之九畴乎。

83. 卜梁倚——卜梁，姬姓也，倚名也。虚心凝淡为道，智用明敏为才，言梁有外用之才而无内凝之道，女偊有虚淡之道而无明敏之才。如滞一边，未为通美，然以才方道，才劣道胜也。

按：有女偊，必当有卜梁倚，是之谓阴阳。此所以有以女偊为妇人者乎。

84. 子祀┐

85. 子舆┤ 子祀四人未详所据，观其心迹并方外之士。情同淡

86. 子犁┤ 水，共结素交。叙莫逆于虚玄，述忘言于至道。

87. 子来┘

按：此四人相与为友。下又记子桑户、孟子反、子琴张三人相与为友。且此四人中之子舆又与彼三人中之子桑为友，故此七人皆为友也。间有子琴张者，盖为孔子之弟子。然则此七人皆与孔子同时，唯道有方内方外之异耳。

88. 子桑户┐

89. 孟子反┤ 此之三人并方外之士。冥于变化，一于死生，志行

90. 子琴张┘ 既同，故相与交友。

88. 子桑雽——姓桑名雽，隐者也。

90. 子牢——孔子弟子，姓琴，宋乡也。

按：《庄子发微》："子桑户即仲弓所问子桑伯子，孔子以简许之者（见《论语·雍也》篇），户其字也。……外篇《山木》有孔子问子桑雽语，户雽一音之转，同一人也。孟子反即孟之反，孔子称其不伐者（亦见《雍也》篇），名侧（见哀十年《左传》）。琴张名牢，《论语》载牢曰：'子云：吾不试，故艺。'（见《子罕》篇）即其人也。《史记·仲尼弟子列传》无琴牢名，然《论语》书之，又其称夫子曰子，其为学于孔门无疑。《家语》言牢为卫人，一字子开，当有所据。"读《山木》篇知子桑雽，盖与孔子分庭抗礼者也，其为孔子之师友乎。宜其死，孔子使子贡往侍事焉，其为长梧子之流乎。

91. 子贡——赐，子贡名也。

按：子贡姓端木名赐，子贡其字也，孔子之弟子。《庄子》引之，每为人所讥，不及颜回远矣。

92. 孟孙才——姓孟孙名才，鲁之贤人。体无为之一道，知生死之不二，故能迹同方内，心游物表。

按：孟孙才当孔子时，以善居丧闻名，盖能不过哀而得性情之正者也。

93. 意而子——意而古之贤人……先谒帝尧，后见仲武。

按：或谓意而子是假名，其象盖由尧舜之道而归于许由之道者也。不为义仁老巧以息黥补劓，由方内而方外矣。尧时未尝无若意而子者，然则可曰实有其人。

94. 无庄——古之美人，为闻道，故不复庄饰而自忘其美色也。

按：无庄之名出自意而子之口，其尧时美女乎。盖道通死生，不忘生之美色，何能通于死耶。

95. 据梁——古之多力人，为闻道守雌，故不勇其力也。

按：据梁亦出自意而子之口，其亦为尧时之勇士乎。非忘其力，何能忘生以通死哉。

96. 蒲衣子——尧时贤人，年八岁舜师之。让位不受，即被衣子也。

96. 被衣——王倪之师也。

按：蒲衣子即被衣。据《天地》篇，尧之师许由，许由之师齧缺，齧缺之师王倪，王倪之师被衣。然舜受尧禅，又以其位让被衣，被衣不受，其年仅八岁。是可信乎，此非道家所贵之返老还童之术乎？虽不可信，犹后生可畏之义。再者，此后人所增，《庄子》原书何尝有舜师被衣之事耶。

97. 日中始——贤人姓名，即肩吾之师也。

按：日犹日者，中始其名也。原书不言其为肩吾之师。若或师之，而不经狂接舆之息黥补劓，肩吾尚能有得而处于太山乎。

98. 阳子居——姓阳名朱，字子居。

98. 杨——杨者姓杨，名朱，字子居，秦人也。

98. 阳子——姓阳，名朱，字子居，秦人也。

按：阳、杨，居、朱，皆一音之转，即孟子所斥之"为我"者。《庄子》亦每以杨墨并称，盖老者之流。

99. 季咸——郑国有神异之巫，甚有灵验，从齐而至，姓季名咸也。

按:《庄子发微》:"《尚书·君奭》之篇曰:'在太戊时巫咸乂王家。'是殷时有巫名咸,故此名季咸也。"庄子以季咸之能以显壶子之神耳。若季咸者,果不同于日中始,而其失均也。

100. 壶子——郑之得道人也,号壶子,名林,即列子之师也。

按:若壶子者,始足以语易象之变焉。若季咸者仅知易象耳。居而不动,安得不为壶子所逃。

101. 离朱——一名离娄,黄帝时明目人,百里察毫毛也。

按:离朱即孟子论及之离娄。《天地》篇有黄帝遗玄珠使离朱索之而不得之事,故以为黄帝时明目人,称之以为目明之典型。

102. 曾——姓曾名参,字子舆,仲尼之弟子。

曾参——曾参至孝,而父母憎之。常遭父母打,邻乎死地,故悲泣也。

曾子

按:曾子每与史鱼并称曾史,视为执于是者,虽是犹未化也。又《外物》篇视曾为孝而未得父母之欢心者。

103. 史——姓史名鳝,字子鱼,卫灵公臣。

史鳝——姓史,字鱼,卫之贤大夫也。

按:孔子称之曰直者,史鱼即其人,为卫灵公之贤大夫。庄子以曾、史并称,视为固执于是者,于道远矣。

104. 墨——姓墨,名翟,宋人也。

墨翟

墨子

按:《庄子》或以杨墨并称,或以儒墨并称,盖当时之显学也。《天下》篇论墨,可谓公允之至。

105. 臧——《孟子》云:臧善学人。扬雄云:男婿婢曰臧。

按:臧挟笄读书而亡羊。

106. 毂——孟子云：毂，孺子也。扬雄云：毂，良家子也。

按：谓毂博塞以游而亡羊。

107. 盗跖——柳下惠之从弟名跖，徒卒九千，常为巨盗，故以盗为名。

按：视盗跖为殉于利者，失与殉名之伯夷均也。

108. 俞儿——孟子云：俞儿，齐之识味人也。尸子云：俞儿和姜桂为主上食。

按：视俞儿为知味之典型。

109. 伯乐——《列》云，姓孙名阳，字伯乐，秦穆公时善治马人。

按：《庄子发微》："伯乐，古之善治马者，后秦穆公时孙阳亦名伯乐。驾车用马非始于秦穆时，则此伯乐，不得为孙阳也。"伯乐为始知乘马而治马者，庄子视为失马之性，故人而非天。

110. 赫胥氏——上古帝王也。亦言有赫然之德，使民胥附，故曰赫胥，盖炎帝也。

按：炎帝皆指神农氏。成疏以当赫胥氏，未详何据。

111. 田成子——齐大夫陈恒也，是敬仲七世孙。初敬仲适齐，食菜于田，故改为田氏。鲁哀公十四年，陈恒弑其君，君即简公也。割安平至于郎邪，自为封邑。至恒曾孙太公和，遇齐康公于海上，乃自主为齐侯。自敬仲至庄公凡九世知齐政，自太公至威王三世为齐侯，通计为十二世。庄子宣王时人，今不数宣王，故言十二世也。

按：庄子以田成子当窃国者，为诸侯之象。

112. 齐君——君即简公也。

按：为田成子所弑者为齐简公，故知齐君即指简公。

113. 齐侯——无注。

按：《至乐》篇谓颜回至齐，孔子恐其与齐侯言黄帝尧舜之道，而重以燧人神农之言。考是时之齐侯，于景公悼公间，似指悼公阳生。盖景公在位五十八年，孟子尝美其与晏子之君臣相得，孔子亦见而与之论君臣之道。若齐之乱在景公之卒后云。

114. 苌弘——周灵王贤臣。《说苑》云：晋叔向之杀苌弘也，苌弘数见于周，因伴遗书。苌弘谓叔向曰：子起晋国之兵以攻周，以废刘氏，以立单氏。刘子谓君曰：此苌弘也，乃杀之，肔，裂也，亦言肔，刳肠……苌弘遭谮，被放归蜀，自恨忠而遭谮，遂刳肠而死。蜀人感之，以匮盛其血，三年而化为碧玉。乃精诚之至也。

按：《庄子发微》："苌弘见《外物》篇，曰：'苌弘死于蜀，藏其血，三年而化为碧。'考之《春秋左氏传》及《国语》，苌弘为周悼王、敬王大夫。其死也，以晋范中行氏之难，晋赵鞅以为讨，周人为之杀苌弘，事在敬王二十八年，即鲁哀公三年。盖忠于周室而为霸国彊臣赵鞅所不容，因以屈死者。"考敬王为灵王孙，苌弘事在敬王时非在灵王时。

115. 子胥——伍奢之子，名员，字子胥，吴王夫差之臣。忠谏不从，抉眼而死，尸沉于江……忠谏夫差，夫差杀之，取马皮作袋为鸱鸟之形，盛伍员尸浮之江水。

按：《庄子》四言子胥，视为忠而死者，与比干等同象。既为宽之，亦为惜之，更为笑之。

116. 工倕——是尧工人，作规矩之法，亦云舜臣也。

按：倕即垂，《尚书·舜典》"帝曰：俞咨垂，汝共工"，故曰倕。

117. 容成氏
118. 大庭氏
119. 伯皇氏
120. 中央氏
121. 栗陆氏
122. 骊畜氏
123. 尊卢氏
124. 祝融氏
125. 神农氏

以上十二氏，并上古帝王也。当时既有史籍，亦不知其次弟前后。

按:《庄子》于《胠箧》篇历举上古帝王十二氏。于轩辕氏、伏羲氏、赫胥氏已见前。此凡九氏之名,皆上古之王天下者,其详未可考矣。系《易》取伏羲、神农、黄帝(即轩辕)三氏,盖其大有德于后世者也。若《庄子》必集十二氏之名,非足成地支之数乎。

126. 崔瞿,姓崔名瞿,不知何许人也。

按:《庄子发微》:"此盖托为老子之言。知其为托言者,老子之时尚无儒墨之名。而曾子为孔门最小之弟子,迨曾子成名与史鱼并称曾史,老聃之死久矣。由是言之,崔瞿其人亦出虚拟。"此崔瞿与老聃之对言,因时而知其为托言,然《庄子》全书中独多此类之对言,是之谓"寓言十九"。虽时代无误,又何可信为必有其事耶。如孔老之对言、孔颜之对言等等皆是。再者事虽不必全信,而理可不信乎。此《庄子》之书,所以百读不厌也。至于崔瞿与老聃之对言虽假,未可即谓崔瞿之人亦假,以文义观之,其老聃之门人乎。

127. 讙兜——昔帝鸿氏有不才子,天下谓之混沌,即讙兜也。为党共工,放南裔也。

128. 三苗——缙云氏有不才子,天下谓之饕餮,即三苗也。为尧诸侯,封三苗之国,国在左洞庭,右彭蠡,居豫章,近南岳。三峗山名在西裔,即秦州西羌地。

129. 共工——少昊氏有不才之子,天下谓之穷奇,即共工也。为尧水官,幽都在北方,即幽州之地。《尚书》有殛鲧,此文不备也。四人皆包藏凶恶,不遵尧化,故投诸四裔。是尧不胜天下之事,放四凶由舜,今称尧者,其时舜摄尧位故耳。

按:四凶事见《尧典》《舜典》,此唯引三事,简明耳。究尧时已有此事,许由之不受,不亦宜乎。人相食之必生于尧舜之间,岂虚语哉。

130. 广成子——广成,即老子别号也。

按:《庄子发微》:"此节盖示人以安其性命之情之道,而托之于广成子之语黄帝也。"以文义论,广成子为黄帝之师。成疏以为即老子别号,盖以老子为教主,其于黄帝时即广成子也。

131. 华封人——华地名也,今华州也。封人者,谓夏地守封疆之人也。

按:华封人盖尧时守华之人悟道者,姓名未传,或即以守地为姓。然则后世姓华者,有为华封人之后裔者乎。

132. 伯成子高——不知何许人也,盖有道之士也。

按:伯成子高盖尧舜之诸侯,及禹急流勇退而隐者也。

133. 将闾菀——将闾姓也,菀名也,未知何许人也。

按:将闾菀盖鲁臣,然鲁君既未确指,故将闾菀亦未能确指其时。以文义观之,乃未闻大道之小年也。

134. 季微——季姓也,微名也,未知何许人也。

按:以文义论,其优于将闾菀多矣。或谓季微者,季氏之族人也。

135. 汉阴丈人——丈人,长者之称也。

按:汉阴丈人之所为,修浑沌氏之术也。及彼修成,或亦未必仍将入井抱瓮而出灌云。

136. 门无鬼——门姓也,无鬼名也。

137. 赤张满稽——赤张姓也,满稽名也。

按:门无鬼、赤张满稽,盖武王伐纣时人。《秋水》篇曰:"帝王殊禅,三代殊继。"门与赤张已悟之乎。

138. 武王——武王伐纣,兵渡孟津。

按:《庄子》言武王,以为用师之典型。

139. 子路——姓仲名由,字子路,宣尼弟子也。

按:子路于七十二大贤中,独为好勇,《庄子》述及亦取此象。

140. 士成绮——姓士字成绮,不知何许人……素闻老子有神圣之德,故不辞艰苦,慕名远来。

按:《庄子发微》:"士成姓,绮名。"考古有姓士者,始于周宣王时。杜柏子隰叔奔晋,为士师,后以官为氏,见《通志·氏族略》。若双姓士成,除此未闻,然则从成疏亦是。士成绮者,盖有应乎老子者也。

141. 轮扁——轮,车轮也;扁,匠人名也……轮扁打车。

按:匠人名扁,姓未传,唯善斫车轮,故以轮扁称之。有悟乎得手应心之理,于道几焉。

142. 巫咸袑——巫咸神巫也,为殷中宗相,袑名也。

按:《庄子发微》:"袑与诏通……夫咸即其名。"谓巫咸诏疑者而告之,此义可从。

143. 荡——宋承殷后,故商即宋国也。太军官号,名盈字荡。

按:荡问仁于庄子,其为儒家乎。

144. 北门成——姓北门名成,黄帝臣也。

按:《庄子发微》:"北门成则艮象也。艮于卦位居东北,故曰北,艮为门阙,故曰门,成言乎艮,故曰成也。成者万物之所成终而所成始也。"此节黄帝与北门成论乐,虽可以托名视之,然黄帝之乐名《咸池》,亦见于《天下》篇。则乐既实有,北门未尝不可以实有其人视之,成疏曰"黄帝臣"是也。

论《庄子》内七篇

明乌程潘良耜基庆作《南华会解》,于《庄子》三十三篇重为编目,乃以《天下》篇为首,视为庄子之自序。以下三十二篇,以内七篇为主,且分列外、杂篇于其后。详示如下:

内 篇	外 篇	杂 篇
逍遥游	缮性、至乐	外物、让王
齐物论	秋水	寓言、盗跖
养生主	刻意、达生	
人间世	天地、山木	庚桑楚、渔父
德充符	田子方、知北游	列御寇
大宗师	骈拇	徐无鬼、则阳
应帝王	马蹄、胠箧、在宥	说剑
	天道、天运	

此书编目之义似可推敲,而内七篇足以概括全书之旨,未可谓之无理。观外、杂篇中其义丛杂,不仅相应于内七篇中之某一篇。因内七篇每篇各有主旨,由标题可知,未可与仅举篇首数字为篇名之外、杂

篇并论。或以时代考之，外篇如《在宥》、《天运》，杂篇如《庚桑楚》、《徐无鬼》、《则阳》诸篇中若干章节，义殊精深。惜尚未敷演成篇，故全篇之中心未明显，似属随记思维之创见，一如累积素材，以促使内七篇成文。然则先有外、杂篇之若干章节，方有内七篇，亦有其义。唯庄子之所以成庄子，似当以内七篇为主。必有标题之名，庶可论其文章之旨，应其形象之实，与《天下》篇所论之庄周相合。故与其说庄子之后学成内七篇，不如说庄子闻其风而悦之，在成内七篇之前，已有如庄子之思者。

今论《庄子》全书，要在内七篇。七篇各有其旨，当以篇名求之。故首当理解以篇名概括全篇之大义何在，继当求其七篇间之相应关系。唯能识其相应之次而一之，或可于不竭不蜕中尽其芒昧乎？

于《齐物论》中，子綦答子游曰："今者吾丧我，汝知之乎？汝闻人籁而未闻地籁，汝闻地籁而未闻天籁夫。"继之子游曰："地籁则众窍是已，人籁则比竹是已，敢问天籁。"子綦曰："夫天籁者，吹万不同，而使其自已也。咸其自取，怒者其谁邪。"以上摘引原文，其义既属《齐物论》之旨，亦属内七篇之旨，更可视为《庄子》全书之旨。此所谓人籁、地籁、天籁，即庄子借子綦之口以言之，所谓重言寓言是也。"今者吾丧我"，为读《庄子》之基本观点。或局促于一己之经验，百年而已，其何以见三籁之变。如能丧我而化吾于时，则知今之隐机者，非昔之隐机者。且当"人法地，地法天"，故有人籁、地籁、天籁之次。其后既述风气，子游已喻众窍当地籁、比竹当人籁，然尚未知天籁之象而问之，因又有吹万不同、怒者其谁之答。此义殊深邃，历代读者莫不叹美之，唯未闻以此义贯及《齐物论》全篇，更未闻以之通贯全书。今试为论述之：

此节之文，当《齐物论》之总冒，以下至篇末，未闻更及三籁。不知所谓《齐物论》者，全篇仅明有待之地籁，以下有曰："既已为一矣，且得有言乎？既已为一矣，且得无言乎？一与言为二，二与一为三，自此以往,巧历不能得,而况其凡乎。"此所谓一犹天籁,二指风气犹地籁,且众窍之风气属无言,比竹之风气其有言乎无言乎,是即"有成与亏,故昭氏之鼓琴也,无成与亏,故昭氏之不鼓琴也"。然则"一与言为二",言分有无以当天籁地籁之应,"二与一为三",三当人籁比竹之象。此犹以不鼓琴为地籁,鼓琴为人籁,所谓"天地与我并生而万物与我为一"之一,始为天籁。《齐物论》中举凡生死也,是非也,可不可,然不然,日夜之相代也,其畛八德也等等,莫非地籁;而曰真宰也,真君也,以明也,未始有物也,日夜之所萌也,其天籁乎。奈由地籁而未及天籁,能不芒乎,有待而恶乎待,吾所待者又有所待也。周与蝴蝶必有分矣,物化之境,其地籁之极则欤。准其义以求天籁,非《齐物论》可尽,宜此篇之前已有《逍遥游》在。《逍遥游》者,庶有天籁之象。由小而大,由宋荣子而列子,犹有所待者也。"若夫乘天地之正,而御六气之辩,以游无穷者,彼且恶乎待哉",方可属诸天籁,是即"之二虫又何知"之逍遥游。故《齐物论》之总冒,盖承前篇《逍遥游》之象。鲲鹏南北之化与"生物之以息相吹",非"吹万不同"乎。且三籁之象,既上承《逍遥游》之天籁,又下启《养生主》之人籁。观夫庖丁之解牛,"合于桑林之舞,乃中经首之会",犹昭氏之不鼓琴,游刃有余,可得养生之道。故缘督为经,依乎天理,不啻图南之游;穷薪火传,本诸物化,孰知自适之栖。图南自适,可免有涯随无涯之殆,则三籁之吹,其同乎异乎。天籁无待之一,其万不同乎,明乎芒乎,无言乎有言乎,可细味此三篇之旨,何必更吹。

以下三篇其旨尤精,然对上三篇之三籁有所认识,自然亦可迎刃而解。曰《人间世》者,明人籁与人籁相接。颜回将之卫,论君道。沈诸梁将使齐,论臣道。颜阖将傅卫灵公太子,论师道。君臣者,阴阳之象,即天籁地籁之义。师者,所以明天地阴阳,其间消息万千,人世之变幻莫测,"自无适有以至于三,而况自有适有乎"。然则有得于《逍遥游》、《齐物论》、《养生主》之与未得者,其有辨乎。支离其德,迷阳郤曲,非其辩乎。此歌已见于《论语》,正见庄子之学宜属于楚文化。

曰《德充符》者,明人籁与地籁相接。地籁之有辨于人籁,其外曰形,其内曰情。故先述兀者王骀、申徒嘉、叔山无趾、哀骀它四人,如能忘形存德,兀者何失。由是卫灵公悦闉跂支离无脤,齐桓公悦瓮㼜大瘿,而视全人其脰肩肩,是谓诚忘,犹未存其真形。天刑难解,胶之与䂮,眇乎瞽乎,神其外乎,忘形忘情,德充而符,其唯道貌天刑之人乎。其人既由人籁之《人间世》入此地籁之《德充符》,又将进而登天籁之《大宗师》乎。

曰《大宗师》者,明人籁与天籁相接。天之于人其思曰象,其德曰真。真人真知,然后知天知人,象以离形,何患死生。真知以去有待之名,其师不为仁义老巧,大而宗之,地二可复天一。犹闻于疑始以入寥天一,证于坐忘而同于大通,然则射山之神人,其藐乎不藐乎。其由支离其形通于支离其德而无待,则人籁合天籁而一,此所以能"陶铸尧舜"欤!

按儒家有内圣外王之道,庄子何尝不可有。凡前三篇犹内圣,后三篇犹外王。唯圣王之实其有辨无辨,须慢嚼其文而细味其韵,何可下简单之判断。

末篇曰《应帝王》者,可以壶子灭神巫为喻。破列子之待,复倏忽之凿,何必图逍遥之游,何处来蝴蝶之梦。"纷而封哉,一以是终",用心若镜,虚而已矣。自印度法相学传入,此非大圆镜智而何?由识转智,破镜而虚,此禅机之第九识。达之慎之,愿毋凿庄子之浑沌。

舍其象而执其形,则此内七篇之名,实密合每篇之文义。由文义以究其连贯性,于三籁之辨为天地人与人地天,亦确有所据。三籁即三才,一贯三曰王,是之谓"应帝王"。故七篇之次,截然有序。因以王字,示《庄子》之旨如下:

	（外）		（内）	
真人	大宗师 ──	壶 应	── 逍遥游	天籁
楚狂	人间世 ──		── 养生主	人籁
兀者	德充符 ──	子 帝	── 齐物论	地籁

虽然,未始出吾宗之虚以示之,何能免"自有适有"之讥。"无适因是","莫足以归",其壶子之谓乎。

论庄子的思想结构

庄子之情况,主要本诸《史记》,其《列传》合于老子,现全录于下:

> 庄子者,蒙人也。名周,周尝为蒙漆园吏。与梁惠王、齐宣王同时。其学无所不窥,然其要本归于老子之言。故其著书十余万言,大抵率寓言也。作《渔父》、《盗跖》、《胠箧》以诋訿孔子之徒,以明老子之术。《畏累虚》《亢桑子》之属,皆空语无事实。然善属书离辞,指事类情,用剽剥儒墨,虽当世宿学,不能自解免也。其言洸洋自恣以适己,故自王公大人不能器之。
>
> 楚威王闻庄周贤,使使厚币迎之,许以为相。庄周笑谓楚使者曰:"千金重利、卿相尊位也。子独不见郊祭之牺牛乎?养食之数岁,衣以文绣,以入太庙。当是之时,虽欲为孤豚,岂可得乎!子亟去,无污我。我宁游戏污渎之中自快,无为有国者所羁。终身不仕,以快吾志焉。"

此传虽未足三百字,殊能突出庄子之形象。今准此为基础,详加考核其生平,要在能研究其思想结构。

一、庄子出生地　首当知庄子之出生地——蒙。按蒙在今河南商丘附近。其地在当时可能属梁(即魏),亦可能仍属宋。《水经·汳水》:"汳水……又东至梁郡蒙县。"注:"汳水又东经蒙县故城北,俗谓之小蒙城也。《西征记》:城在汳水南十五六里,即庄周之本邑也。为蒙之漆园吏,郭景纯所谓'漆园有傲吏'者也。悼惠施之没,杜门于此邑矣。"故庄子出生地蒙可明确在河南,漆园属蒙城中,或认为蒙为当今安徽蒙城者未是。然庄子之古迹于唐宋后仅兴于安徽蒙城,于河南蒙城已无可考,此乃文化南移所造成。凡地名南移者甚多,非仅庄子之出生地蒙城而已。

二、庄子生卒年　再考庄子之生卒年。按梁惠王当公元前369—前319年在位,凡公元前369—前335年为前元三十五年,公元前334—前319年为后元十六年,共计五十一年,继之者为梁襄王。齐宣王当公元前319—前301年在位,凡十八年,继之者为齐湣王。又楚威王当公元前339—前329年在位,凡十年,乃上承宣王而继之者为怀王。且当楚威王时,庄子已有贤名,而威王愿许以为相,取公元前329年论,则庄子至少已四十岁。威王初即位时,庄子约当三十岁许,钱穆所考,兼及此十年间。今取威王即位时庄子年三十岁,又以寿八十计,庄子之生卒年为生于周显王元年(前368),卒于周赧王二十六年(前289)。有关重大事件基本相应,晚年似当于蒙闭门著述,其著作对后世有极大影响。

三、庄子与孟子　又约同时有孟子,其著作自宋后,更起重要作用。然孟子与庄子虽为同时代人,生前可能见面而并未见面,且于著作中各不相及。《史记》所谓"虽当世宿学,不能自解免也",而于孟子为例外,斯亦怪事。以时考之,"孟子见梁襄王出,语人曰:望之不似人君",则其年已老自不待言。与在位五十一年之梁惠王相比,乃有不似人君之诮。其后孟子即去梁,以是年七十多岁而论,则较庄子长二十岁。以孟子寿为八十岁,于一生大事亦基本相应(其生卒年为公元前387—前308年）。晚年孟必归邹以著述。况孟子一生对世事并未起大的影响作用，弟子亦无有名者，故庄子可能仅知稷下派而不知孟子。而孟子对年轻约二十岁，且愿归隐之庄子当然亦不屑一顾。宜孟与庄能相忘于江湖。而战国时的儒道之辨，实起于孟与庄，于老与孔的生前并不如是，此不可不明辨之。孟子情况另文详之，以下详究庄子之思想结构。

四、庄子与惠施　与庄子有关之学者，首当重视惠施，惠施于惠王时曾相梁。钱穆考得惠施卒于襄王五年（前314）后九年（前310）前，年六十余，基本可信。故于其卒年，庄子约五十余岁。于《庄子·徐无鬼》提及"庄子送葬，过惠子之墓"，实已当惠子死后十余年，因文内谓"宋元君闻之"，"元君"指宋偃王太子，登位在魏襄王二十年（前299）。其时庄子约已七十岁，犹念念不忘，可见惠施实庄子仅有之知己。主要应理解庄子与名家之同异。唯庄子之思想结构，已知名家理论当为思维的基础，此所以能以惠施为质。然最后所体验有得之道，则归诸老子之"道可道，非常道；名可名，非常名"。故必认定名家为形影竞走之戏论，此为庄子能继承老子之关键处。

五、庄子与老子　深究老庄之形象，各有不同的认识论。况时代背景及各人之所得，不可能全同。而重视名家又彻底否定名家，则确为老庄之所同。凡道之为道，重体验而不重语言文字。既重体验，其何可归诸一如文字游戏之名。必当识此道重体验之理，然仍当本诸文字语言，以象其所体验之道。故宜考核庄子所留传之著作。

六、庄子之著述　《汉书·艺文志》："《庄子》五十二篇，名周，宋人。"惜已有散失。今存者有内篇七(1—7)，外篇十五(8—22)，杂篇十一(23—33)，凡三十三篇，至少已阙十九篇。《史记》引及之篇名曰《畏累虚》《亢桑子》者，今本杂篇中有《庚桑楚》，文内提及"畏垒之山"等，是否一篇二分，已未可考。总之，今本有散失及为之重编者，非五十二篇原文。然能存此三十三篇可云大幸，且间多阙佚，非汉后所增，基本全属先秦之言,此不可不知。至于三十三篇是否全属庄子一人之言,的确有问题,全部详读后,自然能得其象。而庄子的思想结构,当在其中。考其文字的作者,有同一学派者,有弟子加以补述者,亦有思想结构少异者。要而言之,于战国中晚期在魏宋地域中,东以稷下派为主,南取楚人之遐思,且认识墨子、老子之道,而有以综合之。故较孟子取杨墨为两端而排斥之,庄实有更宏伟的思想结构,可补孟子之不足。

七、庄子知易道　当其时孟子尚未知《易》,庄子已通易理。归人于生物界而以通天地,乃庄子思想较孟子思想之最大进步处。凡人与禽兽不可不辩,庄子何尝不知,然与天地相参之人,何可不知"鸟兽之文"、"与地之宜",动植物与人之同归生物,战国时唯庄子之思想已能知之,与《周易·系辞下》第二章之思想合。

《庄子·至乐》最后一节曰:

> 种有几?得水则为鼅,得水土之际,则为蛙蠙之衣,生于陵屯,则为陵舄,陵舄得郁栖则为乌足,乌足之根为蛴螬,其叶为胡蝶。胡蝶胥也,化而为虫,生于灶下其状若脱,其名为鸲掇。鸲掇千日为鸟,其名为乾余骨,乾余骨之沫为斯弥,斯弥为食醯。颐辂生乎食醯,黄轵生乎九猷,瞀芮生乎腐蠸,羊奚比乎不箰。久竹生青宁,青宁生程,程生马,马生人,人又反入于机。万物皆出于机,皆入于机。

此节说明生物间之种种变化。种有几,如得水中而水土之际,犹微生物。再上而当陵屯,则先有植物为乌足。由植物之叶为动物,胡蝶又进而为虫。鸲掇为鸟,名乾余骨,之沫为斯弥,又为兽。进而归诸马生人,人又反入于机。得此生物物种之生死大循环,殊见庄子想象力之丰富。凡若干种种同属生物,而有机可通,故曰:"万物皆出于机,皆入于机。"此机即自然,生物之出入于天地自然,是犹人参天地以当三才整体之易道。

八、庄子与荀子　唯庄子之有悟于此,方能"洸洋自恣以适己,故自王公大人不能器之"。亦即有得于老子之"有物混成先天地生",宜于古史可上推无已,使时一空数量级广及无穷,故"其理不竭,其来不蜕,芒乎昧乎,未之尽者"。是岂"言必称尧舜"之孟子所能望其项背耶!若生于后庄子约五十年之荀子(前 313—前 238),已能通读五十三篇《庄子》而于《荀子·解蔽》中评之曰:"……惠子蔽于辞而不知实,庄子蔽于天而不知人。"合今之三十三篇论,荀子论惠子与庄子之观点同,论庄子尚未知天人之关系。唯荀子之不知天,自然有人性恶的观点,合诸庄子论及"虎狼仁也",是岂荀子所能理解。(另详《论荀子的思想结构》)

后　记

　　《易与佛教》、《易与老庄》一九九七年十月整理完成，一九九八年十二月出版，收入辽宁教育出版社的《新世纪万有文库》。

　　《易与佛教》共十四篇文稿，分前后两部分。前半部分为《易》与印度佛教，分别论述《易》与《华严经》、《维摩诘经》、《观无量寿佛经》、唯识等大乘经论以及与原始佛教的关系。后半部分为《易》与中国佛教，分别论述《易》与中国佛教主要流派禅宗、密宗、净土宗核心思想的关系。

　　《易与老庄》也分前后两部分。前半部分为《易》与老子，包括五篇论文，分别介绍易学、道教和老子其人其书的关系，并介绍历代《老子》注释中的哲理和养生思想。后半部分为《易》与庄子，包括两部书稿两篇论文。书稿《〈庄子〉析文》逐篇论述《庄子》三十三篇的要义；《〈庄子〉人名释义》论述《庄子》书中人名所对应的史实和易象。论文《论〈庄子〉内七篇》说明内七篇和三才之道的相应关系；《论庄子的思想结构》说明庄子的整体思想。

　　《易与佛教》、《易与老庄》的编书设想是潘雨廷先生生前作出的，书名也由潘先生所定，由于对一些文章还准备修改和添写，此书没有编成。潘雨廷先生逝世后,由整理者搜集遗稿并编次成书。整理中除了收入已完成的文稿外,还收入部分未完成的残稿,如佛教部分的《〈易〉与〈观无量寿佛经〉》、《论初期佛教与吾国思想的相互影响》,老庄部分的《〈庄子〉人名释义》等。这些残稿虽然没有最后完成,但大体已见,大义已知,可与已完成的篇章互相烘托,共同形成潘先生学术思想的整体,读者详之。

　　本次重新出版,对原书有所增补修订。在《易与佛教》部分增入了《〈易〉与〈圆觉经〉》;另外,《论初期佛教与吾国思想的相互影响》找到了较完整的手稿,对原文作了替换。《易与老庄》部分增入了《〈庄子〉观刃》。最后,在书末增入了《〈内经〉七篇大论述义》作为附录,这是潘先生关于中医学的重要文稿之一,亦可见老庄与黄老的关联。

张文江

二〇〇四年十一月十一日

修订本补记

本次修订,调出原来的附录"《内经》七篇大论述义",和《易则》等组成新书。此外,增入了"《安般守意经》讲解"。此文是整理者当年的听课笔记,由于论述的是小乘经典,在汉末传译入中华,故排列于印度佛教之末,中国佛教之前。

张文江

2012 年 8 月 26 日